DAS
HAUS
DES
HERRN

DAS HAUS DES HERRN

*Eine Studie über heilige Tempel
in alter und neuer Zeit*

JAMES E. TALMAGE

Kirche Jesu Christi der Heiligen der Letzten Tage
Frankfurt am Main

ISBN 3-922834-08-6

Das englische Original trägt den Titel: THE HOUSE OF THE LORD
aus dem Englischen übersetzt von Immo Luschin

© The Church of Jesus Christ of Latter-day Saints, Salt Lake City
© für die deutsche Übersetzung:
Kirche Jesu Christi der Heiligen der Letzten Tage, Frankfurt am Main, 1982

PB MI 4347 GE

Inhaltsverzeichnis

Vorwort		VII
1. Kapitel	Ein Ausblick auf das Thema	1
2. Kapitel	Heiligtümer in früheren Evangeliumszeiten	14
3. Kapitel	Tempel sind auch in der heutigen Zeit notwendig	49
4. Kapitel	Heilige Handlungen im neuzeitlichen Tempel	70
5. Kapitel	Neuzeitliche Tempel – die Tempel in Kirtland und Nauvoo	88
6. Kapitel	Der große Tempel in Salt Lake City – Geschichtliches	108
7. Kapitel	Der große Tempel in Salt Lake City – das Äußere	141
8. Kapitel	Der große Tempel in Salt Lake City – das Innere	148
9. Kapitel	Die Bauten auf dem Tempelplatz	164
10. Kapitel	Die anderen Tempel in Utah	170
11. Kapitel	Schluß	189
Anhang I	Der große Tempel in Salt Lake City – das Innere	194
Anhang II	Die Bauten auf dem Tempelplatz	208
Anhang III	Die anderen Tempel der Kirche	215

Vorwort

Unter den zahlreichen Glaubensgemeinschaften und Kirchen unserer Zeit ragen die Heiligen der Letzten Tage dadurch hervor, daß sie Tempel bauen. Sie gleichen darin den alten Israeliten. Es darf nicht wundernehmen, daß diese Besonderheit der Kirche Jesu Christi der Heiligen der Letzten Tage auf großes Interesse stößt. Auch überrascht es nicht, daß immer wieder nach dem Zweck und dem Beweggrund hinter diesem großen Werk gefragt wird und danach, was für heilige Handlungen in einem solchen Haus des Herrn in unserer Zeit vollzogen werden. Dieses Buch ist geschrieben worden, um derartige Fragen zu beantworten und all denen, die ernstlich danach suchen, authentische Angaben über die Lehre und Ausübung des Tempeldienstes in die Hand zu geben.

Eine kurze Abhandlung über die Heiligtümer früherer Evangeliumszeiten ist beigefügt, damit man leichter vergleichen kann zwischen der Bedeutung des Tempelbaus in alter Zeit und in unseren Tagen. Zwar stehen der Allgemeinheit ausführliche Angaben über die alten Tempel und ähnliche Heiligtümer in Enzyklopädien, Bibellexiken und der Fachliteratur zur Verfügung; aber über die heutigen Tempel und die darin vollzogenen Handlungen ist nur sehr wenig veröffentlicht. Die offizielle „Geschichte der Kirche Jesu Christi der Heiligen der Letzten Tage" enthält reiches Material darüber, aber es ist auf viele Bände verteilt und nur verhältnismäßig wenigen Leuten zugänglich.

Unter den Fachveröffentlichungen, die sich hauptsächlich mit der Geschichte und Beschreibung des Tempels in Salt Lake City befassen, finden sich die folgenden:

„Temples: Descriptive and historical sketches of ancient and modern sacred edifices", eine Broschüre von 28 Seiten von J. M. Sjodahl, Salt Lake City, 1892. Darin wird die Geschichte des Tempels in Salt Lake City bis zur Einfügung des Schlußsteins im April 1892 behandelt. Die Broschüre enthält Umrißzeichnungen.

„The Salt Lake Temple", ein Artikel von James H. Anderson in „The Contributor", XIV. Jahrgang, Heft 6 vom April 1893 – 60 Seiten mit zahlreichen Illustrationen vom Tempel in den verschiedenen Baustufen, dazu Konstruktionsangaben und Porträts von Kirchenbeamten und anderen, die mit der Errichtung des Bauwerks zu tun hatten.

„Historical and descriptive sketch of the Salt Lake Temple", eine illustrierte Broschüre von 36 Seiten, herausgegeben von der Zeitung Deseret News, Salt Lake City im April 1893.

„A Description of the Great Temple, Salt Lake City, and a statement concerning the purposes for which it has been built", eine 40seitige Broschüre von D. M. McAllister, Salt Lake City, 1912. Darin finden sich Halbtongravüren von Außen- und Innenansichten.

Bei der vorliegenden Abhandlung ist dem Verfasser eine vielseitige Hilfe von den Beamten der einzelnen Tempel, dem Kirchengeschichtsschreiber und seinen Assistenten, von den Generalautoritäten der Kirche und vielen anderen zuteil geworden. Ihnen allen, die bei dieser Arbeit mitgeholfen haben, sei hier aufrichtiger Dank ausgesprochen.

Salt Lake City, Utah   James E. Talmage
21. September 1912

1. KAPITEL

Ein Ausblick auf das Thema

Sowohl der Herkunft nach wie auch im allgemeinen Gebrauch hat der Ausdruck Tempel im eigentlichen Sinn eine eng begrenzte, spezielle Bedeutung. Der ursprüngliche Begriff Tempel bedeutet – und das ist immer so gewesen – einen *Ort*, der für einen heiligen Dienst zweckbestimmt ist; ihm wohnt also eine tatsächliche oder angenommene Heiligkeit inne. In noch engerem Sinn ist der Tempel ein *Gebäude*, das einzig und allein für heilige Handlungen und Zeremonien gebaut und geweiht ist.

Das lateinische *templum* ist das Gegenstück zum hebräischen *bet elohim* und bedeutet Wohnstätte der Gottheit. Es bezeichnet daher in Verbindung mit Gottesverehrung buchstäblich das Haus des Herrn[1].

Zu allen Zeiten haben Götzenanbeter ebenso wie die Verehrer des wahren, lebendigen Gottes Gebäude errichtet, die entweder als Ganzes oder teilweise als Heiligtümer zu bezeichnen sind. Die heidnischen Tempel des Altertums wurden als Wohnstätten der mythischen Götter und Göttinnen betrachtet, deren Namen sie trugen und deren Dienst sie geweiht waren. Der Außenbereich dieser Tempel wurde als Versammlungsort und

---

[1]In diesem Zusammenhang ist es interessant und lehrreich, die Bedeutung des Namens Betel – eine Zusammenziehung aus Bet Elohim – zu untersuchen; Jakob bezeichnete damit den Ort, wo ihm die Gegenwart des Herrn kundgetan wurde. Er sprach: „Wirklich, der Herr ist an diesem Ort, und ich wußte es nicht. Furcht überkam ihn, und er sagte: Wie ehrfurchtgebietend ist doch dieser Ort! Hier ist nichts anderes als das Haus Gottes und das Tor des Himmels. Jakob stand früh am Morgen auf, nahm den Stein, den er unter seinen Kopf gelegt hatte, stellte ihn als Steinmal auf und goß Öl darauf. Dann gab er dem Ort den Namen Bet-El (Gotteshaus)." (Genesis 28:16-19, man lese Vers 10 bis 22.)

für öffentliche Feierlichkeiten benutzt; aber es gab immer einen eingefriedeten inneren Bezirk, den nur die geweihten Priester betreten durften und wo, wie man behauptete, die Gegenwart der Gottheit spürbar war. Die Exklusivität der alten Tempel – selbst der heidnischen – läßt sich am besten daraus erkennen, daß der Altar für den heidnischen Kult nicht innerhalb des eigentlichen Tempels stand, sondern vor dem Eingang. Der Tempel selbst wurde nämlich nie als Versammlungsort für das gewöhnliche Publikum angesehen, sondern als heiliger Bereich, der den feierlichsten Zeremonien vorbehalten war, mochten sie nun zur Götzenanbetung oder aber zur wahren Gottesverehrung gehören, deren sichtbarer Ausdruck eben der Tempel war.

In alten Zeiten zeichnete sich das Volk Israel unter den übrigen Nationen dadurch aus, daß es dem Namen des lebendigen Gottes Heiligtümer erbaute. Die Israeliten dienten Jehova, und dieser forderte von ihnen ausdrücklich den Bau eines Heiligtums. Die Geschichte Israels als Nation beginnt mit dem Auszug aus Ägypten. In den zwei Jahrhunderten, wo sie in ägyptischer Sklaverei lebten, waren die Kinder Jakobs zu einem großen und mächtigen Volk angewachsen; dennoch waren sie in Knechtschaft. Dann aber kamen ihre Leiden und Bittgebete vor den Herrn, und er führte sie mit seinem starken Arm weg. Kaum waren sie dem Einfluß des ägyptischen Götzendienstes entronnen, da wurde von ihnen die Errichtung eines Heiligtums verlangt, worin Jehova seine Gegenwart kundtun und seinen Willen als ihr Herr und König bekanntgeben wollte.

Von Anfang an war das Offenbarungszelt während der langen Wanderjahre und in den darauffolgenden Jahrhunderten für Israel das Heiligtum Jehovas; es war nach offenbarten Plänen und genauen Anweisungen erstellt worden. Es handelte sich um eine feste, aber tragbare Bauart; denn dies war für die mühseligen Wanderjahre notwendig. Die „Wohnstätte" war nicht viel mehr als ein Zelt, aber sie war aus den besten und kostbarsten Stoffen hergestellt, die das Volk beschaffen konnte. Dieser außerordentliche Aufwand war durchaus gerechtfertigt, denn das fertige Gebäude stellte die Opfergabe der Nation an den Herrn dar. Das Bauwerk war bis in die kleinste Einzelheit vorgeschrieben, der Plan ebenso wie das Material. In jeder Hinsicht sollte es das Beste sein, was Israel geben konnte, und Jehova heiligte die dargebrachte Gabe, indem er sie annahm. Bei dieser

Gelegenheit ist es angebracht, daran zu denken, daß das Beste, was ein einzelner oder ein ganzes Volk bereitwillig und mit lauterer Absicht als Gabe darbringt, in den Augen Gottes immer vortrefflich ist, mag es auch im Vergleich zu anderen Gaben noch so ärmlich sein.

Der Aufruf, Material für den Bau des Offenbarungszeltes zu spenden, fand ein so williges und großzügiges Gehör, daß der Bedarf mehr als gedeckt wurde: „Es war Material mehr als genug vorhanden, um alle Arbeiten durchzuführen[2]." Das wurde dann auch bekanntgegeben, und man wies die Leute an, nichts mehr zu bringen. Die Arbeiter und Handwerker für den Bau der Wohnstätte wurden durch Offenbarung unmittelbar bestimmt, oder sie wurden durch göttliche Vollmacht dazu ausersehen, wobei ihr Können und ihre Hingabe besonders berücksichtigt wurden. Wenn man die ganze Herstellung und die äußeren Umstände in Betracht zieht, war die fertige Wohnstätte ein imposantes Werk. Der Rahmen bestand aus edlen Hölzern; die inneren Vorhänge waren aus allerfeinster Leinwand mit kunstvoller Stickerei, mit einem Muster in Blau, Purpur und Scharlach; die mittleren und äußeren Vorhänge waren erlesene Felle, und die Metallteile bestanden aus Kupfer, Silber und Gold.

Außerhalb der Wohnstätte, aber noch im eingefriedeten Hof, standen der Opferaltar und das kupferne Becken zum Waschen. Die erste Abteilung der eigentlichen Wohnstätte war ein Außenraum, den man „das Heilige" nannte. Anschließend daran und durch einen zweiten Vorhang den Blicken entzogen war das innere Heiligtum oder, wie es genannt wurde, das Allerheiligste. Nur die Priester durften die äußere Abteilung betreten, und das auch nur in einer bestimmten Ordnung. Zum inneren Raum aber, zum „Allerheiligsten", hatte niemand anders Zutritt als der Hohepriester; und selbst er durfte ihn nur einmal im Jahr und nach langer Reinigung und Heiligung betreten[3].

Zu den heiligsten Gerätschaften des Offenbarungszeltes gehörte die Bundeslade. Das war eine Truhe oder Kiste aus bestem Holz, und sie war von innen und außen mit purem Gold überzogen. Vier goldene Ringe konnten die Stangen aufnehmen, womit die Lade während der Wanderungen getragen wurde. Die Bundeslade enthielt etliche heilige Gegenstände, wie den gol-

---
[2]Ex 36:7.
[3]Hebr 9:1-7; Lev Kapitel 16.

denen Krug mit dem Himmelsbrot, den man zum Gedächtnis aufbewahrte; später kam der Stab Aarons dazu, der gegrünt hatte, sowie die steinernen Tafeln mit der Schrift von Gottes Hand. Wurde die Wohnstätte im Lager Israels aufgerichtet, so stellte man die Lade innerhalb des inneren Vorhangs auf, im Allerheiligsten. Auf der Lade befand sich die Deckplatte, an beiden Seiten von goldenen Kerubim schirmend bedeckt. Von dieser Stelle aus tat der Herr seine Gegenwart kund, wie er es schon verheißen hatte, bevor noch die Bundeslade oder die Wohnstätte vorhanden waren: „Dort werde ich mich dir zu erkennen geben und dir über der Deckplatte zwischen den beiden Kerubim, die auf der Lade der Bundesurkunde sind, alles sagen, was ich dir für die Israeliten auftragen werde[4]."

Es soll hier keine genaue Beschreibung der Wohnstätte und ihrer Einrichtung versucht werden. Es genügt zu wissen, daß das Lager Israels ein solches Heiligtum besaß, daß es nach einem offenbarten Plan errichtet worden war, daß es das Allerbeste darstellte, was das Volk an Material und handwerklicher Kunst zu bieten hatte, daß es die Opfergabe des Volkes an seinen Gott war und daß sie von ihm angenommen wurde[5]. Später werden wir sehen, daß das Offenbarungszelt das Vorbild für den massiven, prächtigen Tempel war, der nachher dessen Stelle einnahm.

Vierzig Jahre lang war das Volk Israel in der Wüste umhergezogen, dann siedelte es sich im verheißenen Land an. Das Bundesvolk besaß endlich sein eigenes Kanaan, und das Offenbarungszelt mit seiner heiligen Einrichtung kam in Silo zur Ruhe; dorthin kamen dann die Stämme, um den Willen Gottes und sein Wort zu erfahren[6]. Später wurde es nach Gibeon[7] übergeführt und danach in die Stadt Davids, das ist Zion[8].

David war der zweite König Israels; er wollte dem Herrn ein Haus bauen. Seiner Meinung nach war es nicht recht, daß er, der König, in einem Palast aus Zedernholz wohnte, während das Heiligtum Gottes nur ein Zelt war[9]. Aber der Herr redete durch den Mund des Propheten Natan und lehnte das angebotene

[4]Ex 25:22.
[5]Ex 40:34-38.
[6]Jos 18:1; siehe auch 19:51; 21:2; Ri 18:31; 1Sam 1:3,4; 4:3, 4.
[7]1Chr 21:29; 2Chr 1:3.
[8]2Sam 6:12; 2Chr 5:2.
[9]2Sam 7:2.

Opfer ab. Er ließ keinen Zweifel daran, warum: Wenn eine Gabe ihm angenehm sein sollte, dann mußte nicht nur sie angemessen sein, sondern auch der Geber mußte durchaus würdig sein. David, der König Israels, war zwar in vieler Hinsicht ein Mann nach dem Herzen Gottes; aber er hatte gesündigt, und für diese Sünde war noch keine Sühne geleistet. So sagte der König: „Ich selbst hatte vor, für die Bundeslade des Herrn, den Fußschemel unseres Gottes, eine Ruhestätte zu errichten, und traf Vorbereitungen für den Bau. Doch Gott sprach zu mir: Du sollst meinem Namen kein Haus bauen; denn du hast Kriege geführt und Blut vergossen[10]." Trotzdem durfte David Material für das Haus des Herrn zusammentragen, für ein Gebäude, das nicht er, sondern sein Sohn Salomo erbauen sollte.

Kurz nachdem Salomo den Thron bestiegen hatte, machte er sich an die Arbeit, die zusammen mit der Krone als ehrenvolle Pflicht auf ihn übergegangen war. Im vierten Jahr seiner Regierung legte er den Grund, und das Bauwerk wurde innerhalb von siebeneinhalb Jahren vollendet. Sein königlicher Vater hatte großen Reichtum angesammelt und eigens für den Tempelbau beiseite gesetzt; Salomo konnte daher die ganze damals bekannte Welt zum Bau heranziehen und sich bei dem großen Vorhaben der Mitarbeit vieler Völker bedienen. Die Arbeiter am Tempel zählten nach vielen Tausenden, und jeder Gruppe stand ein Handwerksmeister vor. Jeder rechnete sich den Dienst an dem prächtigen Bau zur Ehre an, und Arbeit erlangte eine Würde, die sie zuvor nicht gehabt hatte. Die Maurerei wurde zu einem Beruf, und die abgestufte Ordnung darin hat sich bis zum heutigen Tag erhalten. Die Errichtung des Salomonischen Tempels war ein epochales Ereignis – nicht nur in der Geschichte Israels, sondern für die ganze Welt.

Nach der allgemein anerkannten Zeitrechnung wurde der Tempel etwa im Jahre 1005 v. Chr. fertiggestellt. In der Architektur sowohl wie in der Ausführung, im Entwurf ebenso wie hinsichtlich der Kosten ist er als eines der bemerkenswertesten Bauwerke aller Zeiten bekannt. Die Einweihung dauerte sieben Tage – eine Woche heiliger Freude in Israel. In feierlicher Zeremonie wurden das Offenbarungszelt und die heilige Bundeslade in den Tempel gebracht; die Lade wurde in das innere Heiligtum,

---

[10] 1Chr 28:2,3; vgl. 2Sam 7:1-13.

das Allerheiligste, gestellt. Daß der Herr das Werk gnädig annahm, wurde kund, als nach dem Weggang der Priester eine Wolke die heiligen Räume erfüllte, und die „Priester konnten wegen der Wolke ihren Dienst nicht verrichten; denn die Herrlichkeit des Herrn erfüllte das Haus Gottes[11]". Der Tempel war also tatsächlich der großartige Nachfolger des Offenbarungszeltes, das er nun ersetzte und einschloß.

Ein Vergleich der Pläne des Salomonischen Tempels und des früheren Offenbarungszeltes zeigt, daß die beiden in allen wesentlichen Teilen und Proportionen äußerst ähnlich, ja, so gut wie identisch waren. Zwar besaß das Offenbarungszelt nur eine einzige Einfriedung, während der Tempel von mehreren Höfen umgeben war; aber das innere Bauwerk selbst, der eigentliche Tempel, folgte dem früheren Plan recht genau. Die Abmessungen des Allerheiligsten, des Heiligtums und der Vorhalle betrugen im Tempel genau das Doppelte der Wohnstätte.

Aber nur kurze Zeit erfüllte dieses prachtvolle Gebäude seinen erhabenen Zweck. Schon 34 Jahre nach seiner Weihe und nur fünf Jahre nach Salomos Tod begann der Verfall; bald weitete sich dieser zu einer allgemeinen Plünderung aus, und schließlich kam es zur tatsächlichen Entweihung. König Salomo – der Weise, der große Baumeister – war durch die Launen götzendienerischer Frauen auf Abwege geführt worden, und sein böses Beispiel hatte die Sündhaftigkeit in Israel genährt. Die Nation war keine Einheit mehr; es gab Cliquen und Sekten, Parteien und verschiedene Bekenntnisse; einige beteten auf den Berggipfeln an, andere unter grünen Bäumen, und jede Seite behauptete, ihr eigenes Heiligtum sei das vortrefflichste. Der Tempel verlor bald seine Heiligkeit. Die Opfergabe war durch die Treulosigkeit des Gebers nichtig geworden, und Jehova entzog der unheilig gewordenen Stätte seine schützende Gegenwart.

Die Ägypter, aus deren Knechtschaft das Volk befreit worden war, begannen Israel von neuem zu unterdrücken. Der ägyptische König Schischak eroberte Jerusalem – die Stadt Davids, die Tempelstadt – und „raubte die Schätze des Tempels[12]". Was die Ägypter von der einstmals heiligen Einrichtung übrigließen,

---

[11] 2Chr 5:14; siehe auch 7:1, 2 und vgl. Ex 40:35.
[12] 1Kön 14:25, 26.

wurde zum Teil von anderen weggetragen und Götzenbildern geopfert[13]. Die Entweihung nahm durch Jahrhunderte ihren Fortgang: 216 Jahre nach der Plünderung durch die Ägypter raubte Ahas, der König von Juda, noch einige der verbliebenen Schätze aus dem Tempel; er sandte davon Gold und Silber als Geschenk an einen heidnischen König, um dessen Gunst er sich bemühte. Schließlich entfernte er auch den Altar und das Waschbecken, das sogenannte Meer; nur noch ein leeres Haus blieb an der Stelle zurück, wo vordem ein Tempel gestanden hatte[14]. Später kam Nebukadnezzar, der König von Babel, und vollendete die Plünderung des Tempels; was noch von Wert war, führte er hinweg. Dann zerstörte er das Gebäude selbst durch Feuer[15].

So kam es, daß ungefähr 600 Jahre bevor unser Herr auf die Erde kam, Israel keinen Tempel mehr besaß. Das Volk hatte sich gespalten; es gab zwei Königreiche, Israel und Juda, und sie waren miteinander verfeindet. Götzendienerisch und schlecht waren sie geworden, und der Herr hatte sie und ihr früheres Heiligtum verworfen. Das Reich Israel umfaßte fast zehn der zwölf Stämme; etwa im Jahre 721 v. Chr. war es Assyrien tributpflichtig geworden, und ein Jahrhundert später wurde auch das Reich Juda von den Babyloniern eingenommen. Siebzig Jahre blieb das Volk Juda – die späteren Juden – in Gefangenschaft, und so war es vorausgesagt worden[16]. Dann kamen die freundlich gesinnten Herrscher Kyrus[17] und Darius[18] an die Macht; sie ließen die Juden nach Jerusalem zurückkehren und erlaubten ihnen, abermals einen Tempel zu errichten, wie es ihnen ihr Glaube gebot. Zur Erinnerung an den Leiter der Arbeit wurde das wiederhergestellte Gebäude als Tempel Serubbabels bezeichnet. Das Fundament wurde in einer feierlichen Zeremonie gelegt; bei diesem Anlaß waren einige zugegen, die noch den früheren Tempel gekannt hatten und jetzt vor Freude laut weinten[19]. Trotz rechtlicher Schwierigkeiten[20] und anderer Hin-

---

[13] 2Chr 24:7.
[14] 2Kön 16:7-9, 17, 18; siehe auch 2Chr 28:24, 25.
[15] 2Chr 36:18, 19; siehe auch 2Kön 24:13; 25:9.
[16] Jer 25:11, 12; 29:10.
[17] Esra, Kapitel 1 und 2.
[18] Esra, Kapitel 6.
[19] Esra 3:12, 13.
[20] Esra 4:4-24.

dernisse wurde die Arbeit fortgeführt, und 20 Jahre nach der Rückkehr aus der babylonischen Gefangenschaft besaßen die Juden wieder einen Tempel, zur Weihe bereit. Der Serubbabeltempel wurde im Jahre 515 v. Chr. vollendet, und zwar am 3. Tag des Monats Adar im 6. Jahr der Herrschaft des Königs Darius. Die Weihe erfolgte unmittelbar darauf[21]. Obgleich dieser Tempel dem prachtvollen Bauwerk Salomos an kostbarer Ausstattung und Einrichtung weit nachstand, war er doch das Beste, was das Volk zu schaffen vermochte. Der Herr nahm ihn als Opfergabe an, denn es zeigte sich darin die Liebe und Hingabe seiner Bundeskinder. Der Dienst von Propheten wie Sacharja, Haggai und Maleachi, die in dem Heiligtum ihrer Pflicht nachgingen, war ein Beweis dafür, daß Gott an diesem Opfer Wohlgefallen hatte.

Etwa 16 Jahre vor der Geburt Christi begann Herodes I., König von Judäa, mit dem Wiederaufbau des verfallenen und zur Ruine gewordenen Serubbabeltempels. Seit 500 Jahren hatte das Gebäude gestanden und zweifellos in dieser langen Zeit Schaden genommen. Viele Ereignisse im Erdenleben unseres Heilands stehen mit dem Tempel des Herodes in Zusammenhang. Aus der Heiligen Schrift geht hervor, daß Christus die Heiligkeit des Tempelbezirks anerkannte, indem er sich heftig gegen den Mißbrauch und die Geschäftemacherei darin wandte. Der Tempel des Herodes war ein heiliger Bau; es kam nicht auf die Bezeichnung an – für den Erlöser war er das Haus des Herrn. Als sich dann Düsternis über die große Tragödie auf Golgota senkte, als endlich das schmerzliche „Es ist vollbracht" vom Kreuz emporstieg, da zerriß der Vorhang des Tempels, und das Allerheiligste war den Blicken preisgegeben. Schon während seines Erdenwirkens hatte der Herr die völlige Zerstörung des Tempels vorhergesagt[22]. Im Jahre 70 n. Chr. wurde die Stadt Jerusalem von den Römern unter Titus eingenommen und der Tempel niedergebrannt.

Der Tempel des Herodes war der letzte, der auf der östlichen Hemisphäre errichtet wurde. Von seiner Zerstörung bis zur Wiederaufrichtung der Kirche Jesu Christi im 19. Jahrhundert wissen wir über weitere Tempelbauten nur das, was in den nephitischen Berichten zu finden ist. Das Buch Mormon bestätigt, daß

---

[21] Esra 6:5-22.
[22] Mt 24:2; Mk 13:2; Lk 21:6.

die nephitischen Siedler in Amerika Tempel erbaut haben; wir kennen aber nur wenige Einzelheiten über die Konstruktion und wissen noch weniger über die heiligen Handlungen in diesen Tempeln auf der westlichen Erdhälfte. Ungefähr im Jahre 570 v. Chr. wurde ein Tempel gebaut, und wir wissen, daß er dem Tempel Salomos nachgebildet war; freilich reichte er an Pracht und Ausstattung bei weitem nicht an jenes großartige Gebäude heran[23]. Wir lesen mit Interesse, daß die Nephiten um den Tempel versammelt waren, als der auferstandene Erretter sich ihnen zeigte[24]. Im Buch Mormon ist jedoch zu dem Zeitpunkt, wo der Tempel in Jerusalem zerstört wurde, nichts mehr von solchen Bauwerken erwähnt. Außerdem ging das nephitische Volk innerhalb von 400 Jahren nach Christus zugrunde. Dies alles ist ein Zeichen dafür, daß auf beiden Erdhälften schon sehr bald nach Einsetzen der Abkehr vom Glauben keine Tempel mehr vorhanden waren und daß der Begriff Tempel in seinem eigentlichen Sinn für die Menschheit alle Bedeutung verloren hatte.

Viele hundert Jahre lang wurde dem Herrn kein Heiligtum dargebracht; ja, es wurde anscheinend nicht einmal die Notwendigkeit dafür erkannt. Die abgefallene Kirche erklärte, die unmittelbare Kundgebung von Gott habe aufgehört; an Stelle der göttlichen Administration beanspruchte eine herrschende Macht, die sich selbst eingesetzt hatte, die höchste Gewalt. Was die Kirche anbelangte, war es klar, daß die Stimme des Herrn verstummt war und daß das Volk nicht mehr willens war, auf das Wort der Offenbarung zu hören. Die Regierung der Kirche war durch menschliches Wirken abgelöst und beseitigt worden[25].

Als unter der Regierung Konstantins das schon entstellte Christentum zur Staatsreligion wurde, konnten oder wollten die Menschen ganz und gar nicht einsehen, daß es einen Ort geben müsse, wo Gott sich offenbaren würde. Gewiß, man errichtete viele großartige und kostspielige Gebäude. Einige wurden Petrus und Paulus, Johannes und Jakobus geweiht; andere der Magdalena und der Jungfrau; nicht eines aber – weder was die Vollmacht betraf noch dem Namen nach – wurde zu Ehren Jesu Christi erbaut. Unter der Vielzahl von Kirchen und Gotteshäusern, von Domen und Kathedralen hatte der Menschensohn

---

[23] Siehe 2Ne 5:16.
[24] Siehe 3Ne 11:1.
[25] Siehe des Verfassers „The Great Apostasy", Kapitel IX.

nichts, was er sein eigen nennen konnte. Man verkündete, der Papst in Rom sei der Stellvertreter Christi und sei ohne Offenbarung ermächtigt, den Willen Gottes kundzutun[26].

Erst als das Evangelium mit seiner ursprünglichen Kraft und Vollmacht im 19. Jahrhundert wiederhergestellt wurde, war das heilige Priestertum abermals unter den Menschen vorhanden. Man darf nicht vergessen, daß die Vollmacht, im Namen Gottes zu sprechen und zu handeln, eine wesentliche Voraussetzung für den Tempel ist; der Tempel hat ohne die heilige Vollmacht des Priestertums keine Bedeutung. Im Jahre 1820 empfing Joseph Smith, der Prophet der letzten Evangeliumszeit und damals ein Junge von 15 Jahren, eine göttliche Kundgebung[27]. Ihm erschienen der ewige Vater und sein Sohn Jesus Christus, und sie belehrten den demütigen Knaben. Durch Joseph Smith wurde das Evangelium, wie es früher gewesen war, wieder auf der Erde hergestellt und das alte Gesetz wieder aufgerichtet. Im Lauf von einigen Jahren wurde durch das Wirken des Propheten die Kirche Jesu Christi der Heiligen der Letzten Tage gegründet und aufgebaut, und dieser Vorgang war von Kundgebungen der göttlichen Macht begleitet[28].

Es ist bezeichnend, daß diese Kirche schon zu Anfang ihres Bestehens die Errichtung eines Tempels ins Auge faßte[29]. Damit blieb sie ihrer Behauptung treu, die Kirche des lebendigen Gottes zu sein, wie es der Name besagt. Sie wurde am 6. April 1830 als irdische Institution gegründet. Schon im Juli des darauffolgenden Jahres wurde eine Offenbarung empfangen, worin eine Stelle in der Nähe von Independence im Staat Missouri als Platz für einen zukünftigen Tempel bezeichnet wurde. Der Bau eines Tempels auf diesem erwählten Stück Erde hat noch nicht begonnen, wie es auch bei einem anderen Tempelgrund, nämlich in Far West in Missouri der Fall ist[30], wo aber 1838 schon der Grundstein gelegt wurde. Die Kirche betrachtet den Auftrag – an den bezeichneten Orten Tempel zu bauen – als eine heilige Verpflichtung; aber noch hat sich kein Weg gezeigt, wie der Plan verwirklicht werden könnte. Inzwischen sind an anderen Orten

---

[26]Siehe des Verfassers „The Great Apostasy", Kapitel X.
[27]Siehe des Verfassers „Glaubensartikel", Kapitel 1 und Anhang 1.
[28]Siehe des Verfassers „Glaubensartikel", besonders Kapitel 1.
[29]Siehe LuB 36:8, 42:36; 133:2.
[30]Siehe LuB 115:7-16.

Tempel erbaut worden, und schon jetzt (1912) ist die gegenwärtige Evangeliumszeit durch sechs solche heiligen Gebäude gekennzeichnet.

Am 1. Juni 1833 gebot der Herr dem Propheten Joseph Smith in einer Offenbarung, sogleich mit dem Bau eines heiligen Hauses zu beginnen, und er verhieß, seine erwählten Knechte mit der notwendigen Kraft und Vollmacht auszustatten[31]. Das Volk folgte diesem Ruf bereitwillig und mit Hingabe. Trotz drückender Armut und ungeachtet einer schweren Unterdrückung wurde das Werk ausgeführt: im März 1836 wurde in Kirtland im Staat Ohio der erste Tempel der Neuzeit geweiht[32]. Beim Weihegottesdienst kam es zu göttlichen Manifestationen ähnlich denen, die es beim ersten Tempel in alter Zeit gegeben hatte. Bei späteren Anlässen erschienen Boten vom Himmel in den heiligen Mauern und gaben den Menschen den göttlichen Willen kund. Dort wurde unser Herr Jesus wieder gesehen und gehört[33]. Aber schon zwei Jahre nach der Weihe wurde dieser Tempel in Kirtland von den Leuten aufgegeben, die ihn gebaut hatten; sie mußten vor der Verfolgung fliehen. Mit ihrem Wegzug wurde der heilige Tempel zu einem ganz gewöhnlichen Haus. Er war nicht mehr das Eigentum des Herrn, dessen Namen man ihn errichtet hatte. Das Gebäude steht noch immer und wird von einer kleinen, nahezu unbekannten religiösen Gemeinschaft als Versammlungshaus benutzt.

Die Heiligen der Letzten Tage zogen nach Westen. Zuerst ließen sie sich in Missouri, später in Illinois nieder, und dort bildete Nauvoo den Hauptsitz der Kirche. Kaum hatten sie sich in der neuen Heimat eingerichtet, als erneut die Stimme der Offenbarung vernommen wurde, die das Volk aufrief, dem Namen Gottes abermals ein Haus zu bauen.

Der Grundstein für den Tempel in Nauvoo wurde am 6. April 1841 gelegt, und der Schlußstein wurde am 24. Mai 1845 eingefügt. Beide Ereignisse waren Anlaß für eine feierliche Versammlung mit Gottesdienst. Freilich war schon damals zu erkennen, daß das Volk abermals würde fliehen müssen, aber trotzdem arbeitete es mit aller Kraft und allem Fleiß daran, den Bau zu vollenden und zweckentsprechend einzurichten – und dies in

---
[31] Siehe LuB Abschnitt 95.
[32] Siehe LuB Abschnitt 109.
[33] Siehe LuB 110:1-10.

dem Bewußtsein, daß man den Tempel schon bald würde aufgeben müsen. Er wurde am 30. April 1846 geweiht, nachdem man einzelne Teile, wie den Taufraum, schon früher eingeweiht und für heilige Handlungen benutzt hatte. Viele Heilige empfingen ihre Segnungen und das heilige Endowment im Tempel, obwohl der Exodus des Volkes schon begann, noch ehe das Gebäude fertig war. Die den Tempel mit großen Opfern und ohne Rücksicht auf ihre Armut errichtet hatten, mußten ihn aufgeben. Im November 1848 wurde er ein Raub der Flammen, und im Mai 1850 zerstörte ein Wirbelsturm, was an rauchgeschwärzten Mauern noch stehengeblieben war.

Am 24. Juli 1847 betraten Mormonenpioniere zum ersten Mal die Täler Utahs – damals noch mexikanisches Territorium – und errichteten dort eine Siedlung, wo heute Salt Lake City steht. Vier Tage später bezeichnete ihr Prophet und Führer Brigham Young eine Stelle in der kaum bewachsenen Wildnis, indem er seinen Stock auf den ausgedörrten Boden stieß und verkündete: „Hier wird der Tempel unseres Gottes stehen!" Diese Stelle ist heute der schöne Tempelplatz, um den sich die Stadt ausgebreitet hat. Im Februar 1853 wurde der Bauplatz bei einem Gottesdienst geweiht, und am 6. April desselben Jahres legte man in einer unvergeßlichen Feier den Grundstein für das Gebäude. Die Bauzeit am Tempel in Salt Lake City betrug 40 Jahre; der Schlußstein wurde am 6. April 1892 eingefügt, der fertige Tempel genau ein Jahr später eingeweiht.

Von den vier Tempeln, die sich in Utah erheben, ist der in Salt Lake City als erster begonnen und als letzter fertiggestellt worden. Während er im Bau war, haben die Heiligen der Letzten Tage drei andere Tempel errichtet: einen in St. George, einen in Logan und einen in Manti. Zählt man dazu die zwei früheren Tempel – in Kirtland und in Nauvoo –, dann sind es schon sechs dieser heiligen Bauwerke, die in dieser, nämlich der Evangeliumszeit der Erfüllung, gebaut worden sind.

Dieses Kapitel bezweckt nicht, irgendeinen bestimmten Tempel aus alter oder neuer Zeit ausführlich zu besprechen; es will vielmehr die wesentlichen Eigenheiten eines Tempels aufzeigen und die Tatsache hervorheben, daß früher wie auch heute das Bundesvolk immer gewußt hat, der Bau von Tempeln sei eine Arbeit, die ausdrücklich von ihm verlangt wird. Aus dem Gesagten geht klar hervor, daß der Tempel mehr ist als ein gewöhnliches Gotteshaus oder eine Kirche, mehr als eine Synagoge oder ein Dom. Er ist das Haus des Herrn und dient der unmittelbaren Verbindung zwischen ihm und dem heiligen Priestertum; er ist den höchsten und heiligsten Verordnungen geweiht, die jeweils in dem Zeitalter vollzogen werden, dem der Tempel angehört. Um aber dem Begriff eines wirklichen Tempels zu entsprechen – angenommen von Gott und von ihm als sein Haus anerkannt –, muß dieses Opfer gefordert sein, und sowohl die Gabe wie auch der Geber müssen würdig sein.

Die Kirche Jesu Christi der Heiligen der Letzten Tage stellt fest, daß sie das heilige Priestertum besitzt, das wieder auf die Erde gebracht worden ist. Sie erklärt, daß ihr der göttliche Auftrag erteilt ist, Tempel zu bauen, die dem Namen und Dienst des wahren, lebendigen Gottes geweiht sind, um darin die heiligen Handlungen des Priestertums zu vollziehen, die auf Erden und im Jenseits bindend sind.

2. KAPITEL

Heiligtümer in früheren Evangeliumszeiten

So, wie der Begriff „Tempel" hier verstanden und verwendet wird, bezeichnet er ein wirkliches Gebäude, von Menschenhand erbaut und dem besonderen Gottesdienst vorbehalten und geweiht. Zu diesem Dienst gehört der befugte Vollzug von heiligen Handlungen des Priestertums. Es handelt sich also nicht lediglich um eine Ortsbezeichnung, wie heilig dieser Ort auch sein mag. Wären heilige Stätten neben geweihten Gebäuden in der Kategorie Tempel einzureihen, dann wäre manch ein geheiligtes Betel dazuzuzählen, das aber dem eigentlichen Begriff nicht entspricht. In weiterem Sinn war der Garten von Eden das erste Heiligtum auf Erden; denn darin sprach der Herr zum ersten Mal mit den Menschen und gab ihnen sein göttliches Gesetz. Ebenso wurde auch der Berg Sinai zu einem Heiligtum; denn er war die Wohnstätte des Herrn, solange er mit dem Propheten sprach und seine Gebote verkündete. Ein gleichermaßen geheiligter Ort war der Berg Horeb, wo Gott zu Mose aus der Feuersäule sprach – wo, als dieser näher trat, er mit den Worten angehalten wurde: „Komm nicht näher heran! Leg deine Schuhe ab; denn der Ort, wo du stehst, ist heiliger Boden[1]." Der Tempel aber ist nicht nur ein Ort, wo Gott sich den Menschen offenbart, sondern auch ein Gebäude, worin die vorgeschriebenen heiligen Handlungen des Priestertums vollzogen werden.

---

[1] Ex 3:5.

Die „Lade mit der Bundesurkunde"

Schon vor der Erstellung der „Wohnstätte" in der Wüste, ja sogar schon während der ersten Zeit des denkwürdigen Auszugs aus Ägypten besaß das Volk Israel einen bestimmten Behälter für heilige Dinge, die sogenannte „Lade mit der Bundesurkunde". Dies geht eindeutig aus dem folgenden Ereignis hervor. Gott hatte geboten, ein Gefäß mit Manna aufzubewahren, damit das Volk die Macht und Güte des Herrn, der sie gespeist hatte, nicht vergesse:

„Mose sagte: Der Herr ordnet folgendes an. Ein volles Gomer Manna ist für die Generationen nach euch aufzubewahren, damit sie das Brot sehen, das ich euch in der Wüste zu essen gab, als ich euch aus Ägypten herausführte.

Zu Aaron sagte Mose: Nimm ein Gefäß, schütte ein volles Gomer Manna hinein, und stell es vor den Herrn! Es soll für die nachkommenden Generationen aufbewahrt werden.

Wie der Herr dem Mose befohlen hatte, stellte Aaron das Manna vor die Bundesurkunde, damit es dort aufbewahrt würde[2]."

Es kann kaum Zweifel geben, daß die hier erwähnte Lade mit der Bundesurkunde wirklich ein Gegenstand gewesen ist und daß diese Bezeichnung auf einen göttlichen Beweis für diese Heiligkeit hindeutet. In der Erzählung über den Exodus ist nichts davon erwähnt, daß so ein Gegenstand angefertigt worden wäre; außerdem war er schon vorhanden, bevor das Volk noch Zeit und Gelegenheit gehabt hätte, ihn in der Wüste herzustellen. Allem Anschein nach muß die heilige Lade mit der Bundesurkunde also aus Ägypten mitgebracht worden sein. Diese Sache ist interessant und wichtig, weil sie die Existenz eines Heiligtums schon in den Entwicklungsjahren der israelitischen Nation andeutet, wo das Volk noch einem heidnischen Herrscher unterworfen war. Der Umstand, daß hier der Ausdruck „Bundesurkunde" verwendet wird, darf nicht zu einer Verwechslung mit den später ebenso bezeichneten steinernen Tafeln führen, worauf Gott die Zehn Gebote geschrieben hatte[3]. Es ist weiter zu beachten, daß die Wohnstätte, worin sich die Bundeslade mit den heiligen steinernen Tafeln befand, ausdrücklich „Lade für die Bundesurkunde" genannt wurde. Diese verschiedene Ver-

---

[2] Ex 16:32-34.
[3] Siehe Ex 25:16; 31:18; 32:15; 34:29.

wendung des gleichen Ausdrucks führt durchaus nicht zu Verwirrung, sofern man in jedem Fall den Begleittext berücksichtigt.

Das provisorische Offenbarungszelt

Während Mose auf dem Berg Sinai mit dem Herrn sprach, stellte das sich selbst überlassene Volk ein goldenes Kalb als Nachbildung des ägyptischen Abgotts Apis auf; der Zorn des Herrn entbrannte über diesen schändlichen Götzendienst. Es folgte eine Zeit der Entfremdung, und vor der Versöhnung zwischen Jehova und seinem Volk gab es im Lager keine göttlichen Offenbarungen mehr, sondern der Herr ließ sich nur noch fern davon finden. Im Zusammenhang damit lesen wir von der Einrichtung eines zeitweiligen Ortes der Zusammenkunft – möglicherweise das Wohnzelt des Mose, das durch die göttliche Gegenwart geheiligt wurde. Es wird berichtet:

„Mose nahm das Zelt und schlug es für sich außerhalb des Lagers auf, in einiger Entfernung vom Lager. Er nannte es Offenbarungszelt. Wenn einer den Herrn aufsuchen wollte, ging er zum Offenbarungszelt vor das Lager hinaus.

Wenn Mose zum Zelt hinausging, erhob sich das ganze Volk. Jeder trat vor sein Zelt, und sie schauten Mose nach, bis er in das Zelt eintrat.

Sobald Mose das Zelt betrat, ließ sich die Wolkensäule herab und blieb am Zelteingang stehen. Dann redete der Herr mit Mose.

Wenn das ganz Volk die Wolkensäule am Zelteingang stehen sah, erhoben sich alle und warfen sich vor ihren Zelten zu Boden.

Der Herr und Mose redeten miteinander Auge in Auge, wie Menschen miteinander reden. Wenn Mose aber dann ins Lager zurückging, wich sein Diener Josua, der Sohn Nuns, ein junger Mann, nicht vom Zelt[4]."

Das in dieser Schriftstelle erwähnte Zelt[5] ist nicht das kunstvolle und kostbare Werk, das auf Weisung des Herrn errichtet wurde. Dies geht aus der Tatsache hervor, daß das größere und dauerhaftere Offenbarungszelt zu dieser Zeit noch gar nicht vorhanden war. Außerdem war das spätere Offenbarungszelt mitten im Lager aufgestellt, und die Stämme lagerten sich in festgelegter

---

[4]Ex 33:7-11.
[5]Der hebräische Ausdruck 'ōhel mō'ēd bedeutet Zelt der Zusammenkunft, des Sichtreffens, der Begegnung.

Ordnung ringsumher, während dieses provisorische Offenbarungszelt weit draußen, fern vom Lager aufgerichtet worden war. Es sollte dadurch möglicherweise versinnbildlicht werden, daß der Herr sich von Israel zurückzog, weil es sich im Götzendienst von ihm gewandt hatte. Bei dem provisorischen Offenbarungszelt handelte es sich aber gewiß um ein Heiligtum; denn das persönliche Zusammentreffen zwischen Jehova und seinem Knecht Mose fand darin statt.

Das Offenbarungszelt

Mitten aus der Wolke, von Donner und Blitz begleitet, gab der Herr auf dem Berg Sinai Mose das Gesetz. Nicht nur Mose sprach dort persönlich mit dem Herrn, sondern auf göttliches Geheiß gingen auch Aaron und seine Söhne Nadab und Abihu mit siebzig Ältesten Israels hinauf und sahen Gott, nämlich den Gott Israels. Auf dem Berg Sinai ruhte die Herrlichkeit des Herrn viele Tage lang: „Mose ging mitten in die Wolke hinein und stieg auf den Berg hinauf. Vierzig Tage und vierzig Nächte blieb Mose auf dem Berg[6]."

Als Mose wieder herabstieg, brachte er mit sich den Auftrag, die Kinder Israels aufzurufen, daß sie von ihrer Habe und ihren Kostbarkeiten opferten, damit ein Heiligtum erbaut werden könnte, geeignet für den Gottesdienst in der Wüste.

„Der Herr sprach zu Mose:
Sag zu den Israeliten, sie sollen für mich eine Abgabe erheben. Von jedem, den sein Sinn dazu bewegt, sollt ihr die Abgabe erheben.
Das ist die Abgabe, die ihr von ihnen erheben sollt: Gold, Silber, Kupfer,
violetten und roten Purpur, Karmesin, Byssus, Ziegenhaare,
rötliche Widderfelle, Tahaschhäute und Akazienholz;
Öl für den Leuchter, Balsame für das Salböl und für duftendes Räucherwerk;
Karneolsteine und Ziersteine für Efod und Lostasche.
Macht mir ein Heiligtum! Dann werde ich in ihrer Mitte wohnen.
Genau nach dem Muster der Wohnstätte und aller ihrer Gegenstände, das ich dir zeige, sollt ihr es herstellen[7]."

---

[6]Ex 24:18; man lese das ganze Kapitel.
[7]Ex 25:1-9. Eine ausführliche Beschreibung des Offenbarungszeltes und seiner Einrichtung findet sich in Exodus Kapitel 25 bis 31, besonders in Kapitel 25, dessen Inhalt teilweise in Exodus 36:8-38 wiederholt ist.

Das Volk folgte diesem Ruf so freigebig und so schnell, daß bald alles im Übermaß vorhanden war.

„... und sagten zu Mose: Das Volk bringt mehr, als man für die Arbeit benötigt, die der Herr auszuführen befahl.

Da erließ Mose einen Befehl und ließ im Lager ausrufen: Weder Mann noch Frau soll sich weiterhin um eine Abgabe für das Heiligtum bemühen. So bewog man das Volk, nichts mehr zu bringen.

Es war Material mehr als genug vorhanden, um alle Arbeiten durchzuführen[8]."

Auf göttliche Weisung wurden die Männer berufen, welche die Arbeit leiten sollten. Bezalel, der Sohn Uris, und Oholiab, der Sohn Ahisamachs, wurden durch Offenbarung als die Meister bezeichnet, unter deren Leitung die übrigen Kunsthandwerker arbeiten sollten, bis alles nach dem offenbarten Muster und Plan fertig wäre. Und als das Werk vollendet war, da war es das Beste an Material und in der Ausführung.

Das Offenbarungszelt stand in einer äußeren Einfriedung, die den Vorhof bildete; ihre Wände wurden durch Stoffe gebildet, die Vorhänge am Eingang waren fein bestickt. Die Einfriedung bestand aus Säulen, die mit Querstangen verbunden waren. Zwischen den Säulen hingen zur Verkleidung Stoffe. Die langen Seiten des Rechtecks liefen in Ost-West-Richtung, wobei der Haupteingang zum Vorhof auf der Ostseite lag. Von den zwei Hälften innerhalb der Einfriedung war die östliche für die Versammlung des Volkes bestimmt, während die westliche den heiligeren Boden darstellte, worauf die Wohnstätte selbst stand.

Die ganze Einfriedung maß 100 Ellen von Ost nach West und 50 Ellen von Nord nach Süd, also war sie ein Rechteck von ungefähr 50 zu 25 Meter Seitenlänge[9]. Im östlichen Teil – daher von der Wohnstätte entfernt – stand der Brandopferaltar. Zwischen diesem und der Wohnstätte befand sich das Becken; dies war ein großes kupfernes Gefäß auf einem Gestell und enthielt Wasser für die zeremonielle Reinigung der Hände und Füße der Priester. Es ist interessant, daß das Waschbecken und sein Gestell aus den Opfergaben der Frauen hergestellt wurden; diese gaben

---

[8]Ex 36:5-7.

[9]Die Elle ist eine altes Längenmaß und entspricht der Länge des Vorderarms vom Ellbogen bis zur Spitze des Mittelfingers. Man unterschied die gewöhnliche Elle, etwa 46 cm, und die „alte" oder königliche Elle, etwa 52 cm. Die Elle wurde in zwei Spannen (die Spannweite der Hand) geteilt. Für unsere Zwecke genügt es, die Elle einem halben Meter gleichzusetzen.

nämlich ihre kupfernen Spiegel für diesen Zweck. Die längere Achse der Wohnstätte verlief von Osten nach Westen, und der Eingang befand sich auf der Ostseite. Das Bauwerk selbst war nur 30 Ellen lang und 10 Ellen breit, also 15 zu 5 Meter. Diese Maße sind bei Josephus angegeben und entsprechen ziemlich genau der Beschreibung im Buch Exodus, wo es heißt, die Wände auf der Längsseite hätten aus 20 Brettern bestanden, jedes Brett anderthalb Ellen breit, und auf der Schmalseite aus sechs Brettern von gleicher Breite, zusammen also 9 Ellen. Zusammen mit den Ecksäulen war damit die von Josephus genannte Breite von 10 Ellen erreicht. Die Wandbretter wurden durch Zapfen zusammengehalten und hatten jedes zwei Füße aus Silber; die Bretter selbst waren mit Gold überzogen, und es waren daran Ringe aus demselben Material zur Aufnahme der Riegel, die ebenfalls mit Gold überzogen waren.

Man kann daraus ersehen, daß die Wohnstätte nur klein war, gänzlich ungeeignet für eine große Versammlung; aber dafür war sie, wie man weiß, auch niemals vorgesehen. Innerhalb der Wohnstätte verrichteten nur die berufenen Träger des Priestertums ihr Amt, und von diesen hatten nur die wenigen Zutritt, die an dem Tag tatsächlich Dienst hatten.

Die Wohnstätte war durch Stoffbahnen, ausdrücklich als Vorhang bezeichnet, in zwei Gemächer geteilt, wovon man das äußere als „das Heilige" und das innere als das Heiligtum oder „das Allerheiligste" bezeichnete. Josephus und einige andere behaupten, daß die Wohnstätte drei Teile umfaßt hätte: das dritte Gemach befand sich aber in Wirklichkeit außerhalb des Hauptzeltes und bildete am östlichen Ende eine Vorhalle, die 5 Ellen tief war und sich quer über die ganze Front erstreckte. Der Vorhang, der das Heilige vom Allerheiligsten trennte, war kunstvoll gearbeitet, „aus violettem und rotem Purpur, Karmesin und gezwirntem Byssus", und mit Kerubim bestickt. Er war an vier Säulen aus goldüberzogenem Holz aufgehängt, die Haken waren aus Gold und die Füße aus Silber. Das Holz dieser Säulen war ebenso wie bei den anderen Teilen des Bauwerks das seltene, teure und dauerhafte Holz des Schittim- oder Akazienbaums, des ägyptischen Schotendorns. Das Gemach hinter dem Vorhang war höchst heilig, darin stand die Bundeslade mit der Deckplatte; darauf waren die zwei heiligen Kerubim, deren Beschreibung in der folgenden Schriftstelle zu finden ist:

„Dann machte Bezalel die Lade aus Akazienholz, zweieinhalb Ellen lang, anderthalb Ellen breit und anderthalb Ellen hoch.

Er überzog sie innen und außen mit purem Gold und brachte daran ringsherum eine Goldleiste an.

Er goß für sie vier Goldringe und befestigte sie an ihren vier Füßen, zwei Ringe an der einen Seite und zwei Ringe an der anderen Seite.

Er fertigte Stangen aus Akazienholz an und überzog sie mit Gold.

Er steckte die Stangen durch die Ringe an den Seiten der Lade, so daß man damit die Lade tragen konnte.

Er verfertigte auch eine Deckplatte aus purem Gold, zweieinhalb Ellen lang und anderthalb Ellen breit.

Er machte zwei Kerubim aus getriebenem Gold und arbeitete sie aus den beiden Enden der Deckplatte heraus,

und zwar einen Kerub an dem einen Ende und einen Kerub an dem anderen Ende der Deckplatte; er arbeitete die Kerubim an ihren beiden Enden heraus.

Die Kerubim breiteten ihre Flügel nach oben aus; mit ihren Flügeln beschirmten sie die Deckplatte, und sie wandten ihre Gesichter einander zu; die Gesichter waren der Deckplatte zugewandt[10]."

Außerhalb des Vorhangs, aber noch innerhalb der Wohnstätte befand sich das Heilige; dort waren der Tisch und die Schaubrote, der Räucheraltar und der siebenarmige goldene Leuchter aufgestellt[11].

Die kostbaren Stoffe mit kunstreicher Arbeit, woraus Wände und Dach der Wohnstätte bestanden, waren durch gröbere Decken aus Ziegenhaar geschützt und diese wiederum durch eine Überdecke aus Fellen. Das fertige Bauwerk wird in verschiedenen Übersetzungen als Bundeszelt, Offenbarungszelt oder Hütte des Stifts bezeichnet. In jedem Fall war der Ausgangsbegriff das hebräische 'ōhel mō'ēd, was eigentlich Zelt des Zusammentreffens bedeutet. Man darf aber nicht annehmen, daß damit ein Versammlungshaus im üblichen Sinn gemeint war; denn dieses hier erwähnte Zusammentreffen ist nicht die Zusammenkunft von Gläubigen, sondern der Ort des Sichtreffens zwischen Gott und seinem Priestertum. Das Zelt der Begegnung oder der Wohnstätte in Israel war das Zelt des Herrn, wo er die bevollmächtigten Vertreter seines Volkes traf.

Am ersten Tag des zweiten Jahres nach dem Auszug Israels aus Ägypten wurde das Offenbarungszelt zum erstenmal aufge-

---

[10]Ex 37:1-9; vgl. 25:10-22.
[11]Siehe Ex 37:10-29; vgl. 25:23-40.

richtet, und die gesamte heilige Einrichtung wurde auf unmittelbare Weisung des Herrn an ihren Platz gestellt. Der Vorhang wurde aufgehängt, und die Stätte wurde als heiligster Ort geweiht, als die unsagbar heilige Wohnung Jehovas. Dann geschah beim Offenbarungszelt das gleiche wie auf dem Berg Sinai: eine Wolke verhüllte die zeitweilige Wohnung Gottes.

„Dann verhüllte die Wolke das Offenbarungszelt, und die Herrlichkeit des Herrn erfüllte die Wohnstätte.

Mose konnte das Offenbarungszelt nicht betreten, denn die Wolke lag darauf, und die Herrlichkeit des Herrn erfüllte die Wohnstätte.

Immer, wenn die Wolke sich von der Wohnstätte erhob, brachen die Israeliten auf, solange ihre Wanderung dauerte.

Wenn sich aber die Wolke nicht erhob, brachen sie nicht auf bis zu dem Tag, an dem sie sich erhob.

Bei Tag schwebte über der Wohnstätte die Wolke des Herrn, bei Nacht aber war an ihr Feuer vor den Augen des ganzen Hauses Israel, solange ihre Wanderung dauerte[12]."

Der Errichtung dieses tragbaren Heiligtums lag der alles beherrschende Gedanke zugrunde, daß dadurch die enge Verbindung zwischen Jehova und seinem Volk zum Ausdruck kommen sollte. Das Volk hatte sich wirklich als Volk Gottes zu betrachten, und mitten unter ihm sollte er seine Wohnstätte haben. Dies stand in gar keinem Vergleich zur Anwesenheit der hölzernen und steinernen Götter in den Kultstätten der heidnischen Völker, mit denen Israel zu kämpfen hatte. Der Gedanke war schon im ersten Gebot ausgedrückt, das sich auf den Bau der Wohnstätte bezog: „Macht mir ein Heiligtum! Dann werde ich in ihrer Mitte wohnen[13]."

Um aber eine enge Verbindung mit der Gottheit aufrechtzuerhalten, ist das Priestertum noch viel wesentlicher als eine Wohnstätte oder ein Tempel. Es war daher zu erwarten, daß mit der Einrichtung eines Heiligtums auch Berufungen und Ordinierungen erfolgen würden, um Männer in die heiligen Ämter des Priestertums einzusetzen. Mose war der große Hohe Priester Israels und stand an der Spitze einer Zeit der Ausschüttung von göttlicher Vollmacht und Kraft. Es gab aber viele priesterliche Ämter in den unteren Ordnungen, und in diese wurden Aaron

---

[12] Ex 40:34-38.
[13] Ex 25:8.

und seine vier Söhne Nadab, Abihu, Eleasar und Itamar eingesetzt. Ebenso wie das Offenbarungszelt auf ausdrückliche und bis ins einzelne gehende Weisung errichtet wurde, wurde nun auch der Dienst des Priestertums vorgeschrieben und die Ordnung des Gottesdienstes festgesetzt. Das Volk sollte dadurch nicht vergessen, daß Jehova bei ihm wohnte – Jehova, neben dem sie keine anderen Götter haben durften[14].

Das Offenbarungszelt war vor allem für den Dienst auf der Wanderung vorgesehen; seine Teile waren deshalb einzeln angefertigt und so beschaffen, daß man sie leicht zusammensetzen und auseinandernehmen konnte. Wenn das Offenbarungszelt in seiner Einfriedung aufgerichtet wurde, dann nahm es den Ehrenplatz mitten im Lager ein.

Auf der Ostseite, unmittelbar vor dem Eingang zum Vorhof, waren die Zelte der Priester, während sich auf den restlichen drei Seiten die Leviten lagerten. Diese waren immer in der Nähe und wurden deshalb manchmal mit der Leibwache des großen Königs[15] verglichen, dessen Thron sich im Heiligtum befand. Jenseits des Lagers der Leviten waren die anderen Stämme in der Ordnung des festgelegten Vorrangs gelagert. Selbst auf der Wanderung nahm das Offenbarungszelt die Mitte ein; es wurde von den Leviten getragen, und das ganze Heer Israels bildete die Wache.

Ehe Israel sich für dauernd im verheißenen Land niederließ, hatte das Bundeszelt keine bleibende Stätte. Solange das Volk auf der Wanderung war, wurde das Heiligtum mitgetragen, bis es endlich in Silo zur Ruhe kam. Dort wurde an der Tür des Offenbarungszeltes die endgültige Aufteilung Kanaans unter den Stämmen vollzogen[16]. Dort verblieb es während der Zeit der Richter und bis die Bundeslade wegen der Sündhaftigkeit des Volkes aus dem Gewahrsam der Israeliten in die Hände der Philister gekommen war[17]. Die Herrlichkeit der Wohnstätte war stark verblichen; obwohl sie weiter bestehen blieb, wurde der heilige Dienst kaum mehr verrichtet. Es war eine traurige Wahrheit: „Fort ist die Herrlichkeit aus Israel, denn die Lade Gottes ist

---

[14]Siehe Ex Kapitel 28.
[15]Siehe Smiths „Dictionary of the Bible" (Barnums Ed.), Artikel „Tabernacle".
[16]Jos 18:1-3; 19:51; siehe auch 21:2; Ri 18:31; 1Sam 1:3, 24; 4:3, 4.
[17]Siehe 1Sam 4:10-18.

weggeschleppt worden[18]." Es gibt Anzeichen dafür, daß unter der Regierung Sauls das Offenbarungszelt eine Zeitlang in Nob aufgestellt war; denn es wird erwähnt, daß der Priester Ahimelech dort den Dienst bei den Schaubroten versah[19]. Die Bundeslade aber befand sich ganz gewiß nicht dort[20]. Das nächste, was wir von der Wohnstätte wissen, ist, daß sie in Gibeon aufgestellt wurde, obwohl der Grund für diese Ortsveränderung nicht im einzelnen angegeben ist[21]. Die Bundeslade war in einem anderen Zelt untergebracht, und schließlich wurde beides in den Tempel Salomos aufgenommen, der die Stelle aller früheren Heiligtümer einnahm.

Das dritte Offenbarungszelt

Es wurde aber noch vor der Errichtung des großen Tempels ein weiteres heiliges Zelt angefertigt und in Israel benutzt. Aus Zweckmäßigkeitsgründen sei es das dritte Offenbarungszelt genannt; es wurde von König David in seiner Stadt errichtet, und zwar als Obdach für die Bundeslade. Wie schon erwähnt, berichtet uns die Heilige Schrift, daß die Bundeslade von den Philistern weggeführt, später aber nach Israel zurückgebracht wurde. Das geschah während der späteren Amtszeit der Richter, noch bevor Israel sich einen König in Kanaan erkoren hatte[22].

Während der Regierungszeit Sauls verwahrte man die Lade in einem Privatgebäude, wo aber ein Priester ständig den Dienst versah. Kaum war David König geworden, da veranlaßte er die Überführung der Lade an einen passenderen Ort. Während des Transports wurde ein gewisser Usa erschlagen, weil er sich unterstanden hatte, den heiligen Behälter anzufassen, ohne dazu Vollmacht zu haben. Diese Kundgebung göttlichen Zorns hatte auf David eine solche Wirkung, daß er zunächst den Plan aufgab, die Bundeslade in seiner eigenen Stadt aufzustellen; er brachte sie vielmehr wieder in einem Privathaus unter, nämlich im Haus Obed-Edoms, des Gatiters[23]. Solange sich die Bundeslade unter

---

[18] 1Sam 4:22.
[19] Siehe 1Sam 21:1-6.
[20] Siehe 1Sam 7:1,2.
[21] Siehe 1Chr 21:28-30; vgl. 2Chr 1:3-6.
[22] 1Sam 4:10-22; auch Kapitel 5 und 6; und 7:1, 2.
[23] 2Sam 6:1-12; siehe auch 1Chr Kapitel 13.

dessen Dach befand, war sein Haus mit gutem Gedeihen gesegnet. Nach geraumer Zeit wurde aber der ursprüngliche Plan doch ausgeführt und die Bundeslade in einem eigens dafür hergerichteten Zelt in der Stadt Davids aufgestellt: „Man trug die Lade des Herrn in das Zelt, das David für sie aufgestellt hatte, und setzte sie an ihren Platz in der Mitte des Zeltes, und David brachte dem Herrn Brandopfer und Heilsopfer dar[24]."

Somit gab es unter der Herrschaft Davids zwei Stätten, die als Heiligtümer angesehen wurden, und die Anbetung des Volkes war geteilt. Salomo scheint die Heiligkeit beider Orte anerkannt zu haben – die Ruhestätte der Lade in Jerusalem und den Ort, wo sich das Bundeszelt in Gibeon befand[25]. Er führte schließlich die beiden Heiligtümer wieder zusammen[26].

Der Tempel Salomos

Die Bundeslade war noch nicht lange in der Haupstadt des Reiches – der Stadt Davids – aufgestellt, da wollte der König für sie ein dauerhafteres Obdach schaffen als das Zelt, wo man sie feierlich und prunkvoll hingebracht hatte. Anscheinend ließ ihm sein Gewissen keine Ruhe, wenn er daran dachte, daß sein eigenes Haus besser sei als das Heiligtum des Herrn:

„Als nun David in seinem Haus wohnte, sagte er zu dem Propheten Natan: Ich wohne in einem Haus aus Zedernholz, die Bundeslade des Herrn aber steht in einem Zelt[27]."

David wollte dem Herrn ein würdiges Haus bauen, und der Prophet Natan setzte sich zunächst für das Unternehmen ein. Der Herr redete aber mit Natan und wies ihn an, das dargebotene Opfer des Königs zurückzuweisen. Zwar hatte Jehova keinen festen Wohnsitz bei seinem Volk; er hatte gesagt, er habe in Israel in keinem Hause gewohnt, sondern sei von Zelt zu Zelt und von Wohnung zu Wohnung umhergezogen[28]. Und obwohl man den Herrn anscheinend vernachlässigt hatte, weil seinem Namen so lange kein Haus errichtet worden war, konnte David doch weder den Auftrag noch die Bewilligung bekommen, ein solches

---

[24] 2Sam 6:17; siehe auch 1Chr 15:1 und 16:1.
[25] Siehe 1Kön 3:15 und 2Chr 1:3,4.
[26] Siehe 1Kön 8:1-4.
[27] 1Chr 17:1; siehe auch 2Sam 7:1, 2.
[28] 1Chr 17:4, 5.

Haus zu errichten; denn auf ihm lastete Blutschuld[29]. Es wäre müßig, wollte man über das Ausmaß der Schuld Davids urteilen: das hieße sich ein göttliches Vorrecht anmaßen. Es genügt zu wissen, daß selbst die Gabe eines Königs abgelehnt wird, solange es etwas gibt, was der Aussöhnung zwischen dem Sterblichen und seinem Gott bedarf. Es wurde David aber erlaubt, die Mittel zu beschaffen und das Material zusammenzutragen, das später beim Bau des Tempels verwendet werden sollte[30]; außerdem ließ er den Baugrund für den späteren Tempel auswählen und heiligen. Eine große Pest war über Israel gekommen, und der Engel des Herrn – ausgesandt, das Volk zu verderben – wurde von David erblickt, wie er mit dem Schwert in der Hand auf dem Berg Morija bei der Tenne des Jebusiters Arauna stand[31]. Diese Stelle – geheiligt durch die Anwesenheit eines Himmelsboten, selbst wenn dieser Bote der Todesengel war – wurde durch die Errichtung eines Altars gekennzeichnet; denn so hatte es der Herr durch den Propheten Gad geboten[32].

Als David merkte, daß er nur noch wenige Jahre zu leben hätte, legte er seinem Sohn und erwählten Nachfolger Salomo die feierliche Pflicht auf, das Haus zu bauen, welches er selbst nicht hatte bauen dürfen. Traurig sprach der König davon, daß er dafür nicht würdig gewesen war, und wiederholte die Verheißung des Herrn, er werde den Bau aus der Hand Salomos annehmen. In der Heiligen Schrift heißt es:

„So stellte David vor seinem Tod vieles bereit.
Dann rief er seinen Sohn Salomo und trug ihm auf, dem Herrn, dem Gott Israels, ein Haus zu bauen.
Er sagte zu ihm: Ich selbst hatte vor, dem Namen des Herrn, meines Gottes, ein Haus zu bauen.
Da erging das Wort des Herrn an mich: Du hast viel Blut vergossen und schwere Kriege geführt. Du sollst meinem Namen kein Haus bauen; denn du hast vor meinen Augen viel Blut zur Erde fließen lassen.
Doch wurde dir ein Sohn geboren. Dieser wird ein Mann der Ruhe sein: Ich will ihm Ruhe vor allen seinen Feinden ringsum verschaffen. Salomo ist sein Name, und in seinen Tagen werde ich Israel Frieden und Ruhe gewähren.

---

[29]Siehe 1Chr 22:8; vgl. 28:3 und 1Kön 5:3.
[30]Siehe 1Chr 22:1-5.
[31]2Sam 24:15-25; siehe auch 1Chr 21:15-17 und 2Chr 1:3.
[32]Siehe 1Chr 21:18-30; vgl. 2Sam 24:18-25.

Er wird meinem Namen ein Haus bauen; er wird für mich Sohn sein, und ich werde für ihn Vater sein. Seinen Königsthron werde ich in Israel festigen für immer.

Möge jetzt der Herr mit dir sein, mein Sohn, damit du Erfolg hast und das Haus des Herrn, deines Gottes, baust, wie er es von dir vorausgesagt hat.

Nur gebe dir der Herr Klugheit und Einsicht. Er mache dich zum Gebieter in Israel und helfe dir, das Gesetz des Herrn, deines Gottes, zu erfüllen.

Du wirst Erfolg haben, wenn du die Gesetze und Rechtsvorschriften gewissenhaft befolgst, die der Herr dem Mose für Israel aufgetragen hat. Sei mutig und stark! Fürchte dich nicht, und verzag nicht!

Sieh her, trotz aller Not konnte ich für das Haus des Herrn hunderttausend Talente Gold und eine Million Talente Silber bereitstellen. Bronze und Eisen sind in solchen Mengen vorhanden, daß sie nicht gewogen werden können. Auch Holz und Steine habe ich herbeigeschafft; und du wirst noch mehr dazutun.

Du hast Handwerker in großer Anzahl, Steinmetzen, Maurer, Zimmerleute und zahllose Künstler, die jede Arbeit in Gold, Silber, Bronze und Eisen ausführen können. Auf denn, geh ans Werk, und der Herr sei mit dir.

Darauf befahl David allen führenden Männern Israels, seinem Sohn Salomo zu helfen:

Ist nicht der Herr, euer Gott, mit euch gewesen und hat euch ringsum Ruhe verschafft? Er hat die Bewohner des Landes in meine Gewalt gegeben, so daß nun das Land dem Herrn und seinem Volk unterworfen ist.

Richtet daher euer Herz und euren Sinn darauf, den Herrn, euren Gott, zu suchen. Auf denn, baut das Heiligtum Gottes, des Herrn, um dann die Bundeslade des Herrn und die heiligen Geräte Gottes in das Haus zu bringen, das man seinem Namen errichtet[33]."

David gab Salomo ausführliche Anweisungen für den Entwurf und die Ausführung des Hauses und der Geräte. Er gab ihm den Plan für die Vorhalle und den Hauptbau, ebenso für die Nebengebäude: „den Plan von allem, was er sich . . . vorgenommen hatte." Weiter gab er ihm Anweisungen für den Dienst der verschiedenen Ordnungen der Priester und Leviten und „über den Vollzug des gesamten Dienstes am Haus des Herrn und über alle Geräte, die man zum Dienst im Haus des Herrn benötigte[34]".

---

[33] 1Chr 22:5-19; siehe auch 28:1-8; 29:1-7.
[34] 1Chr 28:11-13.

Im vierten Jahr der Regierung Salomos begann man tatsächlich mit dem Bau, und der Tempel war im zwölften Jahr, also ungefähr 1005 v. Chr., für die Weihe bereit. Zu Beginn der Arbeit schloß Salomo mit Hiram, dem König eines Nachbarlandes, einen Vertrag: die Städte Tyrus und Sidon sollten mit ihren Kräften und Mitteln zu dem großen Unternehmen beitragen. Dieses Übereinkommen erschloß die stolzen Wälder des Libanon für den Bau. Zedern und Zypressen und andere Bäume wurden gefällt und zu Tausenden an die günstigste Stelle für den Überlandtransport nach Jerusalem geflößt. Hiram hatte schon vorher erklärt bekommen, daß seine Aufgabe schwer sein würde. Salomo hatte ihm nämlich gesagt: „Das Haus, das ich bauen will, soll groß werden, denn unser Gott ist größer als alle Götter[35]." Die Sidonier waren die geschicktesten Holzfäller; ihnen wurde die Arbeit also anvertraut, und die Hölzer des Libanon wurden in großen Mengen herbeigeschafft. Das Ausmaß der erbetenen Lieferung läßt sich aus der enormen Bezahlung erkennen, die Salomo angeboten und entrichtet hatte[36].

Israelitische Werkleute wurden in großer Zahl beschäftigt, sowohl zusammen mit den Sidoniern als auch daheim. Wir lesen:

„König Salomo ließ Leute aus ganz Israel zum Frondienst ausheben. Dieser umfaßte 30000 Fronpflichtige.

Von ihnen schickte er abwechselnd jeden Monat 10000 Mann auf den Libanon. Einen Monat waren sie auf dem Libanon und zwei Monate zu Hause. Adoniram leitete den Frondienst.

Ferner hatte Salomo 70000 Lastträger und 80000 Steinhauer im Gebirge,

nicht eingerechnet die 3600 Werkführer unter dem Befehl der Statthalter, denen die Leitung der Arbeit oblag. Sie führten die Aufsicht über die Arbeiter.

Der König ließ mächtige, kostbare Steine brechen, um mit Quadern das Fundament des Tempels zu legen.

Die Bauleute Salomos bearbeiteten mit den Bauleuten Hirams und den Gebalitern das Holz und die Steine und richteten sie her für den Bau des Tempels[37]."

Für den erfolgreichen Einsatz einer so großen Zahl von Arbeitern war eine gute Organisation unerläßlich; es nimmt daher kaum wunder, wenn wir lesen, daß 3300 Aufseher angestellt

---

[35] 2Chr 2:4; siehe auch das ganze Kapitel.
[36] Siehe 1Kön 5:25; 2Chr 2:9.
[37] 1Kön 5:27-32.

waren. Daß das System wirksam war, läßt sich aus dem Erfolg des riesigen Unternehmens erkennen. Die Israeliten und die Männer aus Tyrus und Sidon arbeiteten harmonisch miteinander, und das meiste Material wurde schon im Wald oder Steinbruch zurechtgeformt, und „Hämmer, Meißel und sonstige eiserne Werkzeuge waren beim Bau des Hauses nicht zu hören[38]".

Die Angaben über den Bau des großen Tempels finden sich vor allem in 1. Könige, Kapitel 5 und 6; ein späterer Bericht erscheint in 2. Chronik, Kapitel 3 und 4, der aber ebenso wie die Beschreibung des Josephus[39] wohl aus dem ersterwähnten Bericht herstammt.

Im allgemeinen folgte der Entwurf des Salomonischen Tempels dem des Offenbarungszeltes, die Maße des Tempels waren aber doppelt so groß wie die des Bundeszeltes. Erinnern wir uns: Die Vorhalle des Offenbarungszeltes war 5 Ellen tief; die des Tempels maß 10 Ellen in der Tiefe, und in beiden Fällen erstreckte sich die Vorhalle quer über die volle Breite des Hauses. Das Heilige oder erste Gemach innerhalb der Wände war im Offenbarungszelt 20 Ellen lang, 10 Ellen breit und 10 Ellen hoch. Im Tempel maß derselbe Raum 40 zu 20 zu 20 Ellen. Das innere Heiligtum, das Allerheiligste, war im Zelt ein kubischer Raum von 10 Ellen Seitenlänge: im Tempel betrug die Seitenlänge dieses Würfels 20 Ellen. Somit bedeckte das Offenbarungszelt eine Fläche von 35 mal 20 Ellen und die des Tempels 70 mal 40 Ellen. In diesen Maßen sind die Seitengemächer nicht enthalten, die im Offenbarungszelt 5 Ellen breit waren; die neben dem Tempel maßen 10 Ellen in der Breite. Schließt man auch diese mit ein, so erhält man als Grundfläche für das Bundeszelt 800 Quadratellen und für den Tempel 3200 Quadratellen, was etwa 200 und 800 Quadratmeter in heutigen Maßen entspricht. In der Höhe war das gleiche Verhältnis gewahrt worden: das Offenbarungszelt erhob sich 15 Ellen, der Tempel 30 Ellen über dem Boden. Die Vorhalle überragte anscheinend das Hauptgebäude an Höhe[40].

In der Vorhalle, gleichsam als Wache an der Schwelle des Tempels, standen zwei kunstvoll geschmiedete bronzene Säulen, die zweifellos eine symbolische Bedeutung hatten. Man sah sie

---

[38] 1Kön 6:7; vgl. Dtn 27:5, 6.
[39] Josephus, Jüdische Altertümer, VIII, Kapitel 2, 3, 4.
[40] Siehe 2Chr 3:4.

als so wichtig an, daß sie ausführlich beschrieben wurden und der Name des Herstellers in das Tempelarchiv eingetragen wurde. Hiram von Tyrus – nicht der König gleichen Namens – war der kunstvolle Bronzeschmied, der sie anfertigte. Er gab ihnen einen Umfang von 12 Ellen und machte sie 18 Ellen hoch, die mit Granatäpfeln und Lilien reichverzierten Kapitelle nicht gerechnet. Die Säule rechts vom Eingang wurde Jachin genannt, was „Er wird gründen" bedeutet, die links Boas, „In ihm ist Kraft[41]". Was für eine tiefere Bedeutung diese beiden massiven Säulen auch gehabt haben mochten – das Sinnbild der Stärke und Festigkeit ist offenbar und eindrucksvoll. Aus dem Text der Schrift geht nicht klar hervor, ob sie das Dach der Vorhalle zu tragen hatten oder nur als symbolische Verzierung frei dort standen.

Die Mauern des großen Tempels bestanden aus behauenen Steinen, und doch war im Innern kein Stein sichtbar; denn die Wände waren von der Decke bis zum Boden mit Zedernholz verkleidet, reich geschmückt mit geschnitzten Blumen, Bäumen und anderen Ornamenten, und den Fußboden hatte man aus Zypressenholz gemacht[42]. Außerdem war das Innere mit Einlegearbeiten aus purem Gold prächtig ausgestattet. Der Hinterraum oder das Allerheiligste war durch eine Trennwand abgeteilt, die dem Vorhang in der Wohnstätte entsprach. Auch sie war aus Gold, sie bestand nämlich aus Goldkettchen[43]. Zwei Kerubim hielten über dem Allerheiligsten symbolisch Wache; sie waren aus goldüberzogenem Holz des Ölbaums, wobei das Edelmetall als Blech dem Schnitzwerk angepaßt war[44].

Die Vorhalle erhob sich an der Ostseite; sie bildete den einzigen Eingang in den eigentlichen Tempel. Auf den drei anderen Seiten befanden sich zahlreiche Seitengemächer, drei Stockwerke hoch, so daß das Heilige und das Allerheiligste ganz davon umgeben waren. Die Breite dieser Räume betrug im unteren Gang 5 Ellen, im mittleren 6 und im obersten Gang 7 Ellen; dieser merkwürdige Umstand, daß mit der Höhe die Breite zunahm, kam dadurch zustande, daß die Wände an Dicke abnahmen. Durch diese Absätze in den Mauern waren die aus Zedern-

---

[41] Siehe 1Kön 7:13-22.
[42] 1Kön 6:15-18, 29.
[43] 1Kön 6:19-22.
[44] 1Kön 6:35.

holz gefertigten Gemächer gut gestützt und bildeten doch keinen Teil des Hauptgebäudes. Die Konstruktion war so, daß die Balken nicht in die Wände des Hauses eingriffen[45]. Diese kleinen Gemächer bildeten daher „ringsum einen Anbau mit Kammern", waren aber eine selbständige Konstruktion. Aus einer Bemerkung Ezechiels[46] läßt sich entnehmen, daß es dreißig Seitenräume gegeben hat, obwohl keine genauen Angaben darüber zu finden sind. Sie wurden wahrscheinlich für den priesterlichen Dienst benutzt, der zusätzlich zu den Zeremonien beim allgemeinen Ritual verrichtet werden mußte. Der Eingang zu diesen Kammern befand sich auf der rechten Seite des Gebäudes, und eine Wendeltreppe führte in die oberen Stockwerke. Über dem obersten Umgang waren Fenster, durch die das Licht in den Vorraum oder das Heilige eintreten konnte; kein Tageslicht aber drang ins Allerheiligste.

Die Einrichtung des Tempels bestand nur aus wenigen Stükken; jedes davon war jedoch von bestimmter Machart und diente ausschließlich einem bestimmten Zweck. Im Heiligen stand der Tisch – oder eine Reihe von Tischen –, worauf das heilige Schaubrot gelegt wurde. Erwähnt sind auch ein Altar aus Gold sowie zehn Leuchter aus gediegenem Gold vor dem Eingang zum Allerheiligsten, fünf auf jeder Seite. Überdies waren kleine Lichtscheren, Schalen und Messer, Becken und Löffel vorhanden, alle aus lauterem Gold. Der Hinterraum war dazu bestimmt, die Bundeslade aufzunehmen, und um diesen heiligen Behälter gleichsam zu bewachen, fertigte man zwei große Kerubim an, jeder 10 Ellen hoch; die waren aus Olivenholz, mit Gold überzogen.

Der Tempel stand innerhalb gemauerter Einfriedungen, die man allgemein als äußeren und inneren Hof bezeichnete. Die Mauer des inneren Hofs wird so beschrieben: drei Lagen behauene Steine, in die eine Lage Zedernbalken eingefügt war. Sie entsprach der einfachen Einfriedung des alten Offenbarungszeltes. Da alle übrigen Maße beim Tempel das Doppelte wie beim Offenbarungszelt betrugen, war dieser Hof möglicherweise ebenfalls von gleicher Proportion. Nach allgemeiner Ansicht

---

[45] 1 Kön 6:5, 6.
[46] Ez 41:6, 7.

erstreckte er sich 100 Ellen von Nord nach Süd und 200 Ellen von Ost nach West[47].

In diesem Hof erhob sich „vor der Halle für den Herrn" der Opferaltar; er war aus Bronze und maß 20 Ellen im Geviert bei 10 Ellen Höhe. Zum Dienst am Altar gehörten viele Geräte, nämlich Töpfe, Schaufeln, Becken; und die alle wurden unter der Anleitung des Meisters seines Handwerks, Hiram von Tyrus, angefertigt. Ein weiteres Stück, das ins Auge fiel, war das „Meer", das aus Bronze gegossen war[48]. Dieses reich verzierte Wasserbecken hatte einen Umfang von 30 Ellen und war 5 Ellen hoch. Die Dicke der Wand betrug eine Handbreit, und der Rand war mit Blumenornamenten geschmückt. Das Gefäß wurde von zwölf bronzenen Rindern getragen, die in Gruppen zu je drei in die vier Himmelsrichtungen blickten. Dieser riesige Wasserbehälter stand zwischen dem Altar und der Vorhalle rechts vor dem Haus nach Südosten hin[49]. Zu dem bronzenen Meer gab es noch zehn kleinere Gefäße, Kessel genannt, jedes mit einem besonderen Gestell und Rädern versehen, um es leichter fortbewegen zu können[50]. Die Kessel fanden beim Dienst am Altar Verwendung, nämlich zum Waschen der Opfergaben; aber das Hauptbecken, das gegossene Meer, war der zeremoniellen Reinigung der Priester vorbehalten.

Als das Haus des Herrn fertiggestellt war, traf man große Vorbereitungen für die Weihe. Als erstes wurde die Bundeslade mit ihren Geräten feierlich eingeholt, dazu das Zelt der Zusammenkunft und die heiligen Gefäße. Während zeremonieller Opfer trugen die Priester die Lade feierlich hinein und stellten sie unter den Flügeln der Kerubim im Allerheiligsten auf. Damals enthielt die Lade nur noch „die zwei steinernen Tafeln des Bundes". Die Stangen, womit man die Lade getragen hatte, waren so lang, daß man sie vom Heiligen aus sehen konnte. Dann aber, als „die Priester aus dem Heiligtum traten, erfüllte die Wolke das Haus des Herrn. Sie konnten wegen der Wolke ihren Dienst nicht verrichten; denn die Herrlichkeit des Herrn erfüllte das Haus des Herrn[51]."

---

[47] Genauere Angaben über die Höfe finden sich in 1Kön 6:36; vgl. 7:12; siehe auch 2Kön 23:12; 2Chr 4:9; 33:5.
[48] 1Kön 7:23-26; 2Chr 4:2; siehe auch 2Kön 25:13; vgl. Jer 52:17.
[49] 1Kön 7:39.
[50] 1Kön 7:27-39; vgl. 2Chr 4:6.
[51] 1Kön 8:10, 11.

Dann sprach Salomo zur versammelten Menge und erzählte, wie der Bau des Tempels von seinem Vater David zwar beschlossen, von ihm aber nicht ausgeführt worden war; laut verkündete er die Gnade und Güte des Gottes Israels. Der König stellte sich an den Altar im Hof des Tempels, breitete seine Hände zum Himmel aus und sprach das Weihegebet. Dann segnete er das Volk und sagte:

„Gepriesen sei der Herr, der seinem Volk Israel Ruhe geschenkt hat, wie er es versprochen hat. Von all den herrlichen Verheißungen, die er durch seinen Knecht Mose verkündet hat, ist nicht eine hinfällig geworden. Der Herr, unser Gott, sei mit uns, wie er mit unseren Vätern war. Er verlasse uns nicht und verstoße uns nicht[52]."

Die Hauptfeier mit allen Festlichkeiten dauerte sieben Tage lang, und „am achten Tag entließ er das Volk. Sie priesen den König und gingen zu ihren Zelten, frohen Mutes und voll Freude über all das Gute, das der Herr an seinem Knecht David und seinem Volk Israel getan hatte[53]."

Nur den dritten Teil eines Jahrhunderts bewahrte das glänzende Bauwerk seine Herrlichkeit. In den späteren Jahren seiner Regierung sündigte Salomo in den Augen Gottes, und schnell war das Volk dem König auf dem unrechten Pfad gefolgt. Israel war in seinem Bund mit Jehova schwach geworden und hatte sich fremden Göttern zugewandt. Nach Salomos Tod spaltete sich die Nation. Im fünften Jahr der Regierung Rehabeams zog Schischak, der König von Ägypten, herauf gegen die Stadt Davids und plünderte den Tempel; er nahm einen Teil der heiligen Schätze weg. Als nächstes führte Joasch, der König eines Teils der entzweiten Nation, Gold und Silber und heilige Geräte aus dem Haus des Herrn weg mit sich nach Samaria[54]. Es zeigte sich also, daß der Tempel nicht allein von den Feinden Israels entheiligt wurde; auch das Volk, dem dieses Gebäude heilig gewesen war, trug zur Entweihung bei. Ahas, der gottlose König von Juda, entfernte den Altar und ließ einen anderen nach dem Vorbild der heidnischen Altäre an seiner Statt aufstellen; auch nahm er das bronzene Meer herab und brach die Leisten von den

---

[52] 1Kön 8:56, 57; das ganze Kapitel beschreibt die Einweihung des Tempels.
[53] 1Kön 8:66.
[54] 2Kön 14:13, 14.

Gestellen der Kessel[55]. Manasse, ebenfalls ein sündhafter König in Juda, hatte sich Baal verschrieben und richtete Götzenaltäre im Haus des Herrn auf[56]. Die Kostbarkeiten aus dem Tempel wurden von den Königen als Tauschmittel benutzt. So erkaufte sich Asa, der König von Juda, damit die Hilfe Ben-Hadads im Kampf gegen Israel[57]; ebenso erkaufte sich Joasch mit Tempelgeräten den Frieden vom syrischen König Hasaël[58]; und gleichermaßen plünderte Hiskija das Haus des Herrn, um den Assyrern Tribut zahlen zu können[59].

Man unternahm einige Versuche, die schlimmsten Schäden innen und außen am Tempel zu beheben[60], aber offenbar war das Haus des Herrn seinem Schicksal preisgegeben. Im Jahre 586 v. Chr. vollendete Nebukadnezzar, der König von Babel, die Zerstörung des Tempels, nachdem er das Reich Juda besiegt hatte. Was er noch an Wertvollem fand, führte er mit sich hinweg, und das Gebäude wurde niedergebrannt[61].

Noch einmal werden in späterer Zeit einige Geräte erwähnt – die einstmals dem Dienst Jehovas gewidmet waren –, nämlich als sie herbeigeschleppt wurden, um den Triumph Belschazzars in seinem heidnischen Fest zu krönen. Da aber regte sich der Zorn des Herrn, und der bebende König vernahm von den Lippen Daniels sein Unheil; denn er gedachte nicht des Schicksals seines Vaters und hatte sich gegen den Herrn des Himmels erhoben. Er hatte die heiligen Gefäße herbeibringen lassen, damit er und seine Mächtigen, seine Frauen und Nebenfrauen daraus Wein tränken; er pries die goldenen, silbernen, ehernen, eisernen, hölzernen und steinernen Götter, die weder sehen noch hören, noch fühlen können; den Gott aber, der ihm den Odem gab und alle seine Wege in der Hand hatte, den hatte er nicht verehrt. Auf der Waage wurde er gewogen und zu leicht befunden,

---

[55] 2Kön 16:10-18; siehe auch 2Chr 28:24.
[56] 2Kön 21:1-7; siehe auch 2Chr 33:1-7.
[57] 1Kön 15:18.
[58] 2Kön 12:18.
[59] 2Kön 18:15, 16.
[60] Siehe 2Kön 12:2-14; vgl. 2Chr 24:7-14; siehe auch 2Kön 22:3-7; vgl. 2Chr 34:8-13.
[61] 2Kön 24:13; 25:9-17, 2Chr 36:7, 19; vgl. Jes 64:11; Jer 27:16, 19-22; 28:3; 52:13, 17-23; Klgl 2:7; 4:1; Esra 1:7.

und sein Reich wurde ihm genommen. In derselben Nacht wurde Belschazzar, der König der Chaldäer, getötet[62].

Ezechiels Vision vom Tempel

Im fünfundzwanzigsten Jahr der babylonischen Gefangenschaft, als das Volk Israel verbannt in fremdem Land lebte, erging das Wort des Herrn an den Propheten Ezechiel; die Macht Gottes ruhte auf ihm, und er sah in einer Vision einen herrlichen Tempel, den er in allen Einzelheiten beschrieb[63]. Ob der Prophet eine Verwirklichung in späterer Zeit für möglich hielt oder ob er darin nur ein unerreichbares Hochziel sah, ist nicht geklärt. Sicher ist nur, daß der Tempel seiner Vision noch nicht erbaut ist.

In den meisten wesentlichen Zügen folgte Ezechiels Ideal genau dem Plan des Salomonischen Tempels; so groß ist die Ähnlichkeit, daß vieles, was Ezechiel anführt, für Einzelheiten des von Nebukadnezzar zerstörten Gebäudes gehalten wird. Im visionären Tempel Ezechiels war am auffälligsten die Geräumigkeit der Anlage und die Symmetrie des heiligen Hauses und der benachbarten Gebäude. Der ganze Platz sollte ein Quadrat von 500 Ellen sein, rings mit Mauern umgeben; auf drei Seiten war je ein Eingang mit Torbogen vorgesehen. Die Westmauer aber sollte durch kein Tor, durch keinen Torbogen unterbrochen sein. An jedem Tor gab es kleine Gemächer oder Räume[64] und eine Vorhalle. Im äußeren Hof waren weitere Kammern. Das Ganze war auf erhöhtem Grund gebaut, und Stufen führten zu jedem Tor hinauf. Im inneren Hof war der große Altar zu sehen, der vor dem Haus stand und die Mitte eines Platzes von 100 Ellen im Geviert einnahm[65]. Genügend Vorsorge war getroffen für alle Arten von Opfern und für die Unterbringung der Priester, der Sänger und aller übrigen, die etwas mit dem heiligen Ritual zu tun hatten[66]. Das Hauptgebäude umfaßte eine Vorhalle, ein Heiliges und, ganz im Innern, das Allerheiligste. Letzteres lag höher als die übrigen Teile und war durch Stufen zu erreichen.

---

[62]Siehe Dan Kapitel 5.
[63]Siehe Ez Kapitel 40 bis 43.
[64]Einige Übersetzungen sprechen von Gemächern, andere von Nischen und Räumen.
[65]Ez 40:47.
[66]Ez 40:44-46.

Der Plan sah sogar eine noch größere Abgeschlossenheit vor, als dies beim heiligen Tempelbezirk Salomos der Fall war; die doppelten Höfe dienten diesem Zweck. Der Tempeldienst war in Einzelheiten beschrieben. Es gab genaue Anweisungen für die heiligen Handlungen am Altar, für die Pflichten der Priester, den Dienst der Leviten, es gab Richtlinien für die Opfer und Abgaben und für die Feste[67].

Diese Offenbarung durch die Vision des Propheten hatte wohl den eigentlichen Zweck, das Volk Israel seinen gefallenen Zustand erkennen zu lassen und ihm einen Begriff von seiner früheren Herrlichkeit zu geben. Dem Propheten wurde geboten, zu schreiben:

„Du, Menschensohn, berichte dem Haus Israel über den Tempel, damit sie sich wegen ihrer bösen Taten schämen. Sie sollen den Entwurf des Tempels kennenlernen.

Wenn sie sich all dessen schämen, was sie getan haben, dann mach ihnen den Plan des Tempels bekannt, seine Einrichtung, seine Ausgänge und Eingänge und seinen ganzen Plan, alle ihn betreffenden Gesetze und alle ihn betreffenden Anweisungen. Zeichne alles vor ihren Augen auf! Sie sollen darauf achten, daß sie seinen ganzen Plan ausführen und alle ihn betreffenden Gesetze befolgen.

Das ist meine Anweisung für den Tempelbezirk. Das ganze Gebiet auf dem Gipfel des Berges ringsum ist hochheiliger Boden. Siehe, das ist die Anweisung für den Tempelbezirk[68]."

Der Tempel des Serubbabel

Siebzig Jahre lang hatten die Juden unter der babylonischen Herrschaft geächzt und gestöhnt. Der größte Teil der Bewohner des einst so stolzen Reiches Juda war in Gefangenschaft geführt worden; diejenigen aber, die im Land ihrer Väter verblieben, waren keine Nation mehr und hatten sich stark mit den anderen Völkern vermischt. Mit schrecklicher Genauigkeit war die düstere Prophezeiung Jeremias erfüllt worden, der das Wort des Herrn als Prophet zu verkünden hatte:

„Darum – so spricht der Herr der Heere: Weil ihr auf meine Worte nicht gehört habt,
darum hole ich alle Stämme des Nordens herbei – Spruch des Herrn –, auch Nebukadnezzar, den König von Babel, meinen Knecht.

---

[67] Ez Kapitel 44 bis 48.
[68] Ez 43:10-12.

Ich lasse sie über dieses Land und seine Bewohner kommen und über alle diese Völker ringsum. Ich weihe sie dem Untergang und mache sie zu einem Bild des Entsetzens, zum Gespött und zur dauernden Schmach.

Ich lasse bei ihnen aufhören den Jubelruf und den Freudenruf, den Ruf des Bräutigams und den Ruf der Braut, das Geräusch der Handmühle und das Licht der Lampe.

Dieses ganze Land wird zum Trümmerfeld und zu einem Bild des Entsetzens, und diese Völker werden dem König von Babel siebzig Jahre lang dienen[69]."

Die Hoffnungslosigkeit dieser Prophezeiung wurde aber von einem lichten Strahl der Verheißung erhellt – der Zusicherung, daß nach den siebzig Jahren der Züchtigung durch den Herrn das Volk in das Land des Erbteils zurückkehren und wieder als Volk des Herrn anerkannt würde[70]. Diese Hoffnung hatte das Volk genährt; durch sie inspiriert, hatten die Propheten sogar in der Gefangenschaft Verbindung mit dem Herrn gesucht und dem Volk seinen Willen verkündet. Von ihrem Strahl erleuchtet, hatte Ezechiel in einer Vision die Wiederherstellung seines Volkes und einen Tempel gesehen – größer und prächtiger als der erste. Wie es dem göttlichen Ratschluß entsprach, erfüllte der Gott Israels die Verheißung und offenbarte aufs neue seine Macht als König der Könige. Er herrscht über die Nationen und lenkt die Taten der irdischen Herrscher, und so führte er sein Volk abermals aus dem Land der Knechtschaft. Persien hatte sich zur beherrschenden Macht unter den Völkern aufgeschwungen, und auf Befehl des persischen Königs wurde Juda freigegeben. So äußert sich die Macht Gottes, der die Herrscher der Sterblichen lenkt:

„Im ersten Jahr des Königs Kyrus von Persien sollte sich erfüllen, was der Herr durch Jeremia gesprochen hatte. Darum erweckte der Herr den Geist des Königs Kyrus von Persien, und Kyrus ließ in seinem ganzen Reich mündlich und schriftlich den Befehl verkünden:

So spricht der König Kyrus von Persien: Der Herr, der Gott des Himmels, hat mir alle Reiche der Erde verliehen. Er selbst hat mir aufgetragen, ihm in Jerusalem in Juda ein Haus zu bauen.

Jeder unter euch, der zu seinem Volk gehört – sein Gott sei mit ihm –, der soll nach Jerusalem in Juda hinaufziehen und das Haus des

---

[69]Jer 25:8-11; siehe auch 29:10.
[70]Siehe Jer 25:12-14. Siehe auch des Verfassers „Glaubensartikel", Kapitel 17, „Die Zerstreuung Israels".

Herrn, des Gottes Israels, aufbauen; denn er ist der Gott, der in Jerusalem wohnt.

Und jeden, der irgendwo übriggeblieben ist, sollen die Leute des Ortes, in dem er ansässig war, unterstützen mit Silber und Gold, mit beweglicher Habe und Vieh, neben den freiwilligen Gaben für das Haus Gottes in Jerusalem[71]."

Mit dieser gnädigen Erlaubnis kehrte das Volk in das Land der Väter zurück und fing an, dem Herrn ein neues Haus zu bauen. Kyrus hatte in dem königlichen Edikt verkündet, daß der Bau des großen Namens würdig sein solle, dem er errichtet würde – das Fundament solle fest sein; die Höhe solle 60 Ellen betragen, ebenso die Breite; es solle drei Schichten große Steine und eine Schicht von neuem Bauholz geben; überdies wären die Kosten aus der königlichen Schatzkammer zu decken[72]. Der König gab dem Volk die Geräte zurück, die Nebukadnezzar aus dem ersten Tempel weggebracht hatte: sie alle, mehrere tausend an der Zahl, wurden durch den Schatzmeister offiziell übergeben[73].

So groß war die Begeisterung des Volkes, so stark sein Wunsch, sich an dem heiligen Werk zu beteiligen, daß viele, die früher ihr Erbe vernachlässigt hatten, nun auf einmal behaupteten, Priester zu sein. Da aber ihre Geschlechtsregister verlorengegangen waren, wies man ihr Ansinnen zurück, obwohl sie mit den übrigen zurückkehren durften. Die Vorrechte des Priesterordens wurden ihnen versagt, bis einer mit Macht aufstehen und ihre Abstammung durch den Urim und Tummim verkünden würde[74].

Serubbabel und Jeschua leiteten die Arbeit, und ohne Verzögerung bauten sie von neuem den Altar des Gottes Israels auf und führten das Opferritual ebenso wieder ein wie die heiligen Feste[75]. Steinmetzen und Zimmerleute, Arbeiter und Handwerker aller Art wurden in Dienst genommen. Abermals unterstellte man die Städte Tyrus und Sidon einer freundschaftlichen Beitragsleistung, und wiederum brachte man Holz aus den reichen Waldbeständen des Libanon nach Jerusalem. Die Priester und Leviten stellten sich wie ehedem in feierlicher Ordnung auf,

---

[71]Esra 1:1-4.
[72]Esra 6:3, 4.
[73]Esra 1:7-11.
[74]Siehe Esra 2:61-63.
[75]Esra 3:1-6.

und in den Klang der Trompeten und Zimbeln mischte sich das Lied der Sänger. Ist es da verwunderlich, daß alte Männer in Erinnerung an das erste Haus und seinen Glanz laut weinten und ihre schmerzliche Freude laut werden ließen, als das Fundament gelegt wurde[76]?

Es erhoben sich aber bald Widersacher, die den Bauleuten Schwierigkeiten machten. Die Bewohner Kanaans – Israeliten, die ihre Bündnisse mit Gott vergessen und sich mit Götzenanbetern vermischt hatten – nahmen Anstoß an der Tätigkeit der zurückgekehrten Juden. Zuerst erboten sie sich, bei der Arbeit mitzuhelfen; als ihnen das aber wegen ihrer götzendienerischen Einstellung verweigert wurde, stellten sie sich gegen das Werk, machten die Juden mutlos und schreckten sie vom Bauen ab. „Man bestach sogar königliche Räte gegen sie, um ihr Vorhaben zu vereiteln; das dauerte die ganze Regierungszeit des Perserkönigs Kyrus bis zur Regierung des Königs Darius von Persien[77]." Man stellte die Behauptung auf, das Volk Juda sei schon immer, ein Unruheherd unter den anderen Völkern gewesen, und mit der Wiederaufrichtung ihres Tempels würden sie den Frieden von neuem bedrohen. Schließlich erreichten die Anschuldigungen und Proteste den regierenden König Darius. Dieser untersuchte die ganze Sache und gab einen Erlaß heraus, wonach die Juden nicht nur beim Bau des Tempels nicht gestört werden dürften, sondern daß auch ein Teil des königlichen Tributs, nämlich die regulären Steuern des Landes, für die Arbeit zur Verfügung zu stellen wären. Der König ließ sagen:

„Schließlich befehle ich: Jedem, der diesen Erlaß mißachtet, reiße man einen Balken aus seinem Haus und pfähle ihn auf diesem Balken; sein Haus soll wegen seines Vergehens zu einem Trümmerhaufen gemacht werden.

Der Gott aber, der seinen Namen dort wohnen läßt, vernichte jeden König und jedes Volk, die sich unterfangen, den Erlaß zu mißachten und jenes Gotteshaus in Jerusalem zu zerstören. Ich, Darius, habe den Befehl gegeben; man befolge ihn genau[78]."

Mit so einer Unterstützung konnte das Volk den Bau bald vollenden. Zwischen der Grundsteinlegung und der Fertigstellung waren freilich fast 20 Jahre vergangen, aber der größte Teil

---

[76] Esra 3:8-13.
[77] Esra 4:1-6; siehe auch Vers 7-24 und Kapitel 5.
[78] Esra 6:11, 12; siehe auch Vers 7-10.

der Arbeit wurde in den letzten vier Jahren getan. Das Weihefest war feierlich und ergreifend. Sieben Tage lang hielt man das Fest des ungesäuerten Brotes. Es aßen das Paschamahl alle diejenigen, die aus der Gefangenschaft zurückgekommen waren, sowie „alle, die sich von der Unreinheit der Völker des Landes abgesondert hatten, um mit ihnen zusammen den Herrn, den Gott Israels, zu suchen[79]".

Dieser zweite Tempel wurde im Jahre 515 v. Chr. vollendet. Er wird allgemein als Tempel Serubbabels bezeichnet. Im großen und ganzen folgte der Plan dem Salomonischen Tempel, wenngleich er ihn in vielen Abmessungen übertraf. Der Hof war in eine Abteilung für die Priester und eine andere für das Volk geteilt; Josephus berichtet, daß ein hölzernes Gitter die Trennwand bildete[80]. Dort, wo früher der große bronzene Altar gestanden hatte, baute man einen Altar aus unbehauenen Steinen[81]. Das Heilige wurde von nur einer Kerze erleuchtet, nicht mehr von zehn; es stand darin nur noch ein einziger Tisch für die Schaubrote an Stelle der zehn mit Gold eingelegten Tische, die im ersten Tempel vorhanden waren. Wir lesen auch von einem goldenen Räucheraltar und einigen weniger bedeutenden Geräten. Das Allerheiligste war leer; denn von dem Verbleib der Bundeslade wußte man nichts mehr, nachdem das Volk in der Gefangenschaft gewesen war.

In vielerlei Hinsicht erschien der Tempel Serubbabels ärmlich im Vergleich mit seinem prachtvollen Vorgänger, und tatsächlich muß man ihn in ein paar Einzelheiten geringer einschätzen als das alte Zelt der Begegnung – das Heiligtum der wandernden Stämme. Aufmerksame Gelehrte zählen folgende Charakteristika des Salomonischen Tempels auf, die im Serubbabeltempel nicht mehr vorhanden waren: 1. die Bundeslade, 2. das heilige Feuer, 3. die Schechina oder Herrlichkeit des Herrn, 4. der Urim und Tummim, womit Jehova den Priestern seinen Willen verkündet hatte, und 5. die Gabe (oder der Geist) der Prophezeiung, worin sich die engste Verbindung zwischen den Menschen und ihrem Gott äußerte. Trotz dieser Unterschiede wurde der Tempel Serubbabels von Gott anerkannt und war zweifellos der Ort göttlicher Offenbarung an die rechtmäßigen Propheten.

---

[79] Esra 6:21.
[80] Josephus, Jüdische Altertümer, XIII, 13:5.
[81] Vergl. Ex 20:25; Dtn 27:5; Jos 8:31.

Es wird allgemein zugegeben, daß der zweite Tempel einem Vergleich mit dem ersten nicht standhält; der Unterschied lag jedoch mehr in der Pracht als in der Größe[82]. Aber selbst sein bescheidener Glanz war nicht von langer Dauer. Abermals wandte sich das Volk von Gott ab, und die Stimme des Propheten verhallte ungehört. Abermals gestattete Jehova den Heiden, Juda zu unterdrücken. Von der späteren Geschichte dieses Tempels berichtet uns die Bibel nur wenig; aus anderen Quellen aber erfahren wir von seinem Schicksal. Anläßlich der Verfolgung der Makkabäer wurde das Haus des Herrn entweiht. Der syrische König Antiochus Epiphanes eroberte Jerusalem (168 bis 165 v. Chr.) und tat der Religion des Volkes schweren Schimpf an. Er plünderte den Tempel und führte den goldenen Kerzenleuchter weg, den goldenen Räucheraltar, den Tisch der Schaubrote; ja, er ließ sogar den heiligen Vorhang herunterreißen, der aus feiner Leinwand und Purpur bestand. Er ging in seiner Bosheit so weit, daß er den Opferaltar absichtlich entweihte, indem er Schweine darauf opferte; und er ließ im heiligen Bezirk einen heidnischen Altar errichten. Nicht zufrieden mit der Schändung des Tempels, ließ dieser Herrscher in der Stadt Altäre erbauen und darauf unreine Tiere opfern. Die Beschneidung wurde unter Androhung der Todesstrafe verboten, die Verehrung Jehovas zu einem Verbrechen erklärt[83]. Wegen dieser Verfolgung wandten sich viele Juden vom Glauben ab und gaben vor, den Medern und Persern anzugehören – den Nationen, aus deren Gewalt sie durch die Macht Gottes befreit worden waren.

Unter denen, die der Religion ihrer Väter treu blieben, befand sich auch der Priester Mattatias, ein hervorragender Mann. Er sollte heidnische Opfer darbringen; nicht nur weigerte er sich, sondern erschlug auch in heiligem Zorn diejenigen, die die Entweihung verüben wollten. Diese Tat führte zu weiterem Streit, und der Kampf setzte sich drei Jahre lang fort. Judas, der Sohn des Mattatias, trat in Erscheinung und wurde als Judas Makkabäus bekannt, der erste Makkabäer. Unter seiner Führung kehrte das Volk nach Jerusalem zurück und fand dort den Tempel verlassen vor, wie ihn das Heer des Antiochus preisgegeben hatte. Die Tore waren niedergerissen und verbrannt, und innerhalb der

---

[82]Siehe Hag 2:1-4; vgl. Sacharja 4:10.
[83]Siehe Josephus, Jüdische Altertümer, XII, 5:3-5.

Mauern wuchs das Unkraut. Judas unternahm es, das Haus zu reinigen und wiederherzustellen; er brachte neue Gefäße, ersetzte den Leuchter, den Räucheraltar, den Tisch der Schaubrote und die Vorhänge und baute einen neuen Altar für Brandopfer. Endlich, im Jahre 163 v. Chr., wurde das Haus wieder geweiht. In späteren Jahren erinnerte man sich alljährlich an dieses Ereignis und feierte es mit dem Fest der Tempelweihe[84].

Aus Gründen der Selbsterhaltung gingen die Juden ein Bündnis mit den Römern ein, die sich in letzter Zeit zu ihren Herren aufgeworfen hatten. Noch während der Regierungszeit der Makkabäer verfiel der Tempel, und als auf den letzten dieser Dynastie dann Herodes der Große folgte, war das Haus fast nur noch eine Ruine. Nichtsdestoweniger war die Ordnung der Priester aufrechterhalten und eine Art von rituellem Gottesdienst weitergeführt worden. Die Geschichte des Serubbabeltempels ging in die des Tempels des Herodes über.

Der Tempel des Herodes

Im Jahre 37 v. Chr. kam Herodes I., den man den Großen nennt, als König von Judäa auf den Thron. Vorher war er schon Prokurator und Tetrarch (Vierfürst) gewesen; schon einige Zeit vor seiner Thronbesteigung war er dem Namen nach König gewesen. Während dieser Zeit kam es zu Feindseligkeiten zwischen ihm und dem Volk, über das der römische Senat ihn zum Herrscher gemacht hatte. Als er den Thron bestieg, waren seine Grausamkeit und Arroganz berüchtigt: seine Herrschaft war durch eine so große Tyrannei gekennzeichnet, daß selbst engste Blutsverwandtschaft nicht genügte, um das Opfer seines Mißfallens zu schützen. In den ersten Jahren seiner Regierung ließ er beinahe alle Mitglieder des Sanhedrins, des großen jüdischen Rates, umbringen. Seine Herrschaft wurde immer gewalttätiger und strenger. Trotzdem gelang es ihm, mit den anderen Regierungen in Frieden zu leben, und die römischen Herren schätzten ihn als fähigen Regenten. Zu den von ihm verübten Grausamkeiten gehört der Mord an den Kindern von Bethlehem, den er

---

[84]Siehe Josephus, Jüdische Altertümer, XII, Kapitel 6 und 7; auch 2. Makkabäer 2:20; 10:1-8; siehe auch Joh 10:22.

begangen hatte, weil er hoffte, das Jesuskind würde auch unter den Opfern sein[85].

Dies war also der Charakter des Mannes, der den baufälligen Tempel Serubbabels durch ein neues, glanzvolleres Gebäude ersetzen wollte. Kann man annehmen, daß eine Gabe aus solcher Hand dem Herrn wohlgefällig sein würde? Vor Zeiten hatte sich David erboten, dem Herrn ein Haus zu bauen, aber es wurde ihm verwehrt; denn er war mit Blutschuld beladen. Herodes unternahm dieses große Vorhaben, weil er sich selbst und dem Volk Ansehen geben wollte, nicht als Huldigung für Jehova. Sein Vorschlag, den Tempel in größerer Pracht wieder aufzubauen, wurde von den Juden argwöhnisch aufgenommen. Sie fürchteten nämlich, der launische Monarch könnte seinen Plan fallen lassen, sobald das alte Bauwerk abgerissen wäre. Dann hätte das Volk gar keinen Tempel gehabt. Um diesen Befürchtungen zu begegnen, ließ der König das alte Gebäude Stück um Stück erneuern und die Arbeit so ausführen, daß der Tempeldienst zu keiner Zeit ernstlich unterbrochen war. Es blieb aber von dem alten Bauwerk so wenig stehen, daß der Tempel des Herodes als Neuschöpfung betrachtet werden muß. Sechzehn Jahre vor der Geburt Christi begann man mit der Arbeit. Das heilige Haus selbst wurde praktisch innerhalb von eineinhalb Jahren fertiggestellt; dieser Teil der Arbeit wurde von einer Gruppe von tausend Priestern verrichtet, die für diesen Zweck ausgebildet waren. Der Tempelbezirk aber war Schauplatz ununterbrochener Bauarbeiten bis zum Jahre 63 n. Chr. Wir lesen, daß zur Zeit des Wirkens Christi schon 46 Jahre am Tempel gebaut worden war[86], und noch immer war er nicht fertig.

Die Bibel berichtet uns wenig über diesen letzten und größten der alten Tempel; das wenige, was wir wissen, verdanken wir

---

[85] Siehe Matthäus 2:1-10, 16-18. „Ein kleines Kind machte den großen Herodes auf seinem Thron zittern. Als er sah, daß die Sterndeuter kamen, um ihren Herrn und König anzubeten, und nicht in seinem Palast verweilten, sondern ein armseligeres Obdach vorzogen, und als er bemerken mußte, daß sie nicht wiederkommen und das Kind verraten würden, da ließ er in Bethlehem alle Kinder umbringen, die noch keine zwei Jahre alt waren. Das Verbrechen war groß, aber die Anzahl der Opfer in einem kleinen Ort wie Bethlehem blieb doch so unbedeutend, daß Josephus und andere Geschichtsschreiber sie unter den übrigen Greueltaten Herodes' nicht erwähnen; politisches Gewicht hatte die Sache ja nicht" (Smiths Comprehensive Dictionary of the Bible, Artikel „Jesus Christus", S. 466).

[86] Joh 2:20.

hauptsächlich Josephus, und dazu kommen noch ein paar bestätigende Angaben im Talmud. In allen wesentlichen Teilen war das heilige Haus oder der eigentliche Tempel den beiden früheren Heiligtümern sehr ähnlich. Äußerlich aber übertraf er sie an baulichen Feinheiten bei weitem, vor allem, was die Höfe ringsum und die Nebengebäude anlangte. Wollte man von der äußeren Umfassungsmauer bis zur innersten Einfriedung gehen, worin das heilige Haus stand, so mußte man nacheinander Höfe durchschreiten, immer einer höher als der andere, eine Anordnung, die durch die Abhänge des Berges Morija begünstigt wurde. Die Höfe lagen als riesige Terrassen da, gestützt von Mauern aus massiven Steinen, die an einigen Stellen mehr als zweihundert Meter hoch über den Fuß des Hügels aufragten.

Die Umfassungsmauer des gesamten Tempelbezirks bildete ungefähr ein Quadrat mit einer Seitenlänge von 400 Ellen oder einem Stadion (das entspricht etwa 200 Meter). Die Ostmauer war gleichzeitig die Hauptverteidigung der Stadt auf dieser Seite und war durch kein Tor unterbrochen. Auf den drei anderen Seiten konnte man durch mindestens je ein großes, schönes Tor durch die festungsartige Mauer gelangen. An den vier Seiten dieser Einschließung, unmittelbar innerhalb der Außenmauer, befand sich eine Reihe von prachtvollen Säulenhallen in griechischem Stil, worin jede einzelne Säule aus einem einzigen Stück weißen Marmors bestand. Dieser Säulengang war in der Nordwestecke unterbrochen: Dort stand die Burg Antonia, von der ein unterirdischer Gang bis zum inneren Hof führte, wo das heilige Haus war. Die Kolonnade an der Südseite war besonders fein gearbeitet und als königliche Vorhalle bekannt. Hier gab es vier Reihen riesiger Säulen und dahinter drei Wandelgänge, wovon der mittlere 15 Meter breit und 30 Meter hoch war; die beiden seitlichen waren 10 Meter breit und 20 Meter hoch. Josephus schildert den außerordentlich schönen Anblick der königlichen Vorhalle und schreibt, wer sie nicht gesehen habe, der könne ihre Schönheit nicht glauben, und wer sie sähe, sei starr vor Staunen.

Die östliche Kolonnade war als Halle Salomos bekannt[87]; der Name bezog sich auf eine Überlieferung, wonach diese Vorhalle

---

[87] Siehe Joh 10:23; Apg 3:11; 5:12.

einen Teil der ursprünglichen Mauer bedeckte, die von dem Erbauer des ersten Tempels errichtet worden war. Innerhalb dieser Säulenhallen gab es einen geräumigen Platz, den jedermann betreten durfte: dies war der Vorhof der Heiden. Dort hatten zur Zeit unseres Erretters die Geldwechsler und Opfertierhändler ihre Buden, und von dort wurden sie durch seinen gerechten Zorn vertrieben, als er rief: „Es steht geschrieben: Mein Haus soll ein Haus des Gebetes heißen; ihr aber macht daraus eine Räuberhöhle[88]."

Zwischen dem Vorhof der Heiden und den inneren Höfen erhob sich eine Mauer von 12 Meter Höhe; sie bildete die Einfriedung des heiligeren Bezirks, wohin ein Heide nach dem Gesetz nicht zugelassen werden durfte. In Abständen waren in der Mauer Tafeln mit einer Inschrift eingelassen, worin jedem der Tod angedroht wurde, der nicht zu Israel gehörte und doch einzutreten wagte. Die wörtliche Übersetzung einer solchen Inschrift lautet: „Kein Fremdling betrete die Brüstung und die Terrasse rings um das Heiligtum. Wird jemand dort angetroffen, ist er selbst für seinen darauf bedingten Tod verantwortlich."

Die inneren Höfe konnte man vom Vorhof der Heiden aus durch neun Tore betreten, von denen sich eines an der Ostseite, vier an der Nordseite und vier an der Südseite befanden; wie bei den früheren Tempeln gab es in der Westmauer kein Tor. Das Hauptportal war im Osten; es war dies eine kunstvolle Arbeit aus kostbarem korinthischem Kupfer und daher als korinthisches Tor bekannt. Manchmal nannte man es auch nach dem Spender das Tor des Nikanor. Viele Kenner sind der Ansicht, daß dies auch die „Schöne Pforte" sei – jene Stelle, wo Petrus und Johannes den Lahmen heilten[89].

Ein Teil des Platzes in den inneren Höfen war für Israeliten beiderlei Geschlechts offen; diesen bezeichnete man als den Vorhof der Frauen. Das war auch wieder eine Säulenhalle, und darin fanden die allgemeinen Versammlungen nach den Vorschriften des öffentlichen Gottesdienstes statt. Kammern für zeremonielle Zwecke waren an den vier Ecken dieses Hofes gebaut; zwischen ihnen und den Gemächern bei den Toren gab es

---

[88]Mt 21:12, 13; siehe auch Mk 11:15; Lk 19:45; Joh 2:14.
[89]Siehe Apg 3:2, 10.

noch andere Anbauten, deren eine die Schatzkammer bildete, wo die trompetenförmigen Gefäße für die Opfergaben standen[90].

Hinter dem Vorhof der Frauen – eigentlich als Fortsetzung davon – gab es einen Teil, der durch den Namen Männervorhof ausreichend beschrieben ist. Beide Höfe werden manchmal als einer angesehen und dann als Hof Israels bezeichnet. Es gab darin zahlreiche Räumlichkeiten für die Aufbewahrung der heiligen Geräte oder um besondere Versammlungen abzuhalten. Innerhalb und oberhalb des Hofes Israels befand sich der Priesterhof; dort stand der große Opferaltar, und niemand hatte da Zutritt außer den berufenen Priestern und den Laien, die zum Opfern gekommen waren. Der große Altar war aus unbehauenen Steinen; sein Grundriß war ein Viereck von 15 Meter Seitenlänge, und der Altar verjüngte sich bis zur Feuerstelle zu einem Quadrat von 12 Metern. Der ansteigende Zugang befand sich an der Südseite[91]. Ein Becken für die vorgeschriebenen Waschungen der amtierenden Priester stand nahebei auf der Westseite.

Innerhalb des Priesterhofs, auf einer Erhebung von zwölf Stufen, stand das heilige Haus, der Tempel selbst. Im Vergleich zu den zahlreichen massiven Außengebäuden war er ein kleines Bauwerk, aber durch die architektonische Planung das eindrucksvollste, das imposanteste Gebäude des Ganzen. Nicht zu Unrecht wurde er als „ein schneebedeckter Hügel" beschrieben, weil „die Mauern aus blendend weißen Steinen erbaut und mit Goldplatten verziert waren[92]". Wie bei den früheren Tempeln umfaßte auch dieses Gebäude die Vorhalle, das Heilige und das Allerheiligste. Die Vorhalle war 100 Ellen lang und hoch. Das Heilige maß 40 mal 20 Ellen wie beim Serubbabeltempel, aber es war mit 40 Ellen bedeutend höher. Herodes hatte an das Hauptgebäude Seitenkammern und dazwischen einen Gang anfügen lassen; dadurch wurde der neue Tempel größer und imposanter als seine Vorgänger. Das Allerheiligste bewahrte die ursprüngliche Form und Größe und war daher ein Würfel von 20 Ellen Kantenlänge. Es war vom Heiligen durch einen doppelten Vorhang getrennt. Dieser war aus feinstem Material gefertigt und kunstvoll bestickt. Der äußere Vorhang war am Nordende offen, der innere am Südende. Auf diese Weise konnte der Hohe-

---

[90] Siehe Mk 12:41-44.
[91] Vergl Ex 20:26.
[92] Calwer Bibellexikon, Artikel „Tempel".

priester, der einmal im Jahr zur bestimmten Zeit eintrat, zwischen den Vorhängen durchgehen, ohne das Allerheiligste den Blicken preiszugeben. In dem heiligen Raum war nichts als nur ein großer Stein, auf den der Hohepriester am Versöhnungstag das Opferblut sprengte; dieser Stein nahm den Platz der Bundeslade und der Deckplatte ein. Außerhalb des Vorhangs standen im Heiligen der Räucheraltar, der siebenarmige Leuchter und der Schaubrottisch.

Der Tempel des Herodes war, wie allgemein anerkannt wird, das großartigste Tempelgebäude aller Zeiten; dennoch lagen seine Größe und Schönheit eher in der Architektur als in der Heiligkeit der Gottesverehrung oder der Kundgebung göttlicher Gegenwart in seinen Wänden. Ritual und Gottesdienst entstammten hauptsächlich den Vorschriften von Menschen. Zwar wurde angeblich das Mosaische Gesetz buchstabengetreu befolgt, aber das Gesetz war ergänzt worden und in vielen Einzelheiten durch die Regeln und Vorschriften der Priester ersetzt. Die Juden behaupteten, das Gebäude als heilig zu betrachten, und gaben ihm die Bezeichnung: Haus des Herrn. Es tat sich aber darin nichts Göttliches mehr kund wie bei früheren Heiligtümern, die Gott anerkannt hatte. Auch war es durch die Arroganz und widerrechtliche Machtergreifung der Priester ebenso entehrt wie durch die selbstsüchtigen Interessen des Krämergeistes. Dennoch erkannte Christus, unser Herr, es als seines Vaters Haus an[93]. In diesem Tempel wurde der Knabe Jesus „geweiht", wie es das Gesetz forderte[94]; dorthin kam er mit seinen Anhängern zur Zeit des Paschafestes[95]; dort verkündete er sich und den Vater, der ihn gesandt hatte[96]. Und als er schließlich – von den Seinen verworfen und dem Kreuzestod ausgeliefert – das Sühnopfer darbrachte, welches die Erlösung des Menschen ermöglichte, da riß der Vorhang des Tempels durch eine unsichtbare Kraft entzwei, und die letzte Spur der allerhöchsten Heiligkeit war damit von dem Ort gewichen[97].

Solange der Tempel stand, genoß er bei den Juden höchste Verehrung. Ein Ausspruch des Erlösers, von den Finsterlingen

---

[93]Mt 21:12; vgl. Mk 11:15; Lk 19:45.
[94]Siehe Lk 2:22-38.
[95]Lk 2:42-50; siehe auch Joh 2:13-23; 5:1; 12:12-30.
[96]Lk 19:47; Joh 10:22-39.
[97]Mt 27:51; Mk 15:38; Lk 23:45.

als Schmähung des Tempels ausgelegt, wurde als Hauptanklagepunkt gegen ihn verwendet, und man forderte dafür seinen Tod. Als die Juden stürmisch nach einem sichtbaren Zeichen seiner Vollmacht riefen, sagte er seinen Tod und seine Auferstehung voraus: „Reißt diesen Tempel nieder, in drei Tagen werde ich ihn wieder aufrichten[98]." In ihrer Verblendung betrachteten sie diese Bemerkung als Unehrerbietigkeit gegen ihren Tempel, das Bauwerk aus Menschenhand, und dies wollten sie ihm weder vergeben noch vergessen. Daß die Verehrung des Gebäudes auch nach der Kreuzigung unseres Erretters andauerte, geht aus den Anschuldigungen gegen Stephanus und später gegen Paulus hervor. In ihrem mörderischen Zorn beschuldigten die Leute Stephanus der Mißachtung des Tempels und brachten falsche Zeugen bei, die einen Meineid schworen und sagten: „Dieser Mensch hört nicht auf, gegen diesen heiligen Ort und das Gesetz zu reden[99]." Und so wurde Stephanus zum Märtyrer. Als behauptet wurde, daß Paulus einen Heiden in den Tempelbezirk mitgebracht hätte, da geriet die ganze Stadt in Aufruhr, und das empörte Volk schleppte Paulus vom Tempel weg und wollte ihn töten[100].

Mehr als 30 Jahre nach dem Tod Christi bauten die Juden immer noch an den Tempelgebäuden und verschönerten sie. Der kunstvolle Plan des Herodes war so gut wie ganz ausgeführt. Der Tempel war fast fertig und, wie sich bald danach herausstellte, bereit für die Zerstörung. Sein Schicksal war vom Erretter selbst klar vorausgesagt worden. Zu der Bemerkung eines Jüngers über die unvergleichlichen Steine und prächtigen Gebäude auf dem Tempelberg sagte Jesus: „Siehst du diese großen Bauten? Kein Stein wird auf dem anderen bleiben, alles wird niedergerissen[101]."

Diese furchtbare Prophezeiung wurde nur allzubald buchstäblich erfüllt. Im Kampf gegen die römischen Legionen unter Titus hatten viele Juden Zuflucht in den Tempelhöfen gesucht, offenbar in der Hoffnung, daß der Herr wiederum die Schlachten seines Volkes führen und ihm den Sieg geben werde. Aber die schützende Gegenwart Jehovas war schon lange nicht mehr vorhanden, und Israel wurde dem Feind zur Beute. Titus wollte

---

[98]Joh 2:19-22; siehe auch Mt 26:61; 27:40; Mk 14:58; 15:29.
[99]Apg 6:13.
[100]Siehe Apg 21:26-40.
[101]Mk 13:1, 2; siehe auch Mt 24:1, 2; Lk 21:5, 6.

den Tempel verschonen; aber seine Legionäre, berauscht von Kampfeslust, legten Feuer daran, und alles Brennbare wurde ein Raub der Flammen. Das Gemetzel unter den Juden war entsetzlich; Tausende Männer, Frauen und Kinder wurden rücksichtslos abgeschlachtet: die Tempelhöfe waren buchstäblich von Menschenblut überschwemmt. Das geschah im Jahre 70 n. Chr.; Josephus berichtet, es sei derselbe Monat und derselbe Monatstag gewesen wie damals, als der herrliche Tempel Salomos dem Brand zum Opfer fiel, den der König von Babylon hatte legen lassen[102]. Von den Tempelgeräten führte Titus den goldenen Leuchter und den Schaubrottisch aus dem Heiligen als Kriegsbeute nach Rom. Auf dem ihm zu Ehren errichteten Titusbogen kann man heute noch die Abbildung dieser heiligen Gegenstände erkennen.

Seit der Zerstörung des glanzvollen Tempels des Herodes wurde kein anderes Bauwerk dieser Art, kein Tempel, kein Haus des Herrn im Sinne dieser Bezeichnung, auf der östlichen Erdhälfte errichtet. Irgendwann zwischen 361 und 363 n. Chr. unternahm der römische Kaiser Julian, der wegen seines Rückfalls vom Christentum ins Heidentum Julien Apostata, der Abtrünnige, genannt wurde, einen Versuch, den Tempel zu Jerusalem wieder aufzubauen. Er war dabei nicht von der Verehrung oder Liebe zu Gott geleitet; ihm ging es vielmehr darum, eine Prophezeiung zu widerlegen und auf diese Weise den christlichen Glauben als falsch zu beweisen[103]. Damit endet die Reihe der Tempel, die dem Namen des lebendigen Gottes erbaut worden waren, bevor die Zeit der Erfüllung anbrach.

---

[102]Josephus, Jüdischer Krieg, VI, 4:5. Die Zerstörung des Tempels wird in Kapitel 4 und 5 ausführlich und sehr anschaulich geschildert.
[103]Julian ließ tatsächlich schon Aushebungen vornehmen, aber seine Arbeiter flohen voll Entsetzen, als es Explosionen und Feuerausbrüche gab. Die Christen sahen darin ein Wunder; Julian selbst war jedenfalls so in Schrecken versetzt, daß er von seinem Vorhaben abließ (P. V. N. Meyers, Allgemeine Geschichte, S. 334).

3. KAPITEL

Tempel sind auch in der heutigen Zeit notwendig

Unter den zahlreichen Glaubensgemeinschaften, die sich zum Christentum bekennen, steht die Kirche Jesu Christi der Heiligen der Letzten Tage mit ihrer Lehre und Ausübung des Tempeldienstes einzig da. Die Hingabe, womit sich das Volk dieser Kirche an die Arbeit begibt, um Tempel zu bauen und darin die heiligen Handlungen zur Erlösung zu vollziehen, hat die Aufmerksamkeit und Bewunderung von Fachleuten und Laien gleichermaßen auf sich gezogen. Es ist nicht damit getan, daß man dieses einzigartige und erstaunliche Opfer mit einem angeblichen, aber unbewiesenen „Fanatismus" zu erklären versucht. Der ernste Forscher, der sorgfältige Beobachter und selbst der flüchtige Leser werden ehrlich zugeben müssen, daß dieser Hingabe ein tiefer, fester Glaube zugrunde liegt. Es findet sich kein Anzeichen dafür, daß die Heiligen der Letzten Tage Tempel bauen, um den Reichtum ihrer Gemeinschaft beweisen oder Stolz auf menschliche Größe zum Ausdruck bringen zu wollen. Es stellt sich nämlich heraus, daß sie auch dann eifrig damit beschäftigt waren, als sie kaum genügend Kleidung und Brot hatten. Seit ihren Anfängen betrachten sie die Tempel als Bauten, die dem Herrn gehören, und sich selbst als Treuhänder dieses geweihten Eigentums. Man kann auch nicht sagen, diese Kirche baue Tempel, wie andere Glaubensgemeinschaften Kirchen, Kathedralen und Synagogen errichten; denn sie besitzt dazu die entsprechenden Gegenstücke, und tatsächlich haben die Heiligen der Letzten Tage verhältnismäßig mehr Versammlungsgebäude und öffentliche Gotteshäuser als andere Konfessionen. Überdies sind, wie schon gesagt, diese Tempel nicht für gewöhnliche Versammlungen vorgesehen, auch nicht als Stätten allgemeiner Gottesdienste.

Warum errichtet also die Kirche Jesu Christi der Heiligen der Letzten Tage überhaupt Tempel? Um diese Frage zu beantworten, muß man die folgenden Punkte sorgfältig beachten.

Die Gesetze und Verordnungen des Evangeliums müssen befolgt werden

In ihrem Glaubensbekenntnis verkündet die Kirche:

„Wir glauben, daß dank dem Sühnopfer Christi alle Menschen errettet werden können, indem sie die Gesetze und Verordnungen des Evangeliums befolgen[1]."

Die Kirche glaubt zwar an die Möglichkeit einer universalen Errettung für alle Menschen, steht aber auf dem Standpunkt: die Errettung hängt davon ab, daß der einzelne Mensch die vom Erlöser festgesetzten Bedingungen erfüllt; denn ohne sein Sühnopfer würde niemand errettet werden. Die von Christus auf Golgota geleistete Sühne war ein stellvertretendes Opfer, und die ganze Menschheit darf diese Wohltat in Anspruch nehmen. Was die Erlösung aus dem Bann der Sterblichkeit betrifft, die infolge der Übertretung im Garten Eden zustande gekommen ist, so hat der Opfertod Christi dem gebrochenen Gesetz voll Genüge geleistet, und nur Adam allein wird für seinen Ungehorsam und alles, was daraus entstanden ist, verantwortlich gemacht. In dem gerechten Urteil, das jedem Sterblichen zuteil wird, werden alle Umstände erwogen: ererbte Schwächen ebenso wie Umweltversuchungen; die Fähigkeit, zu wählen und zu handeln; das Maß der Erkenntnis, das man erlangt hat; die Wahrheit, die man angenommen oder verworfen hat; die Möglichkeiten, die man recht ausgenutzt hat oder verstreichen ließ; die Glaubenstreue, mit der man im Licht gewandelt ist, oder die Schlechtigkeit, mit der man auf den verbotenen Pfaden der Dunkelheit gegangen ist – dies alles und jede andere Tatsache, jeder andere Umstand des einzelnen wird erwogen und berücksichtigt. Vor dem Richterstuhl Gottes wird die göttliche Barmherzigkeit – genau wie jetzt im irdischen Leben – nicht etwa eine willkürliche Vergebung der Sünden oder die unverdiente Auslöschung einer

---
[1]Siehe des Verfassers „Glaubensartikel", Kapitel 4 samt Anmerkungen.

Schuld bewirken, sondern sie stellt ein Mittel dar, wodurch der Sünder die Forderungen des Evangeliums erfüllen kann und zur gegebenen Zeit aus dem Gefängnis der Sünde in die herrliche Freiheit eines rechtschaffenen Lebens zu schreiten vermag.

Es gibt nur *einen* Preis, den jemand für die Vergebung seiner Übertretungen bezahlen muß, und der ist für alle gleich – für arm und reich, für Sklaven und Freie, für Ungelehrte und Gelehrte; er kennt keine Änderung, er wechselt nicht mit der Zeit; er ist gestern derselbe gewesen wie heute und wird immer derselbe sein: Dieser Preis, um den man die wertvolle Perle kaufen kann, ist die *Befolgung der Gesetze und Verordnungen des Evangeliums.*

Das Glaubensbekenntnis der wiederhergestellten Kirche lautet weiter:

„Wir glauben, daß die ersten Grundsätze und Verordnungen des Evangeliums sind: erstens der Glaube an den Herrn Jesus Christus; zweitens die Umkehr; drittens die Taufe durch Untertauchen zur Sündenvergebung; viertens das Händeauflegen zur Gabe des Heiligen Geistes[2]."

Glaube an den Herrn Jesus Christus ist der wichtigste Grundsatz des Evangeliums, der erste Buchstabe im Alphabet der Errettung, womit die Worte des ewigen Lebens geschrieben werden. Wer aber kann Glauben an etwas oder jemand haben, von dem er nichts weiß? Ein gewisses Wissen ist also Voraussetzung für den Glauben, und der Glaube treibt den, der ihn besitzt, nach weiterem Wissen zu suchen und aus diesem Wissen Weisheit zu machen; denn diese ist nichts anderes als angewandte und nutzbar gemachte Kenntnis. Den gekreuzigten Christus zu verkündigen[3] ist der alleinige und einzige Weg, wie man den Glauben an ihn lehren kann, durch Gebot und durch Vorbild. Wissen und Glaube stehen solchermaßen eng miteinander in Verbindung, doch sind sie weder identisch, noch ist eins das Ergebnis des anderen. Es kann jemand die Wahrheit wissen und sie doch nicht beachten. Die Kenntnis, die er hat – weit davon entfernt, in seiner Seele den Glauben zu wecken, der das richtige Handeln nach sich zieht –, trägt vielleicht nur zu seiner Verdammung bei; denn er sündigt ohne den mildernden Umstand der Unwissen-

---
[2]Siehe des Verfassers „Glaubensartikel", Kaptiel 5-8 samt Anmerkungen.
[3]1Kor 1:23; 2:2.

heit. Böse Geister haben bezeugt, sie hätten gewußt, daß Jesus der Christus sei, und doch sind sie die gefallenen Anhänger des Satans geblieben[4]. Wenn sich in einem Menschen lebendiger Glaube entwickelt, so führt er ihn dazu, sich aus der Knechtschaft der Sünde befreien zu wollen. Schon allein der Gedanke an diese Befreiung erzeugt in ihm Abscheu vor der Berührung mit dem Bösen in seiner Vergangenheit. Die natürliche Frucht dieses Wachstumsvorganges ist die Umkehr.

Umkehr bildet den zweiten Grundsatz im Evangelium Christi; sie wird von allen Menschen gefordert. Sie besteht darin, daß man die Sünden der Vergangenheit ehrlich bereut, sich entschlossen davon abwendet und den festen Vorsatz faßt, mit der Hilfe Gottes nie mehr in Sünde zu verfallen. Die Umkehr als Gabe Gottes wird demjenigen möglich, der den Glauben schätzt und pflegt. Sie wird einem nicht gegeben, nur weil man darum bittet; man kann sie nicht auf der Straße finden; sie ist nicht etwas Irdisches, sondern ein Schatz des Himmels, und sie wird sorgfältig und doch mit unbegrenzter Freigebigkeit all denen zugeteilt, die genug Werke hervorgebracht haben, um ihren Empfang zu rechtfertigen. Das soll heißen, daß alle, die sich für die Umkehr bereitmachen, tatsächlich dazu gelangen, und zwar durch den Einfluß des Heiligen Geistes, der verstockte Herzen erweicht, und durch die daraus erwachsende Demut. Als Petrus von seinen Glaubensgenossen beschuldigt wurde, er hätte das Gesetz gebrochen, weil er sich mit Heiden einließ, erzählte er seinen Zuhörern von der göttlichen Offenbarung, die er kurz zuvor erhalten hatte. „Als sie das hörten, beruhigten sie sich, priesen Gott und sagten: Gott hat also auch den Heiden die Umkehr zum Leben geschenkt." Auch Paulus lehrt in seinem Brief an die Römer, daß die Umkehr von der Güte Gottes herkommt[5].

Ein vorsätzliches Verharren in der Sünde kann dazu führen, daß man die Fähigkeit, Umkehr zu üben, verliert und verwirkt. Wer den Tag der Umkehr aufschiebt, läuft Gefahr, daß dieser drohende Verlust gewiß eintritt. Das göttliche Wort durch den Mund eines Propheten in der Neuzeit sagt dies ganz klar:

---

[4]Siehe Mk 1:24; 3:11; 5:1-18; Mt 8:28-34.
[5]Apg 11:18; Röm 2:4; siehe auch des Verfassers „Glaubensartikel", Kapitel 5 samt Anmerkungen.

„Denn ich, der Herr, kann nicht mit der geringsten Billigung auf Sünde blicken;

doch wer umkehrt und nach den Geboten des Herrn tut, dem wird vergeben werden,

und wer nicht umkehrt, dem wird sogar das Licht genommen werden, das er empfangen hat; denn mein Geist wird sich nicht immer mit dem Menschen abmühen, spricht der Herr der Heerscharen[6]."

Die Heiligen der Letzten Tage glauben und lehren, daß Umkehr nicht nur möglich ist, sondern daß sie von einem jeden gefordert wird, sogar nach dem Tod. Sie verweisen in diesem Zusammenhang darauf, daß diese Lehre durch die heilige Schrift in alter und neuer Zeit erhärtet wird. Als der Leichnam unseres Herrn im Grabe lag – in der Zeit zwischen dem Abend des Kreuzigungstages und dem herrlichen Auferstehungsmorgen –, war er in der Geisterwelt geistlich tätig. So steht es in der Schrift. Petrus erklärt ausdrücklich, unser Herr sei „zu den Geistern gegangen, die im Gefängnis waren, und hat ihnen gepredigt. Diese waren einst ungehorsam, als Gott in den Tagen Noachs geduldig wartete[7]." Aus dem Zusammenhang der Worte dieses inspirierten Apostels geht hervor, daß dies noch vor der Auferstehung des Erretters geschehen sein muß. Ferner wird man sich daran erinnern, daß einer der verurteilten Missetäter, die neben Jesus gekreuzigt waren, Glauben und sogar ein gewisses Maß von Umkehr erkennen ließ, worauf der leidende Christus ihm die segensreiche Versicherung gab: „Heute noch wirst du mit mir im Paradies sein[8]." Man darf aber nicht annnehmen, diese Verheißung hätte bedeutet, daß der bußfertige Sünder vom Kreuz weg gleich in den Himmel kommen würde – den Himmel als Wohnstätte der Erlösten in der Gegenwart Gottes; denn der Büßer hatte ja noch keine Gelegenheit gehabt, seine Umkehr in die Tat umzusetzen, indem er die Gesetze und Verordnungen des Evangeliums befolgte. Ohne ein solches Befolgen aber – und hätte es sich allein nur um die eine Bedingung der Taufe im Wasser gehandelt – konnte der Mann das Reich Gottes weder betreten noch sehen, sonst hätten sich die Worte Christi als

---

[6] LuB 1:31-33.
[7] 1Petr 3:19, 20; vgl. 4:6.
[8] Siehe Lk 23:39-43.

falsch herausgestellt[9]. Als weiteren und schlüssigen Beweis für die Tatsache, daß Christus – und demnach auch der zerknirschte Sünder – zwischen seinem Tod und seiner Auferstehung nicht an der Wohnstätte Gottes verweilt hatte, haben wir die Worte des auferstandenen Erretters an Magdalena: „Ich bin noch nicht zum Vater hinaufgegangen[10]."

Angesichts des Wortes in der Schrift, daß der entkörperte Christus die Geister besucht und denen gepredigt hatte, die ungehorsam und wegen ihrer unvergebenen Sünden noch in Gefangenschaft waren, erhebt sich die Frage, wozu der Erretter dies tat. Sein Predigen muß einen positiven Zweck verfolgt haben; man kann auch nicht annehmen, seine Botschaft habe etwas anderes gebracht als Trost und Barmherzigkeit. Die er besuchte, waren im Gefängnis und hatten schon eine lange Zeit dort verbracht. Zu ihnen kam der Erlöser – zu predigen, nicht um noch mehr zu verdammen; den Weg zum Licht frei zu machen, nicht sie in dumpfe Verzweiflung zu stürzen. War dieser befreiende Besuch nicht schon lange vorausgesagt worden? Viele hundert Jahre vor dieser schicksalsschweren Zeit hatte Jesaja von den bösen und stolzen Geistern prophezeit: „Sie werden zusammengetrieben und in eine Grube gesperrt; sie werden ins Gefängnis geworfen, und nach einer langen Zeit wird er sie strafen[11]." Und abermals sagte die gleiche Prophetenstimme das zukünftige Wirken Christi voraus und erklärte, es sei seine Arbeit, „blinde Augen zu öffnen, Gefangene aus dem Kerker zu holen und alle, die im Dunkel sitzen, aus ihrer Haft zu befreien[12]". Voll Reue und Hoffnung sang David in einem Psalm, worin sich Traurigkeit mit Freude mischte: „Darum freut sich mein Herz und frohlockt meine Seele; auch mein Leib wird wohnen in Sicherheit. Denn du gibst mich nicht der Unterwelt preis[13]."

Aus dieser und anderen Schriftstellen erfahren wir, daß sich das Wirken Christi nicht auf die wenigen beschränkt hat, die während der Zeit seiner Erdenmission ein irdisches Leben geführt haben, und auch nicht auf sie und die zukünftigen Genera-

---

[9]Man betrachte die Erklärung, die der Herr dem Nikodemus gegeben hat: Joh 3:1-5.
[10]Joh 20:17.
[11]Jes 24:22.
[12]Jes 42:6, 7.
[13]Psalm 16:9, 10.

tionen allein, sondern daß es ihnen allen gegolten hat: den Verstorbenen, den Lebenden, den noch Ungeborenen. Man kann nicht darüber hinwegsehen, daß ungezählte Scharen schon vor der Zeitenmitte gelebt haben und gestorben sind, ohne das Evangelium und den festgelegten Erlösungsplan gekannt zu haben. In welcher Lage befinden sie sich und ebenso all die jetzigen und zukünftigen Erdenbewohner, die in Unwissenheit und ohne den erlösenden Glauben sterben? Wiederum fragen wir uns: „Wie kann jemand, der Christus nicht kennt, Glauben an ihn haben, und wie kann jemand, der nicht Erkenntnis und Glauben hat, sich der Mittel zu seiner Erlösung bedienen?"

Die Kirche Jesu Christi der Heiligen der Letzten Tage lehrt, daß der Tod dem Plan der Erlösung keine Grenze setzen kann, sondern daß das Evangelium unsterblich und ewig ist: Es reicht zurück in die Uranfänge und nach vorwärts in die Ewigkeit der Zukunft. Das Wirken des Erlösers unter den Verstorbenen umfaßte zweifellos auch die Offenbarung seines Sühnetodes, die Notwendigkeit des Glaubens an ihn und den von ihm vertretenen göttlichen Plan sowie die Bedeutung einer Gott wohlgefälligen Umkehr. Es ist vernünftig anzunehmen, daß auch die übrigen wesentlichen Bestimmungen, die in den *Gesetzen und Verordnungen des Evangeliums* zusammengefaßt sind, verkündet wurden.

Wenn jemand dies nicht klar durchdenkt, sieht er sich vielleicht zu der Annahme verleitet, die Möglichkeit der Umkehr nach dem Tod sei der Forderung nach Umkehr und Besserung während des Erdenlebens abträglich. Sorgfältiges Überlegen zeigt aber, daß diese Lehre einen solchen Einwand nicht rechtfertigt. Wenn man eine Gabe Gottes zurückweist, so verliert man in gleichem Maß auch den Anspruch darauf. Wenn eine Seele die Möglichkeiten, die sich ihr hier zur Umkehr bieten, absichtlich vernachlässigt, dann kann die Umkehr im Jenseits so schwierig sein, daß sie lange unerreichbar bleibt. Ja, alles spricht dafür, daß es so ist. Diese Schlußfolgerung ist vernünftig und wird durch die heilige Schrift bestätigt. Amulek, ein Prophet der Nephiten, ermahnte die Kirche auf dem westlichen Festland schon 80 Jahre vor der Geburt Christi mit den folgenden Worten:

„Denn siehe, dieses Leben ist die Zeit, da der Mensch sich vorbereiten soll, Gott zu begegnen ... nun ... flehe ich euch an, den Tag eurer Umkehr nicht bis zum Ende aufzuschieben ... Wenn ihr an diesen furchtbaren Punkt gelangt, könnt ihr nicht sagen: Ich will umkehren, ich will zu meinem Gott zurück. Nein, das könnt ihr nicht sagen; denn der gleiche Geist, der euren Körper beherrscht, wenn ihr aus diesem Leben scheidet, dieser selbe Geist wird die Macht haben, euch in jener ewigen Welt zu beherrschen. Denn siehe, wenn ihr den Tag eurer Umkehr bis an den Tod aufgeschoben habt, siehe, dann seid ihr dem Geist des Teufels untertan geworden, und er versiegelt euch als die Seinen[14]."

Taufe im Wasser ist, wie die Kirche in dieser Evangeliumszeit lehrt, eine notwendige Verordnung des Evangeliums. Die Taufe ist die Tür, die zur Herde Christi führt, der Eingang zur Kirche, der festgesetzte Vorgang für die Einbürgerung im Reich Gottes. Wer sich um Aufnahme in die Kirche bewirbt, muß Glauben an unseren Herrn Jesus Christus erlangt und bekundet haben. Er muß aufrichtig von seinen Sünden umgekehrt sein. Dann wird von ihm gefordert, daß er diese Heiligung im Geist auch durch eine äußerliche Handlung bekräftige – eine Handlung, die als Zeichen oder Symbol seines neuen Bekenntnisses vorgeschrieben ist. Der erste Schritt ist die Taufe im Wasser, worauf die höhere Taufe mit dem Heiligen Geist folgt; der solchermaßen bekundete Gehorsam zieht die Vergebung der Sünden nach sich[15].

Daß die Taufe zur Erlösung notwendig ist, geht klar aus vielen eindeutigen Schriftstellen hervor. Gleichwohl wird die Notwendigkeit auch durch die unbedingte Forderung nach Umkehr bestätigt; dies ergibt sich schon allein aus der Tatsache, daß die Umkehr nur dann Wert und Wirkung hat, wenn sie die Befolgung der göttlichen Gebote nach sich zieht, und dazu gehört die Taufe im Wasser. Man erinnere sich, daß Jesus Christus, von keinerlei Sünde befleckt, sich dennoch selbst dieser heiligen Handlung unterworfen hat, die dann von dem Täufer im Wasser des Jordan vollzogen wurde. Die Lehren des Johannes gipfelten in dem Wort: „Kehrt um! Denn das Himmelreich ist nahe.", und an allen, die zu ihm kamen und sich als bußfertig erwiesen, vollzog er die Taufe durch Untertauchen im Wasser. Dann kam Jesus zu ihm, um sich taufen zu lassen, aber der Täufer, der ihn als sündenlos erkannte, wollte es nicht zulassen und sprach:

---

[14] Al 34:32-35.
[15] „Die Glaubensartikel", Kapitel 6, 1. Eine allgemeine Abhandlung über die Taufe findet sich in Kapitel 6 und 7.

„Ich müßte von dir getauft werden, und du kommst zu mir?
Jesus antwortete ihm: Laß es nur zu! Denn nur so können wir die Gerechtigkeit (die Gott fordert) ganz erfüllen. Da gab Johannes nach.

Kaum war Jesus getauft und aus dem Wasser gestiegen, da öffnete sich der Himmel, und er sah den Geist Gottes wie eine Taube auf sich herabkommen.

Und eine Stimme aus dem Himmel sprach: Das ist mein geliebter Sohn, an dem ich Gefallen gefunden habe[16]."

Aus dem Zitat ist klar zu erkennen, daß die Taufe Jesu dem Vater annehmbar war, da dies als eine Tat der Demut und des Gehorsams auf seiten des Sohnes anzuerkennen war, woran er Wohlgefallen hatte. Einige Zeit danach bestätigte Jesus in eindeutigen und machtvollen Worten, daß die Taufe von allen Menschen verlangt wird – als Bedingung für den Eintritt in das Reich Gottes. Zu Nikodemus, einem führenden Juden, der des Nachts zu ihm kam und ein gewisses Maß an Glauben erkennen ließ, sagte Jesus: „Amen, amen, ich sage dir: Wenn jemand nicht aus Wasser und Geist geboren wird, kann er nicht in das Reich Gottes kommen[17]." Als er auferstanden war und sich den Aposteln zeigte, gab er ihnen zum Schluß noch einen besonderen Auftrag: „Darum geht zu allen Völkern, und macht alle Menschen zu meinen Jüngern; tauft sie auf den Namen des Vaters und des Sohnes und des Heiligen Geistes[18]." Daß diese heilige Handlung notwendig und zweckvoll ist, läßt sich auch aus den weiteren Worten erkennen, die er hinzufügte: „Wer glaubt und sich taufen läßt, wird gerettet; wer aber nicht glaubt, wird verdammt werden[19]."

Von diesem göttlichen Auftrag inspiriert, lehrten die Apostel unablässig, daß die Taufe notwendig sei. Sie hörten damit nicht auf, solange sie auf Erden wirkten[20].

Die Ältesten der Kirche in der jetzigen Evangeliumszeit wurden durch dieselbe Autorität und mit den beinahe gleichen Worten angewiesen und ermächtigt: „Geht hin in alle Welt, predigt das Evangelium jedem Geschöpf, handelt in der Vollmacht, die ich euch gegeben habe, und tauft im Namen des Vaters und des Sohnes und des Heiligen Geistes. Und wer glaubt und sich

---
[16] Siehe Mt 3:13-17.
[17] Joh 3:1-7.
[18] Mt 28:19.
[19] Mk 16:16.
[20] Siehe Apg 2:38; 9:1-18; 10:30-48; 22:1-16; 1Petr 3:21.

taufen läßt, wird errettet werden, und wer nicht glaubt, wird verdammt werden[21]." Bei einer anderen Gelegenheit fügte der Herr noch das folgende hinzu, und zwar in einer Offenbarung durch den Propheten der Neuzeit, Joseph Smith: „Darum, wie ich zu meinen Aposteln gesprochen habe, so spreche ich abermals zu euch: Jede Seele, die an eure Worte glaubt und sich zur Sündenvergebung im Wasser taufen läßt, wird den Heiligen Geist empfangen." Und weiter: „Wahrlich, wahrlich, ich sage euch: Diejenigen, die nicht an eure Worte glauben und sich nicht zur Vergebung ihrer Sünden in meinem Namen im Wasser taufen lassen, um den Heiligen Geist empfangen zu können, werden verdammt sein und nicht in das Reich meines Vaters kommen, wo mein Vater und ich sind[22]."

Die Gabe des Heiligen Geistes, die auf die Taufe im Wasser folgt, bildet die nächste notwendige Verordnung und heilige Handlung des Evangeliums[23]. In alter und neuer Zeit wurde diese Spendung als höhere Taufe angesehen, und ohne sie wäre die Taufe im Wasser nur unvollständig. Johannes der Täufer lehrte dies unmittelbar vor der Zeit, wo unser Heiland auf Erden wirkte. Man achte sorgfältig auf seine Worte: „Ich taufe euch nur mit Wasser (zum Zeichen) der Umkehr. Der aber, der nach mir kommt, ist stärker als ich, und ich bin es nicht wert, ihm die Schuhe auszuziehen. Er wird euch mit dem Heiligen Geist und mit Feuer taufen[24]." Johannes bezeugt ferner, daß der, welcher diese höhere Taufe einführen sollte, Jesus selbst sein würde. Johannes erkannte ihn erst dann völlig als den Christus, als er an ihm die heilige Handlung der Wassertaufe vollzogen hatte und der Geist auf ihn herabfuhr. Gleich darauf verkündete der Täufer furchtlos sein Zeugnis:

„Seht, das Lamm Gottes... Er ist es, von dem ich gesagt habe: Nach mir kommt ein Mann, der mir voraus ist, weil er vor mir war... Auch ich kannte ihn nicht; aber er, der mich gesandt hat, mit Wasser zu taufen, er hat mir gesagt: Auf wen du den Geist herabkommen siehst und auf wem er bleibt, der ist es, der mit dem Heiligen Geist tauft[25]."

---

[21] LuB 68:8,9.
[22] LuB 84:64, 74; siehe auch 112:28, 29.
[23] Siehe „Die Glaubensartikel", Kapitel 8.
[24] Mt 3:11; vgl. Mk 1:7, 8; Lk 3:16.
[25] Joh 1:29-33.

Jesus verhieß den Aposteln wiederholt, sie würden den „Beistand" oder „Geist der Wahrheit" erhalten[26]; unmittelbar vor seiner Himmelfahrt gab er ihnen diese Zusicherung mit klaren und bestimmten Worten. Er befahl ihnen: „Geht nicht weg von Jerusalem, sondern wartet auf die Verheißung des Vaters, die ihr von mir vernommen habt. Johannes hat mit Wasser getauft, ihr aber werdet schon in wenigen Tagen mit dem Heiligen Geist getauft . . . ihr werdet die Kraft des Heiligen Geistes empfangen, der auf euch herabkommen wird; und ihr werdet meine Zeugen sein[27]." Die Verheißung ging bei dem darauffolgenden Pfingstfest in Erfüllung, als die Apostel eine zuvor noch nie gekannte Macht empfingen; diese Stärkung war von der sichtbaren Manifestation feuriger Zungen begleitet[28]. Danach verhießen die Apostel den Heiligen Geist all denen, die nach Errettung strebten. Petrus sprach an jenem denkwürdigen Pfingsttag zur Menge, und seine Worte waren besonders deutlich und kraftvoll. Auf die Frage: „Was sollen wir tun, Brüder?" entgegnete der Hauptapostel: „Kehrt um, und jeder von euch lasse sich auf den Namen Jesu Christi taufen zur Vergebung seiner Sünden; dann werdet ihr die Gabe des Heiligen Geistes empfangen[29]."

Eine ähnliche Zusicherung der höheren Taufe mit dem Heiligen Geist im Anschluß an die Verordnung der Wassertaufe wurde von den Propheten der Nephiten gemacht[30], ebenso von dem auferstandenen Christus, als er die Menschen auf der westlichen Erdhälfte besuchte[31]. Und zu einem noch späteren Zeitpunkt hat dies auch die Kirche in der gegenwärtigen Evangeliumszeit der Erfüllung wiederholt verkündet: „So spreche ich abermals zu euch", sagte der Herr in einer Offenbarung an die Ältesten der Kirche: „Jede Seele, die an eure Worte glaubt und sich zur Sündenvergebung im Wasser taufen läßt, wird den Heiligen Geist empfangen[32]."

Zusammenfassend sei noch einmal gesagt: Die Kirche Jesu Christi der Heiligen der Letzten Tage betrachtet es als funda-

---

[26]Joh 14:16, 17, 26; 15:26; 16:7, 13.
[27]Apg 1:4, 5, 8.
[28]Apg 2:1-4.
[29]Apg 2:37, 38.
[30]Ein Beispiel findet man in 2Ne 31:8, 12-14, 17.
[31]3Ne 11:35; 12:2.
[32]LuB 84:64.

mentale Lehre – bekräftigt und bewiesen durch alte und neue heilige Schrift –: *die Befolgung der Gesetze und die Durchführung der heiligen Handlungen des Evangeliums* sind die unerläßliche Voraussetzung für den Eintritt in das Reich Gottes oder, mit anderen Worten, für die Errettung jeder einzelnen Menschenseele; und diese Bedingung gilt für alle und jeden. Sie gilt gleichermaßen für jede Seele, die das Alter und den Zustand der Verantwortlichkeit im Fleisch erreicht hat, zu welcher Zeit auch immer sie auf Erden gelebt haben mag. Notwendigerweise folgt daraus: Wenn irgendeine Seele aus Unwissenheit oder Nachlässigkeit diese Bedingung nicht erfüllt hat, so ist diese Verpflichtung mit dem Tod nicht aufgehoben.

Stellvertretender Dienst der Lebenden für die Toten

Nun erhebt sich die Frage, wie es für die Toten möglich ist, die Bedingungen des Evangeliums zu erfüllen und im Geist das zu tun, was sie im Fleisch versäumt haben. Glauben auszuüben und Umkehr zu zeigen, das mag – soweit wir Menschen es verstehen – für einen Geist keine allzu großen Schwierigkeiten bedeuten; daß aber die Toten sich auch den heiligen Handlungen des Evangeliums unterziehen sollen, wobei die Taufe im Wasser und die Taufe mit dem Geist durch befugtes Handauflegen gefordert werden, das erscheint vielen ebenso unmöglich, wie es Nikodemus unmöglich erschienen ist, neu geboren zu werden. Voll Verwunderung hörte er den Erretter sagen: „Wenn jemand nicht von neuem geboren wird, kann er das Reich Gottes nicht sehen", und stellte die Frage: „Wie kann ein Mensch, der schon alt ist, geboren werden? Er kann doch nicht in den Schoß seiner Mutter zurückkehren und ein zweites Mal geboren werden." Aber dann erfuhr er, daß mit der neuen Geburt die Taufe im Wasser und mit dem Geist gemeint war. Nun kann man aber mit derselben Berechtigung fragen: „Wie kann ein Mensch, der schon tot ist, getauft werden? Er kann doch nicht in seinen irdischen Leib zurückkehren und von Menschenhand im Wasser untergetaucht werden." Die Antwort lautet, daß die notwendigen heiligen Handlungen für die Toten von lebenden Stellvertretern vollzogen werden können; ein Sterblicher nimmt hierbei die Stelle des Toten ein. So ist es möglich, daß jemand genauso, wie er in eigener Person für sich selbst getauft worden ist, auch als Stellvertreter für einen Toten getauft werden kann.

Das Prinzip der Stellvertretung, daß nämlich jemand für einen anderen handelt, wird im menschlichen Wirkungsbereich ganz allgemein als gültig anerkannt. Daß eine solche Handlung auch von Gott anerkannt werden kann, ist durch das geschriebene Wort bestätigt. In den heiligen Schriften aus alter und neuer Zeit, in weltlichen Berichten, in den Überlieferungen von Stämmen und Völkern, bei blutigen Opferritualen und sogar bei heidnischen Opferbräuchen findet sich der Begriff der stellvertretenden Versöhnung, so daß jemand die Stelle eines anderen einnehmen kann. In der Evangeliumszeit des Mose wurden der Sündenbock[33] und das Altaropfer[34], sofern sie auf befugte Weise geopfert wurden und von der Anerkennung Gottes und von Umkehr begleitet waren, vom Herrn als Sühnopfer für die Sünden seines Volkes angenommen.

Das bedeutsamste aller Opfer, das größte je unter den Menschen vollbrachte Werk, ist das Sühnopfer Christi; es ist dies der Angelpunkt in der menschlichen Geschichte, die erhabenste Leistung – zugleich herrliche Vollendung und gesegneter Anfang. Und diese Tat war ihrem Wesen nach ein stellvertretendes Opfer. Wer daran glaubt, daß Jesus für die Menschheit gestorben ist, kann nicht bezweifeln, daß diese stellvertretende Handlung gültig und wirksam ist. Er hat sein Leben zum Opfer gebracht, wie es im voraus verordnet war. Dies ist, freiwillig dargebracht und als Wiedergutmachung für die Übertretung des Gesetzes angenommen, das Mittel, wodurch den Menschen die Errettung ermöglicht worden ist. Sein Tod ist buchstäblich ein annehmbares Opfer zugunsten der Menschheit gewesen; dies findet sich in den Worten des auferstandenen Christus bestätigt, die uns in neuer Zeit offenbart worden sind:

„Denn siehe, ich, Gott, habe das für alle gelitten, damit sie nicht leiden müssen, sofern sie umkehren;

aber wenn sie nicht umkehren wollen, müssen sie leiden wie ich,

und dieses Leiden ließ selbst mich, Gott, den Größten von allen, der Schmerzen wegen zittern, aus jeder Pore bluten und an Leib und Geist leiden – und ich wollte den bitteren Kelch nicht trinken müssen, sondern zurückschrecken –,

doch Ehre sei dem Vater: ich trank davon und führte das, was ich für die Menschenkinder vorhatte, bis zum Ende aus[35]."

---

[33] Lev 16:20-22.
[34] Lev Kapitel 4.
[35] LuB 19:16-19.

Das stellvertretende Opfer Christi hat eine zweifache Wirkung: Es hat eine allgemeine Befreiung aller Menschen vom körperlichen Tod zur Folge, der durch Adams Übertretung entstanden ist, und außerdem ist es das Sühnemittel für die Sünden jedes einzelnen, so daß ein Sünder, sofern er gehorsam wird, seine Errettung bewirken kann. Jesus Christus hat sich durch sein Erdenleben und den Opfertod zugunsten anderer – und das sind alle, die jemals gelebt haben oder leben werden – den Titel des Erretters und Erlösers der Menschheit erworben. Durch sein Wirken, sein Opfer und sein Leiden hat er für die Menschen vollbracht, was sie selbst nie hätten vollbringen können; auf diese Weise ist er wahrhaftig der eine und einzige Erretter und Erlöser des Menschengeschlechts geworden. Ebenso kann jeder von uns in kleinem Maßstab ein Erlöser für diejenigen werden, die sonst in der Finsternis bleiben müßten[36]. Wir müssen unseren Toten den Weg bereiten, damit sie an das errettende Gesetz des Evangeliums herankommen können.

In jedem Fall stellvertretenden Wirkens ist es unbedingt erforderlich, daß der Stellvertreter würdig und annehmbar ist. Notwendigerweise muß er selbst die Gesetze und Verordnungen des Evangeliums befolgt haben, ehe er etwas für jemand anders tun kann. Weiter muß die heilige Handlung des lebenden Stellvertreters der göttlichen Ordnung entsprechen und darf keinesfalls bloß eine menschliche Anmaßung darstellen. Im alten Israel gab es nur die ganz genau vorgeschriebenen Opfer, und die heilige Handlung konnte nur durch einen befugten Priester vorgenommen werden. Das allerhöchste Opfer, nämlich der Sühnetod Christi, war ebenfalls zuvor verordnet. In den langen Jahrhunderten vor Christus weissagten die Propheten die Geburt, das Leben und den Tod unseres Herrn als eine schon bestimmte Vorsehung[37]; Jesus selbst bestätigte diese Prophezeiungen[38]. Auch das Zeugnis der Apostel ist hier heranzuziehen. Petrus bezeichnete Christus ausdrücklich als unschuldiges und unbeflecktes Lamm, das schon vor der Erschaffung der Welt dazu ausersehen war[39]. Die Bezeichnung „Lamm" deutet auf eine

---

[36]Siehe Obd 21. Siehe auch 1Tim 4:16; Jakbr 5:20.
[37]Ex 18:15, 17-19; Ijob 19:25-27; Psalm 2:1-12; Sach 9:9; 12:10; 13:6; Jes 7:14; 9:6, 7; Mi 5:2.
[38]Siehe Lk 24:27, 45, 46.
[39]Petr 1:19, 20.

Opfergabe hin. Paulus wiederum schildert in dem Brief an die Römer unseren Herrn so: „Ihn hat Gott dazu bestimmt, Sühne zu leisten mit seinem Blut, Sühne, wirksam durch Glauben. So erweist Gott seine Gerechtigkeit durch die Vergebung der Sünden, die früher, in der Zeit seiner Geduld, begangen wurden[40]."

Als Heilige der Letzten Tage erklären wir, daß die stellvertretende Arbeit zugunsten der Toten uns vom Herrn aufgetragen ist, und zwar durch direkte Offenbarung, und daß es für jeden, der das Evangelium annimmt und in die Kirche kommt, eine Pflicht und ein Recht ist, an der Erlösung seiner Toten mitzuarbeiten. Wer als Mitglied der Kirche Jesu Christi Verpflichtungen und Verantwortung auf sich genommen hat, von dem wird erwartet und verlangt, daß er durch seine Lebensweise ein würdiger Stellvertreter seiner verstorbenen Vorfahren sein kann, wenn die heilige Handlung vollzogen wird; er muß rein sein, damit er nicht das Recht verwirkt, in das heilige Haus des Herrn zu gehen, denn nur dort darf er eine solche Handlung vornehmen.

Man darf nicht annehmen, diese Lehre von der stellvertretenden Arbeit für die Verstorbenen bedeute auch nur im entferntesten, daß der Vollzug von heiligen Handlungen zugunsten hinübergegangener Geister auf irgendeine Weise in deren Recht auf freie Wahl und deren Entscheidungsfreiheit eingreife. Es bleibt ihnen freigestellt, ob sie die Arbeit annehmen oder zurückweisen wollen; und sie werden die Arbeit annehmen oder zurückweisen, wie es ihrer Bekehrung oder aber ihrer mangelnden Bereitschaft zur Umkehr entspricht. So ist es ja auch bei den Sterblichen, die von der Evangeliumsbotschaft erreicht werden. Auch wenn an einem Lebenden die Taufe für einen verstorbenen Vorfahren ordnungsgemäß vollzogen wird, so ergibt sich daraus für jenen Geist doch kein unmittelbarer Fortschritt oder Vorteil, wenn er noch keinen Glauben an den Herrn Jesus Christus erlangt hat oder wenn er noch immer unbußfertig ist. Christus bietet allen die Erlösung, und dennoch gibt es nur wenige, die sie im Fleisch annehmen. Ebenso werden heilige Handlungen im Tempel für viele Tote vollzogen, die noch nicht bereit sind, daraus Nutzen zu ziehen.

---

[40] Röm 3:25. Siehe ferner Röm 16:25, 26; Eph 3:9-11; Kol 1:24-26; 2Tim 1:8-10; Tit 1:2-3; Offb 13:8.

Offensichtlich hat die Arbeit für die Toten ihre zwei Seiten: Auf Erden vollzogen, würde sie doch unvollständig und vergeblich bleiben, wenn sie nicht jenseits des Schleiers Ergänzung und Gegenleistung fände. Auch dort wird Missionsarbeit getan – eine Arbeit, die im Vergleich mit der Verkündigungsarbeit auf Erden ein ungeheures Ausmaß hat. Es gibt dort Prediger und Lehrer, bevollmächtigte Träger des heiligen Priestertums, welche die Frohbotschaft all den Geistern erklären, die noch nicht zum Licht gefunden haben. Wie schon erwähnt, ist dieses große Werk unter den Verstorbenen von Jesus Christus begonnen worden, und zwar während der kurzen Zeit seiner Entkörperung. Das auf diese Weise begonnene Erlösungswerk wird nun von anderen fortgeführt, die entsprechend beauftragt und bevollmächtigt sind, genauso wie den Aposteln der Urkirche die Arbeit übertragen wurde, unter den Lebenden das Evangelium zu predigen und die damit verbundenen Handlungen zu vollziehen.

Vollmacht für die Arbeit zugunsten der Toten

Im Schlußkapitel des Alten Testaments beschreibt der Prophet Maleachi mit den folgenden Worten den Zustand in den Letzten Tagen, unmittelbar vor dem Zweiten Kommen Christi:

„Denn seht, der Tag kommt, er brennt wie ein Ofen: Da werden alle Überheblichen und Frevler zu Spreu,
und der Tag, der kommt, wird sie verbrennen, spricht der Herr der Heere. Weder Wurzel noch Zweig wird ihnen bleiben.
Für euch aber, die ihr meinen Namen fürchtet, wird die Sonne der Gerechtigkeit aufgehen, und ihre Flügel bringen Heilung."

Diese schicksalsschwere Prophezeiung schließt mit folgender weitreichender Verheißung:

„Bevor aber der Tag des Herrn kommt, der große und furchtbare Tag, seht, da sende ich zu euch den Propheten Elija.
Er wird das Herz der Väter wieder den Söhnen zuwenden und das Herz der Söhne ihren Vätern, damit ich nicht kommen und das Land dem Untergang weihen muß[41]."

Theologen und Bibelkommentatoren haben angenommen, diese Vorhersage beziehe sich auf die Geburt und das Wirken Johannes des Täufers[42], auf dem der Geist und die Kraft des

---

[41]Siehe Mal 3:19, 20, 23, 24.
[42]Vgl. Mt 11:14; 17:11; Mk 9:11; Lk 1:17.

Elias[43] ruhten. Es ist uns aber nichts davon berichtet, daß Elija dem Täufer gedient habe; das Wirken des letzteren war zwar herrlich, aber es läßt doch nicht den Schluß zu, daß darin die Prophezeiung ihre volle Verwirklichung gefunden habe. Außerdem muß man wohl bedenken, daß die Worte des Herrn durch Maleachi – über den Tag des Brennens, wo die Schlechten wie Spreu vernichtet werden – noch ihrer Erfüllung harren. Es ist deshalb klar, daß die übliche Interpretation nicht stimmt und daß wir für die Erfüllung der Maleachiprophezeiung ein späteres Datum finden müssen als die Zeit des Johannes. Dieser spätere Zeitpunkt ist schon gekommen; er gehört zur gegenwärtigen Evangeliumszeit und kennzeichnet den Beginn eines Werks, das eigens der Kirche in diesen Letzten Tagen vorbehalten worden ist. Während einer wunderbaren Offenbarung an Joseph Smith und Oliver Cowdery am 3. April 1836 im Tempel in Kirtland erschien ihnen Elija, der Prophet aus alter Zeit, der mitsamt seinem Leib von der Erde weggenommen worden war. Er verkündete ihnen:

„Siehe, die Zeit ist völlig da, von der Maleachi gesprochen hat – indem er bezeugte, daß er (Elija) gesandt werden würde, ehe der große und schreckliche Tag des Herrn käme,

um das Herz der Väter den Kindern und die Kinder den Vätern zuzuwenden, damit nicht die ganze Erde mit einem Fluch geschlagen werde –,

darum sind die Schlüssel dieser Ausschüttung euch in die Hand übertragen, und dadurch könnt ihr wissen, daß der große und schreckliche Tag des Herrn nahe ist, ja, vor der Tür steht[44]."

Einer der Grundsätze, auf denen die Lehre von der Errettung für die Toten beruht, besagt, daß die Väter und die Kinder voneinander abhängig sind. Ahnenreihe und Geschlechterfolge in jeder einzelnen Abstammungslinie sind Tatsachen und können durch den Tod nicht geändert werden. Andererseits geht aus den schon zitierten Schriftstellen hervor und wird auch in der neuzeitlichen Offenbarung mit Bestimmtheit erhärtet, daß die Familienbindungen in der Geisterwelt anerkannt werden. Weder die Kinder noch die Väter, weder die Vorfahren noch die Nachkommen können, wenn sie allein auf sich selbst angewiesen sind, Vollkommenheit erlangen. Die notwendige Zusammen-

---
[43]Lk 1:17.
[44]LuB 110:13-16.

arbeit wird durch die Taufe und weitere Handlungen bewirkt, die von den Lebenden zugunsten der Toten zu vollziehen sind.

So wird durch diese Arbeit das Herz der Väter und das der Kinder einander zugewendet. Die lebenden Kinder lernen verstehen, daß sie ohne ihre Vorfahren keinen vollkommenen Zustand in der ewigen Welt erreichen können, und deshalb wird ihr Glaube stärker, und sie gehen bereitwillig an die Arbeit, ihre Toten zu erretten und zu erlösen. Den Toten aber wird in ihrer Welt das Evangelium gepredigt, und daraus erfahren sie, daß sie von der stellvertretenden Erlösungsarbeit ihrer Nachfahren abhängig sind; deshalb wenden sie sich mit liebevollem Glauben und gebeterfüllter Teilnahme ihren Kindern zu, die noch leben.

Diese Vereinigung der Interessen der Väter und der Söhne gehört zur notwendigen Vorbereitung auf das bevorstehende Kommen Christi als Herrscher und Herr der Erde. Joseph Smith hat gelehrt,

„daß die Erde mit einem Fluch geschlagen werden wird, wenn es nicht irgendeine Art von Bindeglied zwischen den Vätern und den Kindern gibt, nämlich im Rahmen irgendeines Sachgebietes – und siehe, was ist dieses Sachgebiet? Es ist die Taufe für die Toten. Denn ohne sie können wir nicht vollkommen gemacht werden, und auch sie können ohne uns nicht vollkommen gemacht werden[45]."

Wenn die Kirche heute heilige Handlungen zugunsten der Toten vollzieht, so beruft sie sich dabei, was die notwendige Vollmacht betrifft, auf die besondere Übertragung dieser Kraft und dieses Amtes durch Elija; ferner sieht die Kirche in der Übertragung dieser Macht die Erfüllung von Maleachis bedeutsamer Prophezeiung. Besonders angemessen ist es wohl, daß dieses große Werk in der jetzigen Evangeliumszeit durch niemand anders als Elija angebahnt wurde – Elija, der die Pforten des Todes nicht durchschreiten mußte und deshalb ein ganz eigenartiges Verhältnis sowohl zu den Toten als auch zu den Lebenden hat. Was nun die Treue betrifft, womit die Kirche diesen besonderen Auftrag vollzieht, so sind die unter größten Opfern und mit äußerster Hingabe von den Mitgliedern errichteten Tempel und die schon darin vollzogenen heiligen Handlungen wohl Beweis genug.

---

[45] LuB 128:18.

Die Wichtigkeit, die die Heiligen der Letzten Tage der Arbeit für die Toten im Tempel beimessen, führt natürlich dazu, daß sie ein besonderes Interesse für die genealogischen Aufzeichnungen ihrer Familie zeigen. Die heilige Handlung im Tempel zugunsten eines Toten kann nur dann vorgenommen werden, wenn er dokumentarisch beschrieben werden kann; Name, Verwandtschaftsverhältnis, Zeit und Ort der Geburt und des Todes usw., wodurch er ganz eindeutig und unverwechselbar identifiziert ist[46]. Es ist allgemein bekannt, daß in den Vereinigten Staaten und Europa das Interesse an genealogischer Forschung im 19. und 20. Jahrhundert stark zugenommen hat. Genealogische Gesellschaften haben sich gebildet, und einzelne Forscher haben viel Zeit und Geld auf das Zusammentragen von Urkunden verwendet, die nun zahlreiche Abstammungslinien und die vielfältigen Verzweigungen der Verwandtschaft darlegen. In all dieser Arbeit erblicken die Heiligen der Letzten Tage das Wirken einer höheren Macht, wodurch ihnen ihr Dienst für die Toten erleichtert wird.

Für den stellvertretenden Dienst sind Tempel notwendig

Die heiligen Handlungen der Taufe, des Handauflegens zur Spendung des Heiligen Geistes und der Ordinierung zum Priestertum können an Lebenden überall vollzogen werden, wo sich der Ort dazu eignet. Die entsprechenden Handlungen für die Toten sind aber dem Herrn nur dann annehmbar und darum gültig, wenn sie an eigens dafür vorgesehenen Orten durchgeführt werden. Die Orte sind solchen und ähnlichen Zwecken vorbehalten und geweiht: damit soll gesagt werden, daß derlei heilige Handlungen ausschließlich in das Haus des Herrn gehören. Nur für einen sehr kurzen Zeitraum ganz zu Beginn der neuzeitlichen Geschichte der Kirche – noch bevor das Volk des Herrn einen Tempel errichten konnte – nahm er ein provisorisches Heiligtum gnädig an, wie er auch das alte Offenbarungszelt während der Wanderung Israels als einstweiligen Tempel anerkannt hatte.

In einer Offenbarung an den Propheten Joseph Smith am 19. Januar 1841 in Nauvoo rief der Herr sein Volk auf, seinem

---
[46]Siehe LuB 128:5-8.

Namen ein Haus zu bauen, „daß der Allerhöchste darin wohnen kann", und fügte die folgende Anweisung hinzu:

„Denn auf der Erde findet sich kein Ort, wohin er kommen könnte, um das wiederherzustellen, was euch verlorengegangen ist oder was er euch genommen hat, nämlich die Fülle des Priestertums.

Denn auf der Erde gibt es kein Taufbecken, wo meine Heiligen für diejenigen getauft werden könnten, die tot sind –

denn diese Verordnung gehört in mein Haus, und sie kann für mich sonst nicht annehmbar sein, außer in den Tagen eurer Armut, nämlich solange ihr nicht imstande seid, mir ein Haus zu bauen.

Aber ich gebiete euch, allen meinen Heiligen, mir ein Haus zu bauen; und ich gewähre euch genügend Zeit, mir ein Haus zu bauen; und während dieser Zeit werden eure Taufen für mich annehmbar sein.

Aber siehe, wenn diese bestimmte Zeit zu Ende ist, werden eure Taufen für die Toten für mich nicht mehr annehmbar sein; und wenn ihr nach Ablauf der bestimmten Zeit dies nicht tut, werdet ihr als Kirche samt euren Toten verworfen werden, spricht der Herr, euer Gott.

Denn wahrlich, ich sage euch: Nachdem ihr genügend Zeit gehabt habt, mir ein Haus zu bauen, wohin die Verordnung der Taufe für die Toten gehört – und für diese wurde sie ja schon vor Grundlegung der Welt eingerichtet –, können eure Taufen für die Toten für mich nicht mehr annehmbar sein;

denn darin sind die Schlüssel des heiligen Priestertums verordnet, damit ihr Ehre und Herrlichkeit empfangen könnt.

Und nach dieser Zeit werden eure Taufen für die Toten durch diejenigen, die auswärts zerstreut sind, für mich nicht mehr annehmbar sein, spricht der Herr.

Denn es ist verordnet, daß Zion und seine Pfähle und Jerusalem – die ich als Zufluchtsort bestimmt habe – der Ort für eure Taufen für eure Toten sein sollen.

Und weiter, wahrlich, ich sage euch: Wie sollen eure Waschungen für mich annehmbar sein, wenn ihr sie nicht in einem Haus vollzieht, das ihr meinem Namen gebaut habt?

Denn aus diesem Grund habe ich Mose geboten, eine Wohnstätte zu bauen, die man in der Wildnis mitführen konnte, und im Land der Verheißung ein Haus zu bauen, damit diese Verordnungen, die schon, noch ehe die Welt war, verborgen wurden, offenbart werden konnten.

Darum, wahrlich, ich sage euch: Eure Salbungen, eure Waschungen, eure Taufen für die Toten, eure feierlichen Versammlungen und Gedenkfeiern für die Opfer durch die Söhne Levi und für die Wahrworte an höchst heiliger Stätte – wo ihr Mitteilungen empfangt –, eure Satzungen und Richtersprüche für den Anfang der Offenbarungen und die Gründung Zions sowie für die Herrlichkeit, die Ehre und das Endowment aller seiner Bürger sind durch die Verordnung meines heiligen Hauses verordnet, und mein Volk hat allzeit das Gebot, meinem heiligen Namen ein solches Haus zu bauen.

Und wahrlich, ich sage euch: Laßt dieses Haus meinem Namen gebaut werden, damit ich darin meinem Volk meine Verordnungen offenbaren kann;

denn es beliebt mir, meiner Kirche zu offenbaren, was von der Grundlegung der Welt an verborgengehalten wurde und was die Ausschüttung in der Zeiten Fülle betrifft[47]."

Dies ist gewiß eine ausreichende Antwort auf die Frage, warum die Heiligen der Letzten Tage Tempel errichten und instand halten: Es ist ihnen vom Herrn der Heerscharen aufgetragen worden. Sie haben erfahren, daß viele wichtige heilige Handlungen der Kirche nur dann annehmbar sind, wenn sie in einem Tempel vollzogen werden, der eigens für diesen Zweck errichtet worden ist. Sie wissen, daß der Herr in solchen heiligen Gebäuden viel Großes und Wichtiges über das Reich Gottes offenbart hat und daß er verheißen hat, in diesen seinem Namen geheiligten Häusern noch weitere Offenbarung zu geben. Die Heiligen der Letzten Tage wissen, daß ein großer Teil der Arbeit der wiederhergestellten Kirche darin besteht, daß stellvertretende heilige Handlungen für die unzähligen Toten vollzogen werden, die niemals die frohe Botschaft des Evangeliums gehört haben. Und für diesen heiligen Dienst der Erlösung gilt seit eh und je:

Tempel sind notwendig.

---

[47] LuB 124:28-41. Man lese den ganzen Abschnitt.

4. KAPITEL

Heilige Handlungen im neuzeitlichen Tempel

Unsere Aufmerksamkeit richtet sich nun auf eine Betrachtung des neuzeitlichen Tempeldienstes im einzelnen. Die zeremonielle Arbeit umfaßt:
1. das Taufen, und zwar die Taufe für die Toten
2. die Ordinierung zum Priestertum und dazu das Endowment
3. Trauungszeremonien
4. sonstige siegelnde Handlungen

Aus den bisherigen Ausführungen läßt sich entnehmen, daß diese Zeremonien oder Handlungen entweder für die Lebenden – persönlich anwesend – oder für die Toten – jeder einzelne davon durch einen lebenden Stellvertreter repräsentiert – vollzogen werden. Mit der Zahl der Toten verglichen, gibt es nur wenig Lebende; daraus folgt notwendigerweise, daß die Arbeit mit heiligen Handlungen für die Toten diejenigen für die Lebenden bei weitem übertrifft. Die heutigen Tempel dienen hauptsächlich dem Vorteil und der Erlösung der ungezählten Toten.

Die Taufe für die Toten

Wie schon auf den vorhergehenden Seiten gezeigt, ist das Gesetz der Taufe von allgemeiner Gültigkeit; kurz gesagt, die Taufe wird von einem jeden gefordert, der das Alter der Zurechnungsfähigkeit erreicht hat. Ausgenommen davon ist nur, wer im Kindesalter gestorben ist. Weil Kinder keine Sünde zu büßen haben und nicht imstande sind, das Wesen des Taufbundes zu begreifen, werden sie weder als Lebende getauft, noch wird die Handlung stellvertretend für sie vollzogen, falls sie vor

Erreichung des verantwortlichen Alters und Zustands sterben. Was nun den sterblichen Zustand betrifft, der als Folge der Übertretung Adams auch das Kind ergriffen hat, so hat das Sühnopfer Christi hier seine volle Wirkung, und die Errettung des Kindes ist sichergestellt[1]. Hinsichtlich der allgemeinen Notwendigkeit der Taufe, die als Gesetz für die Erlösung vorgeschrieben ist, macht die heilige Schrift keinen Unterschied zwischen Lebenden und Toten. Das Sühnopfer Christi wurde nicht nur für die wenigen, die während seines Erdenwirkens gelebt haben, dargebracht, und auch nicht nur für diejenigen, die nach seinem Tod das Licht der Welt erblickt haben, sondern für alle Bewohner der Erde – die früheren, die gegenwärtigen und die zukünftigen. Der Vater hat ihn zum Richter gesetzt über die Lebendigen und die Toten[2]; er ist Herr über Tote und Lebende[3], wie wir Menschen es verstehen, denn für ihn sind alle lebendig[4].

Zu den verderblichen Lehren, die von einer verirrten und zu Unrecht so genannten Christenheit ausgestreut werden, gehört auch der schreckliche Satz, daß für jede Seele entweder eine nie endende Strafe oder eine grenzenlose Freude – beides unveränderlich nach Art und Ausmaß – die schließliche Bestimmung sein werde; das Urteil würde entsprechend dem Zustand gefällt werden, der zur Zeit des irdischen Todes bestehe: Ein Leben der Sünde würde also durch Umkehr auf dem Totenbett ungeschehen gemacht, während ein ehrenhaftes Leben, dem aber der Stempel irgendwelcher religiöser Zeremonien fehlt, die Qual der Hölle zum Ergebnis hätte, ohne daß Linderung möglich wäre. Ein derartiges Dogma steht auf gleicher Stufe wie die schreckliche Irrlehre, wonach unschuldige Kinder verdammt seien, falls sie nicht mit Wasser besprengt worden seien; diese Vollmacht haben Menschen sich angemaßt. Die Gerechtigkeit Gottes aber besagt, daß keine Seele einem Gesetz unterworfen ist, das zu erfahren ihr nicht möglich war. Gewiß, eine ewige Strafe wurde den Gottlosen als ihr Los bestimmt; was aber damit wirklich gemeint ist, hat der Herr selbst erklärt[5]. Ewige Strafe be-

---

[1] Eine ausführliche Abhandlung über die Kleinkindertaufe findet sich in des Verfassers „Glaubensartikel", Kapitel 6, 13-17; die Taufe für die Toten ist in Kapitel 8, 18-33 behandelt.
[2] Apg 10:42; 2Tim 4:1; 1Petr 4:5.
[3] Röm 14:9.
[4] Lk 20:36, 38.
[5] LuB 19:10-12.

deutet Gottes Strafe; seine Strafe ist eine endlose; denn „Endlos" und „Ewig" sind zwei von seinen Namen und beschreiben Eigenschaften, die er besitzt. Keine Seele wird also für Sünde länger bestraft, als notwendig ist, um die erforderliche Besserung zu bewirken und der Gerechtigkeit Genüge zu tun. Dies ist der einzige Grund, warum die Strafe verhängt wird. Und niemand wird irgendein Reich der Herrlichkeit betreten können, solange er sich nicht durch Gehorsam gegen das Gesetz dafür würdig gemacht hat.

Daraus folgt notwendigerweise, daß das Evangelium in der Geisterwelt verkündigt werden muß. In der Schrift finden sich genügend Beweise, daß für diesen Dienst vorgesorgt ist. Petrus erläutert die Mission des Erlösers und verkündet die folgende Wahrheit: „Denn auch Toten ist das Evangelium dazu verkündet worden, daß sie wie Menschen gerichtet werden im Fleisch, aber wie Gott das Leben haben im Geist[6]." Wie schon erwähnt, wurde das Werk unter den Verstorbenen in der Zeit zwischen seinem Tod und seiner Auferstehung begonnen.

Im ersten Brief an die Heiligen in Korinth behandelt Paulus die Lehre von der Auferstehung in einer kurzen und bündigen Darstellung. Diese Lehre hatte damals bei den Empfängern des Briefes viel Streit und Disput verursacht[7]. Der Apostel erläutert, wie durch Christus die Auferstehung möglich geworden ist und daß schließlich die ganze Menschheit vom leiblichen Tod erlöst werden soll; dann stellt er die Frage: „Wie kämen sonst einige dazu, sich für die Toten taufen zu lassen? Wenn Tote gar nicht auferweckt werden, warum läßt man sich dann taufen für sie[8]?"

---

[6]Petr 4:6.
[7]1Kor Kapitel 15; siehe besonders Vers 29.
[8]Diese Stelle ist die Ursache vieler Meinungsverschiedenheiten. Dr. Adam Clarke sagt in seinem ausgezeichneten Kommentar zur Heiligen Schrift: „Dies ist gewiß der schwierigste Vers im Neuen Testament; denn ungeachtet der Tatsache, daß sich die bedeutendsten Gelehrten bemüht haben, ihn zu erklären, gibt es bis heute beinah ebensoviel verschiedene Auslegungen davon wie Interpreten." Und doch – ungeachtet der rätselhaften Bedeutung – gehört diese Schriftstelle zum vorgeschriebenen Begräbnisgottesdienst in der Episkopalkirche und wird vom Priester bei jedem Begräbnis gesprochen. Warum läßt sie sich denn so schwer begreifen? Die Bedeutung des Verses ist von deutlicher Klarheit, und nur wenn wir ihm etwas Symbolisches unterlegen wollen, entstehen Schwierigkeiten. Es ist offensichtlich, daß in den Tagen des Paulus die heilige Handlung der Taufe für die Toten nicht nur verstanden, sondern auch vollzogen worden ist, und das Argument des Apostels zur Bekräftigung der Lehre von der Tatsächlichkeit der Auferstehung ist vernünftig: Wenn die Toten gar nicht auferstehen, warum läßt man sich dann für sie taufen?

Aus der Art, wie die Frage gestellt ist, nämlich als Abschluß und Höhepunkt der vorangegangenen Beweisführung, geht klar hervor, daß dieses Thema nicht eine neue oder fremdartige Lehre war, sondern im Gegenteil eine, womit die Angesprochenen vertraut gewesen sein mußten und wofür es keiner besonderen Erläuterung bedurfte. Die Taufe für die Toten war demnach zur Zeit der Apostel nicht nur bekannt, sondern sie wurde auch als Handlung vollzogen. Dieser Ritus war in der einen oder anderen Form noch länger als ein Jahrhundert nach dem Hinscheiden der Apostel im Gebrauch; dies erhellt aus zahlreichen Stellen in den Schriften der frühchristlichen Kirchenväter und späterer Autoritäten der Kirchengeschichte.

Die Kirche Jesu Christi der Heiligen der Letzten Tage verkündet die gegenwärtige Evangeliumszeit als diejenige, wo die Zeit sich erfüllt und wo alle Grundsätze der Erlösung und die notwendigen Verordnungen früherer Evangeliumszeiten vereinigt und wieder in Kraft gesetzt werden; denn jetzt ist der große Plan der universellen Erlösung voll offenbart. Die Kirche führt deshalb die Taufe für die Toten tatsächlich durch, und in den heutigen Tempeln ist dieses heilige Werk ununterbrochen im Gange. Wie wir später noch sehen werden, ist jeder Tempel mit einem Taufbecken und sämtlichen Vorkehrungen für den Vollzug dieser heiligen Handlung ausgestattet[9].

Auf das Ritual der Wassertaufe für den Verstorbenen folgt das Händeauflegen zur Spendung des Heiligen Geistes. Beide Male fungiert dabei ein Lebender als Stellvertreter für den Verstorbenen. Das Händeauflegen zur Übertragung der Gabe des Heiligen Geistes stellt die höhere Taufe mit dem Geist dar, die von allen Menschen verlangt wird, und schließt auch die Bestätigung des Betreffenden als Mitglied der Kirche Christi ein. In allen wesentlichen Punkten ist die Handlung der Taufe und Konfirmation dieselbe, ganz gleich, ob sie an Lebenden für sie selbst oder als Stellvertreter für die Toten vollzogen wird. Wenn diese Handlung in einem Tempel vollzogen wird, ist es notwendig, daß neben dem Schriftführer und dem amtierenden Ältesten auch zwei Zeugen anwesend sind und den ordnungsgemäßen Vollzug der Zeremonie bestätigen.

---

[9]Man lese LuB 128:12, 13.

Ordinierung und Endowment

Die Taufe im Wasser und die höhere Taufe mit dem Geist durch das Händeauflegen von Bevollmächtigten zur Übertragung des Heiligen Geistes bilden die zwei fundamentalen Handlungen des Evangeliums. Ist eine bußfertige Seele auf diese Weise in die Kirche Christi aufgenommen, so kann sie nachher Rang und Vollmacht im heiligen Priestertum erlangen – nicht als irdische Ehre, nicht als Titel persönlichen Ruhmes, nicht als Symbol einer herrschenden und womöglich unterdrückenden Macht, sondern als heilige Handlung, wodurch man mit Vollmacht und der ausdrücklichen Verantwortung ausgestattet wird, diese Vollmacht im Dienst für die Mitmenschen und zur Verherrlichung Gottes zu gebrauchen. Wenn bei der Tempelarbeit ein Mann als Stellvertreter für seine verstorbenen Verwandten auftritt, muß er zum Priestertum ordiniert sein, bevor er vom Taufbecken an weitergehen darf.

Es ist als Regel vorgesehen, daß sich die Frauen der Kirche mit dem Mann, mit dem sie verheiratet sind oder den sie heiraten werden, in die Vollmacht des Priestertums teilen; aus diesem Grund wird eine Frau, die das Endowment für sich oder eine Verstorbene empfängt, nicht zu einem besonderen Rang im Priestertum ordiniert. Dennoch gibt es keine Stufe, keinen Rang und keinen Abschnitt im Endowment, wofür die Frau nicht ebenso qualifiziert wäre wie der Mann. Freilich gibt es gewisse höhere Handlungen, zu denen eine unverheiratete Frau nicht zugelassen wird; aber diese Vorschrift gilt gleicherweise auch für einen Junggesellen. Der Ehestand wird in der ganzen Tempelzeremonie als heilig angesehen, und im Haus des Herrn ist die Frau die gleichwertige Gefährtin des Mannes. Für die Segnungen dieser heiligen Stätte gilt der Ausspruch des Apostels Paulus als eine vollgültige Satzung der Heiligen Schrift: „Doch im Herrn gibt es weder die Frau ohne den Mann noch den Mann ohne die Frau[10]."

Glaube und aufrichtige Umkehr, worauf als nächstes die Taufe im Wasser und dann das Händeauflegen zur Spendung des Heiligen Geistes folgen, sind die vorgeschriebenen Bedingungen für den Einlaß in die Kirche Christi und die erhoffte Errettung im

---

[10] 1 Kor 11:11.

Reich Gottes. Es besteht aber ein Unterschied zwischen Errettung und Erhöhung. Es ist an dieser Stelle angebracht, den Unterschied zu erklären und die Lehre der wiederhergestellten Kirche über die Abstufungen der Erhöhung im Jenseits darzulegen[11].

Errettung und Erhöhung

In gewissem Maß wird die Errettung allen zuteil, die ihr Recht darauf nicht ganz verwirkt haben; Erhöhung aber empfängt nur derjenige, der sich durch tatkräftiges Bemühen einen Anspruch auf die göttliche Großzügigkeit erworben hat, durch die ihm Erhöhung zuerkannt wird. Von den Erretteten werden nicht alle in die höheren Herrlichkeiten gelangen. Wenn eine Belohnung zuerkannt wird, so niemals unter Mißachtung der Gerechtigkeit. Beim Zumessen der Strafe bleiben zwar die Forderungen der Gnade nicht unberücksichtigt. Niemand kann aber auf irgendeine Stufe der Herrlichkeit gelangen oder, mit anderen Worten, niemand kann errettet werden, bevor der Gerechtigkeit Genüge getan ist, falls ein Gesetz verletzt worden ist. Im Reich Gottes gibt es zahlreiche Grade der Erhöhung für einen jeden, der ihrer würdig ist. Die alte Vorstellung, daß es im Jenseits nur zwei Aufenthaltsstätten für die Seelen geben würde – nämlich einen Himmel und eine Hölle, der eine überall von gleicher Herrlichkeit und die andere durch und durch gleichartig in ihrer Schrecklichkeit –, muß im Licht göttlicher Offenbarung fallengelassen werden.

Grade der Herrlichkeit

Aus den Lehren Christi läßt sich ableiten, daß die Vorzüge und Herrlichkeiten des Himmels abgestuft sind, um der unterschiedlichen Eignung der Seligen zu entsprechen. Jesus hat zu den Aposteln gesagt: „Im Haus meines Vaters gibt es viele Wohnungen. Wenn es nicht so wäre, hätte ich euch dann gesagt: Ich gehe, um einen Platz für euch vorzubereiten? Wenn ich gegangen bin und einen Platz für euch vorbereitet habe, komme ich wieder und werde euch zu mir holen, damit auch ihr dort seid,

---

[11]Siehe des Verfassers „Glaubensartikel", Kapitel 4 und 12, wovon Teile in der vorliegenden Abhandlung enthalten sind.

wo ich bin[12]." Eine Ergänzung zu diesem Ausspruch gibt uns Paulus, der die abgestuften Herrlichkeiten der Auferstehung folgendermaßen beschreibt:

„Auch gibt es Himmelskörper und irdische Körper. Die Schönheit der Himmelskörper ist anders als die der irdischen Körper.

Der Glanz der Sonne ist anders als der Glanz des Mondes, anders als der Glanz der Sterne; denn auch die Gestirne unterscheiden sich durch ihren Glanz.

So ist es auch mit der Auferstehung der Toten[13]."

In unserer Evangeliumszeit haben wir ein größeres Wissen darüber erlangt. Aus einer Offenbarung[14] im Jahre 1832 erfahren wir: Am zukünftigen Aufenthaltsort des Menschengeschlechts wird es drei große Reiche oder Grade der Herrlichkeit geben; man bezeichnet sie als celestial, terrestrial und telestial. Weit unterhalb des letzten und geringsten dieser drei befindet sich der Zustand ewiger Strafe für die Söhne des Verderbens.

Die celestiale Herrlichkeit

Dieser Zustand ist für diejenigen vorgesehen, die die höchsten Ehren des Himmels verdienen; in der erwähnten Offenbarung lesen wir darüber:

„Es sind diejenigen, die das Zeugnis von Jesus empfangen haben, die an seinen Namen geglaubt haben und nach der Art seiner Grablegung getauft worden sind, indem sie in seinem Namen im Wasser begraben wurden, und zwar gemäß dem Gebot, das er gegeben hat,

damit sie durch das Halten der Gebote von allen ihren Sünden gewaschen und gesäubert werden und den Heiligen Geist empfangen durch das Händeauflegen eines, der zu dieser Macht ordiniert und gesiegelt ist,

diejenigen, die durch den Glauben überwunden haben und vom Heiligen Geist der Verheißung gesiegelt sind, den der Vater über alle ausgießt, die gerecht und treu sind.

Es sind diejenigen, die die Kirche des Erstgeborenen sind.

Es sind diejenigen, denen der Vater alles in die Hände gelegt hat.

Es sind diejenigen, die Priester und Könige sind, die von seiner Fülle und seiner Herrlichkeit empfangen haben

und Priester des Allerhöchsten nach der Ordnung Melchisedeks

---

[12] Joh 14:1-3.
[13] 1 Kor 15:40-42.
[14] LuB Abschnitt 76.

sind, welche nach der Ordnung Henochs war, welche nach der Ordnung des einziggezeugten Sohnes war.

Darum sind sie, wie es geschrieben steht, Götter, ja, die Söhne Gottes;

darum gehört ihnen alles, sei es Leben oder Tod, Gegenwärtiges oder Zukünftiges – alles gehört ihnen, und sie gehören Christus, und Christus gehört Gott ...

Diese werden für immer und immer in der Gegenwart Gottes und seines Christus wohnen.

Das sind diejenigen, die er mitbringen wird, wenn er in den Wolken des Himmels kommt, um auf Erden über sein Volk zu regieren.

Das sind diejenigen, die an der ersten Auferstehung teilhaben werden.

Das sind diejenigen, die in der Auferstehung der Gerechten hervorkommen werden.

Das sind diejenigen, die zum Berg Zion und zur Stadt des lebendigen Gottes gekommen sind, zum himmlischen Ort, zum heiligsten von allen.

Das sind diejenigen, die zu einer unzählbaren Abteilung von Engeln gekommen sind, zur Allgemeinen Versammlung und Kirche Henochs und des Erstgeborenen.

Das sind diejenigen, deren Name im Himmel aufgeschrieben ist, wo Gott und Christus Richter über alle sind.

Das sind diejenigen, die gerechte Menschen sind, vollkommen gemacht durch den Mittler des neuen Bundes, Jesus, der mit dem Vergießen seines Blutes diese vollkommene Sühne bewirkt hat.

Das sind diejenigen, die einen celestialen Körper haben und deren Herrlichkeit die der Sonne ist, ja, die Herrlichkeit Gottes, die höchste von allen, von welcher Herrlichkeit geschrieben steht, die Sonne am Firmament sei dafür kennzeichnend[15]."

Die terrestriale Herrlichkeit

Diese nächstniedrige Stufe wird den vielen zuteil, deren Werke die höchste Belohnung nicht verdienen. Über sie lesen wir:

„Das sind diejenigen, die zu den Terrestrialen gehören und deren Herrlichkeit von der der Kirche des Erstgeborenen – die von der Fülle des Vaters empfangen hat – so verschieden ist wie die Herrlichkeit des Mondes von der der Sonne am Firmament.

Siehe, das sind diejenigen, die ohne Gesetz gestorben sind,

und auch diejenigen, die die im Gefängnis gehaltenen Menschengeister sind, die der Sohn besucht hat und denen er das Evangelium

---

[15] LuB 76:51-70.

gepredigt hat, damit sie gleichwie die Menschen im Fleische gerichtet werden können,
die das Zeugnis von Jesus im Fleische nicht empfangen haben, es aber nachher empfangen haben.
Das sind diejenigen, die als ehrenhafte Menschen auf Erden durch die Verschlagenheit von Menschen verblendet worden sind.
Das sind diejenigen, die von seiner Herrlichkeit empfangen, nicht aber von seiner Fülle.
Das sind diejenigen, die von der Gegenwart des Sohnes empfangen, nicht aber von der Fülle des Vaters.
Darum sind sie terrestriale Körper und nicht celestiale, und sie sind an Herrlichkeit so verschieden wie der Mond von der Sonne.
Das sind diejenigen, die im Zeugnis von Jesus nicht tapfer gewesen sind; darum erlangen sie die Krone über das Reich unseres Gottes nicht[16]."

Die telestiale Herrlichkeit

Die Offenbarung fährt fort:
„Und weiter sahen wir die Herrlichkeit der Telestialen, die Herrlichkeit der geringeren, ja, wie die Herrlichkeit der Sterne verschieden ist von der Herrlichkeit des Mondes am Firmament.
Das sind diejenigen, die das Evangelium von Christus nicht empfangen haben, auch nicht das Zeugnis von Jesus.
Das sind diejenigen, die den Heiligen Geist nicht leugnen.
Das sind diejenigen, die in die Hölle hinabgeworfen werden.
Das sind diejenigen, die erst mit der letzten Auferstehung aus der Gewalt des Teufels erlöst werden, dann, wenn der Herr, nämlich Christus, das Lamm, sein Werk beendet haben wird[17]."

Wir erfahren ferner, daß die Bewohner dieses Reiches auch untereinander abgestuft sein werden; unter ihnen befinden sich die Unerleuchteten unter den einzelnen streitenden Glaubensgemeinschaften und Gruppen, Sünder mancherlei Art, deren Übertretung aber noch nicht das äußerste Verderben bewirkt:

„Denn wie der eine Stern vom anderen an Herrlichkeit verschieden ist, so ist auch der eine vom anderen in der telestialen Welt an Herrlichkeit verschieden;
denn das sind diejenigen, die des Paulus und des Apollos und des Kephas sind.
Das sind diejenigen, die sagen, sie seien einige des einen, einige des anderen – einige des Christus und einige des Johannes, einige des

---

[16] LuB 76:71-79.
[17] LuB 76:81-86.

Mose und einige des Elias und einige des Esaias und einige des Jesaja und einige des Henoch;
aber sie haben das Evangelium nicht empfangen, auch nicht das Zeugnis von Jesus, auch nicht die Propheten, auch nicht den immerwährenden Bund[18]."

Diese drei Reiche von sehr unterschiedlicher Herrlichkeit sind nach einem festen Plan abgestuft. Wir haben gesehen, daß das telestiale Reich mehrere Unterteilungen enthält; dasselbe gilt auch für das celestiale[19], und wir dürfen folgern, daß auch in der terrestrialen Welt ein ähnlicher Zustand besteht. Auf diese Weise werden die unzählbaren Abstufungen der menschlichen Verdienste durch eine unbegrenzt abgestufte Herrlichkeit gewürdigt. Dem celestialen Reich wird die allerhöchste Ehre zuteil, nämlich daß der Vater und der Sohn persönlich dort wirken. Das terrestriale Reich wird vom höheren Reich aus verwaltet, aber ohne eine Fülle der Herrlichkeit. Das telestiale Reich wird mit Hilfe des terrestrialen regiert, und zwar durch „Engel, die bestimmt sind, ihnen zu dienen[20]".

Die Erhöhung im Reich Gottes setzt das Erreichen der Stufen im heiligen Priestertum voraus, und damit steht die Zeremonie des Endowments in unmittelbarem Zusammenhang.

Das Endowment

Diese heilige Handlung, wie sie im neuzeitlichen Tempel vollzogen wird, umfaßt eine Belehrung über die Bedeutung und Aufeinanderfolge der früheren Evangeliumszeiten und darüber, wie wichtig die gegenwärtige und größte Ära in der Geschichte der Menschheit ist. Zu dieser Belehrung gehört auch eine Darstellung über die wesentlichsten Ereignisse der Schöpfung, das Dasein unserer Stammeltern im Garten von Eden, ihren Ungehorsam und die darauffolgende Vertreibung von jenem gesegneten Ort; ihren Zustand in der einsamen und öden Welt, wo sie im Schweiß ihres Angesichts mit Arbeit ihr Leben fristen mußten; den Erlösungsplan, wodurch die Übertretung gesühnt werden kann; die Zeit der großen Abkehr von der Wahrheit; die Wiederherstellung des Evangeliums mit allen Kräften und Segnungen; die unbedingte und unerläßliche Voraussetzung der

---

[18] LuB 76:98-101.
[19] LuB 131:1; siehe auch 2Kor 12:1-4.
[20] LuB 76:86-88.

persönlichen Reinheit und Hingabe an das Gute im jetzigen Leben sowie die strikte Erfüllung aller Forderungen des Evangeliums.

Wie wir sehen werden, haben die Heiligen der Letzten Tage schon mehrere Tempel errichtet, worin diese Belehrungen in verschiedenen Räumen erteilt werden; jeder Saal dient einer bestimmten Phase, so daß es möglich ist, zur gleichen Zeit mehrere Gruppen zu unterweisen.

Zu den heiligen Handlungen des Endowments gehören auch bestimmte Verpflichtungen, die der Betreffende auf sich nimmt; er verspricht in einem feierlichen Gelübde, das Gesetz völliger Tugend und Keuschheit zu befolgen, barmherzig und wohltätig sowie tolerant und rein zu sein; seine Fähigkeiten ebenso wie seine irdischen Güter der Verbreitung der Wahrheit und dem Wohlergehen der Menschheit zu widmen; sich unaufhörlich an die Sache der Wahrheit hinzugeben und auf jede Weise daran mitzuarbeiten, daß die Erde vorbereitet werde, ihren König, den Herrn Jesus Christus, zu empfangen. Gleichzeitig mit jedem Gelübde und der Übernahme all dieser Verpflichtungen wird auch ein verheißener Segen ausgesprochen, dessen Verwirklichung aber davon abhängt, daß man die Bedingungen treulich erfüllt.

Unter den heiligen Handlungen im Tempel gibt es nichts, aber auch gar nichts, was nicht erbaulich wäre und der Heiligung diente. Jede Einzelheit der Endowmentzeremonie fördert die Sittlichkeit im Leben, die Hingabe an hohe Ideale, an die Wahrheit; sie steigert die Liebe zur Heimat und die Hinwendung zu Gott. Die Segnungen des Hauses des Herrn sind nicht auf eine bevorrechtete Klasse beschränkt; wer der Kirche angehört, darf zum Tempel kommen und dort an den heiligen Handlungen teilnehmen, sofern ihm ein würdiges Leben und Verhalten bescheinigt ist.

Die Ehesiegelung

Die Heiligen der Letzten Tage betrachten die im Tempel vollzogene Eheschließung als die einzige vollkommene Form des Ehebundes[21]. Sie erkennen die volle legale Gültigkeit und sittliche Verpflichtung aller Eheformen an, die nach rechtlichem Gesetz bestehen; aber sie sehen in der standesamtlichen Trau-

---

[21]Siehe die Abhandlung des Verfassers über die Ehe in den „Glaubensartikeln", Kapitel 24, S. 438-442.

ung und auch in sonstigen Eheschließungen ohne bindende Vollmacht des heiligen Priestertums lediglich einen Vertrag, der nur für dieses Leben gilt und dem daher die höheren Aspekte einer vollkommenen und fortdauernden Vereinigung fehlen. Sie sind der Überzeugung, daß die irdische Familienzusammengehörigkeit auch jenseits des Todes fortdauern kann. Sie sagen, daß die irdische Beziehung zwischen Mann und Frau, zwischen Eltern und Kindern im celestialen Reich im ganzen Umfang weiterbestehen kann, vorausgesetzt, daß diese Bindung auf Erden durch die Kraft und Vollmacht des heiligen Priestertums gesiegelt worden ist. Eine gewöhnliche Trauung nach weltlichem Gesetz und nach den Riten aller anderen Glaubensgemeinschaften verbindet Mann und Frau nur für diese Welt; das von Gott offenbarte höhere Gesetz der Ehe aber vereinigt die beiden für das Erdenleben und für alle Ewigkeit.

„Celestiale Ehe" ist ein von den Heiligen der Letzten Tage häufig verwendeter Ausdruck, obwohl er sich in keiner Offenbarung in den Büchern der Kirche findet. Die Kirche hat Schriftstellen, die sich auf die Ehe beziehen, aus früheren Evangeliumszeiten übernommen und für gültig erklärt. Sie vertritt den Standpunkt, daß die Ehe in Ehren gehalten werden soll[22], weil sie von Gott eingesetzt worden ist[23]. Nach der Lehre der Kirche ist das Heiraten eine Pflicht für alle, ausgenommen diejenigen, die durch körperliche oder sonstige Unfähigkeit gehindert sind, diese Verantwortung auf sich zu nehmen. Die Heiligen der Letzten Tage vertreten die Ansicht, daß es zum angestammten Recht jedes würdigen Mannes gehört, einer Familie als Ehemann und Vater vorzustehen. In gleichem Umfang kommt jeder würdigen Frau das Recht zu, Gattin und Mutter zu sein.

Die Kirche verwirft die Lehren irregeführter Menschen als falsch und verderblich, die sagen, die Verbindung der Geschlechter sei nur eine fleischliche Notwendigkeit, ein Erbteil des Menschen infolge seiner Erniedrigung. Sie weist auch den Gedanken von sich, die Ehelosigkeit stelle einen gehobenen Zustand dar, der Gott wohlgefällig sei. Über solche falschen Lehrer hat der Herr in unseren Tagen gesagt:

„Und weiter, wahrlich, ich sage euch: Wer verbietet zu heiraten, der ist nicht von Gott verordnet, denn die Ehe ist dem Menschen von

---

[22]Hebr 13:4.
[23]Gen 2:18, 24; 1:27; 5:2; 9:1, 7; Lev 26:9.

Gott verordnet . . . damit die Erde dem Zweck ihrer Erschaffung gerecht werde und damit sie sich mit ihrem Maß an Menschen füllen könne – gemäß der Erschaffung des Menschen, ehe die Welt geschaffen wurde[24]."

Die Heiligen der Letzten Tage bekräftigen, daß die vollkommene Eheschließung eine ewige Beziehung zwischen Mann und Frau ermöglicht. Für sie ist die Ehe nicht nur ein zeitlich begrenzter Vertrag, gültig, solange die beiden auf Erden leben, sondern ein feierlicher Bund, der das Grab überdauert. In der vollkommenen Trauungszeremonie, wie die Kirche sie vorschreibt und wie sie nur im Tempel vollzogen wird, werden Mann und Frau der Verpflichtung zur gegenseitigen Treue unterstellt, nicht nur bis der Tod sie scheidet, sondern für Zeit und Ewigkeit.

Ein so weitreichender Vertrag – ein Bund, der nicht nur das irdische Leben, sondern auch das ganze Dasein danach wirksam bleiben soll – bedarf natürlich für seine Gültigkeit einer höheren Autorität, als der Mensch sie hervorzubringen vermag. Es sei hier ohne weiteres zugegeben, daß die Menschen das Recht haben, unter sich Vereinigungen und Gemeinschaften zu bilden; sie können Glaubensgemeinschaften, Parteien, Gesellschaften, Kirchen, Vereine und alle sonstigen Verbindungen gründen, wie es ihnen beliebt, vorausgesetzt natürlich, daß derlei Körperschaften nicht dem Recht und der Ordnung zuwiderlaufen. Es sei ferner zugestanden, daß jede Vereinigung von Menschen Gesetze festlegen und Regeln für die Mitglieder aufstellen kann, vorausgesetzt, daß der einzelne in seinen rechtmäßigen Freiheiten nicht beschnitten wird. Deshalb können Kirche und Staat gesetzliche Bestimmungen für die Ehe wie für jede andere Form eines Vertrages erlassen und bindend vorschreiben. Eine solche Verordnung ist zweifellos innerhalb des eigenen Hoheitsbereichs voll wirksam. Der Staat kann also die Ehe rechtmäßig und gesetzlich vollziehen, und der auf diese Weise geschlossene Bund bleibt für das ganze irdische Leben der beiden Vertragspartner gültig.

Darf man aber behaupten, irgendeine Vereinigung von Menschen könne sich eine Vollmacht schaffen und einrichten, die auch nach dem Tod wirksam sein soll? Kann irgendeine Macht Gesetze erlassen, die über ihren rechtmäßigen Amtsbereich hin-

---

[24]LuB 49:15-17.

ausgehen? Kann jemand, der in seinen eigenen vier Wänden sitzt, Regeln für die Haushaltsführung seines Nachbarn vorschreiben? Kann unsere Nation ein Gesetz erlassen, das für ein fremdes Land gültig sein soll? Kann der Mensch ein Gesetz schaffen, das die Angelegenheiten im Reich Gottes regeln soll?

Ein Vertrag kann nur dann auf der Erde geschlossen werden und doch nach dem Tod der Vertragspartner gültig bleiben, wenn Gott dem Menschen die dazu notwendige Vollmacht überträgt und ihm zusichert, daß alle Handlungen unter dieser Vollmacht auch im Himmel anerkannt werden. Die Vollmacht, im Namen des Herrn zu handeln, ist das typische Kennzeichen des heiligen Priestertums. Der Herr hat gesagt:

„Alle Bündnisse, Verträge, Verbindlichkeiten, Verpflichtungen, Eide, Gelöbnisse, Handlungen, Bindungen, Vereinbarungen und Erwartungen, die nicht sowohl für die Zeit als auch für alle Ewigkeit geschlossen und eingegangen und vom Heiligen Geist der Verheißung gesiegelt werden – durch den, der gesalbt ist –, und zwar auf höchst heilige Weise durch Offenbarung und Gebot mittels meines Gesalbten, den ich dazu bestimmt habe, auf Erden diese Macht innezuhaben . . . , haben bei der Auferstehung von den Toten und danach keinerlei Wirksamkeit, Kraft und Gültigkeit; denn alle Verträge, die nicht zu diesem Zweck geschlossen werden, haben ein Ende, wenn die Menschen tot sind[25]."

Dann wendet die Offenbarung diesen Grundsatz auf den Ehebund an und fährt fort:

„Wenn darum in der Welt ein Mann eine Frau heiratet, und er heiratet sie nicht durch mich oder durch mein Wort, und er macht mit ihr einen Bund für die Zeit, die er in der Welt ist und sie bei ihm, so sind ihr Bund und ihre Ehe nicht mehr in Kraft, wenn sie tot und außer der Welt sind; darum sind sie durch keinerlei Gesetz gebunden, wenn sie außer der Welt sind.

Darum werden sie, wenn sie außer der Welt sind, weder heiraten noch verheiratet werden, sondern sie werden zu Engeln im Himmel bestimmt; und diese Engel sind dienende Knechte und müssen denen dienen, die eines viel größeren, ja, eines einzigartigen und ewigen Maßes an Herrlichkeit würdig sind.

Denn diese Engel haben nicht nach meinem Gesetz gelebt; darum können sie nicht größer gemacht werden, sondern sie bleiben gesondert und ledig, ohne Erhöhung, in ihrem erretteten Zustand bis

---

[25] LuB 132:7.

in alle Ewigkeit; und sie sind hinfort keine Götter, sondern Engel Gottes für immer und immer[26]."

Diese Art der heiligen Ehe mit ihrem Bund für Zeit und Ewigkeit ist unter dem besonderen Namen *celestiale Ehe* bekannt; darunter wird die Form der Ehe verstanden, die in der celestialen Welt besteht. So eine heilige Handlung wird von der Kirche nur an denjenigen vollzogen, die ein würdiges Leben führen und infolgedessen Zutritt zum Haus des Herrn erlangen können; denn diese Zeremonie kann – ebenso wie andere Riten von ewiger Gültigkeit – nur in einem Tempel durchgeführt werden, der eigens zu diesem Zweck erbaut und geweiht ist[27]. Werden einem Ehepaar, das nach celestialem Gesetz geheiratet hat, Kinder geboren, dann sind diese die Erben des Bündnisses. Man nennt sie „Kinder des Bundes", und sie bedürfen keiner Siegelung – oder Adoption –, um ihren Platz in der gesegneten verheißenen Nachkommenschaft einzunehmen.

Die Kirche erkennt auch die gesetzliche Ehe an, die nur für die Erdenzeit geschlossen ist; auch sie selbst vollzieht – wo dies nach dem Gesetz zulässig ist – diese Trauung zwischen Partnern, die keinen Zutritt zum Haus des Herrn haben oder sich freiwillig für die geringere, nur zeitliche Ordnung der Ehe entscheiden.

Im Tempel, und nur dort, wird auch für die Toten eine Eheschließung feierlich vollzogen. Mann und Frau, die auf Erden miteinander verheiratet waren und gestorben sind, können unter der Vollmacht des Priestertums aneinandergesiegelt werden, vorausgesetzt natürlich, daß auch alle anderen notwendigen heiligen Handlungen für sie verrichtet werden. Auch bei der Ehesiegelung für die Toten können und sollen die lebenden Nachkommen der Betreffenden als Stellvertreter fungieren.

Die heilige Handlung der celestialen Eheschließung – wodurch die beiden Vertragspartner, seien sie am Leben oder verstorben, unter der Vollmacht des heiligen Priestertums für die Erdenzeit und für alle Ewigkeit verbunden werden – wird als *Ehesiegelung* bezeichnet. Ein auf diese Weise verbundenes Ehepaar wird als gesiegelt bezeichnet, wohingegen jemand, der nur unter dem geringeren Gesetz durch weltliche Vollmacht – auch

---

[26] LuB 132:15-17.
[27] LuB 124:30-34.

wenn ein Beamter der Kirche die Trauung vollzieht – lediglich für die Erdenzeit die Ehe eingegangen ist, bloß verheiratet ist.

Mann und Frau, die standesamtlich oder von anderen Glaubensgemeinschaften für die Erdenzeit getraut worden sind, können nachträglich für Zeit und alle Ewigkeit gesiegelt werden, vorausgesetzt, daß sie Mitglieder der Kirche geworden sind und für würdig gehalten werden, den Tempel zu diesem Zweck zu betreten. Eine Bestätigung der bestehenden Verbindung, nämlich das Siegeln von Verheirateten, ist nur dann möglich, wenn nachgewiesen wird, daß sie gesetzlich und rechtmäßig miteinander verheiratet sind. Die Trauung – und zugleich Siegelung – lebender Menschen wird im Tempel nur dann vollzogen, wenn der amtierende Priestertumsträger die gesetzliche Befugnis dazu hat. Die Siegelung als heilige Handlung erstreckt sich aber auch noch auf andere Gebiete, wie wir später sehen werden.

Daß die Ehesiegelung wirklich eine feststehende Tatsache ist, geht aus den Worten des Heilands hervor. Es kamen einmal ein paar Sadduzäer zu ihm[28], und wie wir wissen, leugnete diese Adelspartei die Möglichkeit einer Auferstehung von den Toten. Sie wollten ihn mit einer schwierigen Frage in eine Falle locken und brachten ihr Anliegen folgendermaßen vor:

„Meister, Mose hat gesagt: Wenn ein Mann stirbt, ohne Kinder zu haben, dann soll sein Bruder dessen Frau heiraten und seinem Bruder Nachkommen verschaffen.

Bei uns lebten einmal sieben Brüder. Der erste heiratete und starb, und weil er keine Nachkommen hatte, hinterließ er seine Frau seinem Bruder,

ebenso der zweite und der dritte und so weiter bis zum siebten.

Als letzte von allen starb die Frau.

Wessen Frau wird sie nun bei der Auferstehung sein? Alle sieben haben sie doch zur Frau gehabt."

Nun beachte man aber, wie es weitergeht:

„Jesus antwortete ihnen: Ihr irrt euch; ihr kennt weder die Schrift noch die Macht Gottes.

Denn nach der Auferstehung werden die Menchen nicht mehr heiraten, sondern sein wie die Engel im Himmel[29]."

Es ist klar, daß es nach der Auferstehung zwischen den Brüdern keinen Streit darüber geben kann, wessen Frau sie nun

---
[28]Siehe Mt 22:23-33; Mk 12:18-27; Lk 20:27-40.
[29]Mt 22:33, 34.

sei – denn nach dem Tod gibt es kein Heiraten. Alles, was mit der Ehe zwischen zwei Menschen zu tun hat, muß vor diesem Zeitpunkt erledigt worden sein. Die besagte Frau kann in der ewigen Welt nur die Frau eines einzigen sein, nämlich desjenigen, dem sie durch die Vollmacht des heiligen Priestertums auf Erden als Gefährtin für Zeit und Ewigkeit gegeben worden ist. Kurz, sie würde die Frau des Mannes sein, mit dem sie unter dem Siegel göttlicher Autorität den Bund für die Ewigkeit eingegangen war, und kein Vertrag oder Übereinkommen des zeitlichen Bereichs kann nach der Auferstehung Gültigkeit besitzen.

Diese Auslegung durch Jesus war wohl überzeugend: die Menschenmenge war voll Staunen, und die Sadduzäer waren zum Schweigen gebracht; außerdem bemerkten einige Schriftgelehrte: „Meister, du hast gut geantwortet[30]." Der Herr fügte aber noch eine Frage hinzu, mit der er eine Belehrung von höchster Wichtigkeit verband:

„Habt ihr im übrigen nicht gelesen, was Gott euch über die Auferstehung der Toten mit den Worten gesagt hat:
Ich bin der Gott Abrahams, der Gott Isaaks und der Gott Jakobs? Er ist doch nicht der Gott der Toten, sondern der Gott der Lebenden[31]."

Andere siegelnde Handlungen

Wenn die Kinder zwar nicht in celestialer Ehe, aber doch nach dem Gesetz ehelich geboren sind, so sind sie die rechtmäßigen Erben ihrer Eltern in allen irdischen Angelegenheiten. Sie entstammen einer irdischen Verbindung, die nach menschlichen Gesetzen in jeder Weise sittlich, recht und gut ist. Daß diese Kinder im Jenseits ihren Eltern angehören werden, ist ebenso unsicher wie die Wahrscheinlichkeit, daß die Eltern zueinander gehören werden. Sie sind ja nur zeitlich – und damit zeitweilig – verheiratet, und die Kinder gehören nur für die Dauer dieser Verbindung zu ihnen. So, wie Mann und Frau nach einer nur zivilgesetzlichen Trauung durch die Vollmacht des heiligen Priestertums gesiegelt werden müssen, wenn ihr Bund in der Ewigkeit gültig bleiben soll, so müssen auch die Kinder, die aus einer standesamtlichen Ehe hervorgegangen sind, an ihre Eltern ge-

---

[30]Lk 20:39.
[31]Mt 22:31, 32.

siegelt werden, nachdem der Vater und die Mutter auf celestiale Weise miteinander verbunden worden sind.

Die Kirche lehrt, daß alle Familienbindungen auf Erden auch in der Ewigkeit weiterbestehen, sofern sie mit der Vollmacht des Priestertums gesiegelt worden sind; sie verkündet ferner, daß keine sonstige Beziehung nach dem Tod bindend sein wird. Kinder, die nicht einer celestialen Ehe entstammen, werden an ihre Eltern gesiegelt – also von diesen adoptiert –, so daß sie dann einer Familie angehören, die ewig bestehen bleibt. Auf gleiche Weise werden der verstorbene Mann und die verstorbene Frau gesiegelt, und ihre Kinder werden an sie gesiegelt.

Man ersieht daraus, daß die stellvertretende Arbeit der Lebenden für die Toten, wie sie heutigentags im Tempel vollzogen wird, mehr ist als die Taufe und die Konfirmation. Das Werk ist erst dann auf Erden vollständig, wenn die Betreffenden – in Gestalt lebender Vertreter – getauft, konfirmiert, mit dem Endowment ausgestattet und gesiegelt sind: sowohl die Frau an ihren Mann nach Art der zuvor eingegangenen Beziehung wie auch die Kinder an ihre Eltern.

5. KAPITEL

Neuzeitliche Tempel – die Tempel in Kirtland und Nauvoo

Was die allgemeine Gestaltung und auch die Einzelheiten des Plans und der Konstruktion früherer Heiligtümer betrifft, so ist viel davon durch die heilige Schrift überliefert worden. Allein aus dem Bericht der Bibel wäre es möglich, das Offenbarungszelt und den späteren Salomonischen Tempel zu rekonstruieren. Hätten wir aber neben der Bibel keine zusätzlichen Quellen, so wüßten wir nur sehr wenig über das, was für den Vollzug heiliger Handlungen im Tempel erforderlich war.

In dem Bauplan und dem eigentlichen Gebäude ist bei den Heiligtümern verschiedener Evangeliumszeiten kaum eine Ähnlichkeit zu entdecken, von einer Übereinstimmung ganz zu schweigen. Im Gegenteil, wir können behaupten, daß für jeden Zeitraum der Priestertumsverwaltung, das heißt also für jede Ausschüttung göttlicher Vollmacht, eine direkte Offenbarung der Tempelpläne notwendig ist. Freilich haben die Tempel zu allen Zeiten den gleichen allgemeinen Zweck; aber die speziellen Eigenheiten dieser Gebäude hängen davon ab, was für die betreffende Evangeliumszeit erforderlich ist.

Im Umgang Gottes mit den Menschen läßt sich durch die Jahrhunderte eine ganz bestimmte Folge der Entwicklung feststellen. Diese einheitliche Ordnung und Absicht ist ja der beste Beweis für die ewige Unveränderlichkeit des höchsten Wesens. Das Heute ist nicht nur eine Wiederholung des Gestern; im Gegenteil, jeder Tag ist die Summe aller vorangegangenen Zeiträume, so daß in jedem Zeitalter der göttliche Plan weiter fortschreitet und das großartige Ende im Drama der menschlichen Erlösung ein Stück näherrückt.

Seit den Tagen der alten „Wohnstätte" und bis zur Mitte der Zeiten war als vorgeschriebene Zeremonie der Versöhnung und Anbetung das Tieropfer erforderlich. Darin erblicken wir das Urbild des Opfertodes, der als Krönung der Erdenmission des Menschensohnes vorhergesagt war. Die Tempel der Hebräer, die unter dem Mosaischen Gesetz lebten, dienten darum dem Zweck, Tiere zu schlachten, die Kadaver rituell zu zerteilen und das Blut weisungsgemäß zu verwenden; sie dienten der vorgeschriebenen Darbringung von Opfergaben und den zahlreichen anderen zeremoniellen Einzelheiten, die mit der Gottesanbetung nach Mosaischem Gesetz einhergingen.

Die Heiligen der Letzten Tage stimmen mit anderen christlichen Gemeinschaften darin überein, daß sie vorbehaltlos anerkennen, der Sühnetod Christi habe den mosaischen Opfergebräuchen samt ihrem zeremoniellen Blutvergießen ein Ende gesetzt – die sinnbildliche Darstellung habe durch das wirkliche Geschehen ihre Vollendung erfahren. Im Tempel der Neuzeit findet sich kein Opferaltar, kein Schlachthof, keine Schlachtbank, gerötet von Tierblut, kein Scheiterhaufen, worauf die Kadaver verbrannt werden, kein Räucherwerk, womit der Geruch brennenden Fleisches überdeckt werden soll.

Aber selbst bei den Tempeln der gegenwärtigen Evangeliumszeit findet sich ein stufenweiser Unterschied in der Konstruktion. Der erste Tempel der Neuzeit war in gewissem Maß unvollständig, wenn man ihn mit den späteren heiligen Häusern vergleicht. Ohne Zweifel war dem Herrn bekannt – wenn auch der Menschheit verborgen –, daß der Tempel in Kirtland nur für den Beginn der Wiedereinführung jener heiligen Handlungen dienen sollte, für die ein Tempel notwendig ist. Das alte Offenbarungszelt war ja auch nur ein geringes Vorbild dessen, was folgen sollte, und diente einer nur zeitweiligen Verwendung unter besonderen Bedingungen. Ebenso waren die ersten Tempel in dieser Evangeliumszeit der Erfüllung, vor allem der Tempel in Kirtland und der in Nauvoo, nur vorübergehend ein Haus des Herrn, nur für kurze Zeit ein Heiligtum.

Kaum war die Kirche Jesu Christi der Heiligen der Letzten Tage gegründet, als der Herr auch schon darauf hinwies, wie notwendig ein Tempel sei, worin er den Menschen seine Absichten und seinen Willen offenbaren und worin man die heiligenden Handlungen des Evangeliums vollziehen könne. Schon im Dezember 1830 erging eine Offenbarung, und der Herr sagte: „Ich bin Jesus Christus, der Sohn Gottes; darum gürtet euch die Lenden, dann werde ich plötzlich zu meinem Tempel kommen[1]." Im Februar 1831 offenbarte der Herr seine Absichten noch deutlicher, „damit mein Bundesvolk in eins zusammengeführt sei an dem Tag, da ich zu meinem Tempel kommen werde. Und dies tue ich zur Errettung meines Volkes[2]." Bald darauf folgten weitere praktische Anweisungen über den Erwerb eines Grundstücks und den Bau eines Tempels.

Der Tempelgrund in Independence, Missouri

Vorübergehend war der Hauptsitz der Kirche in Kirtland im Staat Ohio; dessenungeachtet hatte der Prophet schon früh durch Offenbarung erfahren, daß Zion weit im Westen errichtet werden solle. Im Juni 1831 hielt man in Kirtland eine Konferenz der Ältesten ab, und dabei wurde eine Offenbarung[3] empfangen; darin wurden einige Älteste angewiesen, sich zu zweit auf den Weg nach Westen zu machen und unterwegs zu predigen. Im darauffolgenden Monat sammelten sich diese Ältesten an einem vorbestimmten Ort im Westen von Missouri, drückten ihre Freude über den Dienst aus und waren eifrig darauf bedacht zu erfahren, was der Herr noch weiter vorhätte. Was sie gesungen und gebetet hatten, sprach der Prophet mit folgenden Worten aus: „Wann wird die Steppe blühen wie die Lilien? Wann wird Zion in seinem Glanz aufgebaut werden und wo wird dein Tempel stehen, zu dem alle Völker in den Letzten Tagen eilen werden[4]?" Auf diese Gebete antwortete der Herr durch den Mund seines Propheten, bezeichnete den westlichen Teil Missouris als das Land Zion und den Grund, worauf die Stadt Independence stand, als das „Zentrum"; er gab eine bestimmte Stelle an, wo ein Tempel errichtet werden solle[5].

Am 3. August 1831 versammelten sich der Prophet Joseph Smith und sieben andere Älteste der Kirche auf dem Grundstück

---
[1] LuB 36:8; vergl. Mal 3:1.
[2] LuB 42:36.
[3] Siehe LuB Abschnitt 52; siehe auch Abschnitt 54.
[4] „History of the Church of Jesus Christ of Latter-day Saints", Bd. 1, S. 189.
[5] Siehe LuB 57:1-4.

und weihten es für seine heilige Bestimmung. Die Gruppe war freilich nur klein, aber der Anlaß war höchst feierlich und sehr eindrucksvoll. Der Prophet selbst sprach das Weihegebet[6]. Dieser vorgesehene Tempel muß erst noch gebaut werden. Obwohl die Heiligen der Letzten Tage das Tempelgrundstück rechtmäßig durch Kauf erworben hatten, wurden sie später mit Gewalt gezwungen, ihr Eigentum aufzugeben.

Der Tempel in Kirtland

Der Tempelbau in Missouri wurde vom Propheten und den anderen, die ihm bei der Weihung des Grundstücks beigestanden hatten, als eine Sache der Zukunft, vielleicht sogar einer fernen Zukunft, angesehen. Der Hauptsitz der Kirche war damals in Ohio, wo sich auch die meiste Aktivität abspielte, und in Kirtland versammelten sich vorübergehend die Heiligen. Und so wurde auch in Kirtland der erste Tempel der Neuzeit errichtet.

In einer Offenbarung am 27. Dezember 1832 gebot der Herr den Bau eines heiligen Hauses[7]. Das Volk hatte wahrscheinlich die Augen allzu starr auf das „Zentrum" gerichtet und gab sich lieber der Betrachtung einer herrlichen Zukunft hin, als sich um die Pflichten des Tages zu kümmern, und so machte man sich nur zögernd an den Bau eines Tempels, der doch sofort hätte errichtet werden sollen. Der Herr rügte die Langsamkeit und Nachlässigkeit, verkündete abermals seinen Willen, daß seinem Namen ein Haus zu bauen sei, und verhieß Erfolg, wenn man sich treulich bemühen wollte[8].

Die Heiligen wurden, was den Bau eines Tempels für den sofortigen Gebrauch anbelangte, zu großer Emsigkeit angetrieben. Ein Baukomitee wurde ins Leben gerufen, und man erließ einen Aufruf an alle Zweige der Kirche[9]. Am 2. August 1833 ließ sich die Stimme des Herrn abermals hören: wieder wegen der Errichtung eines Tempels. Zwar bezieht sich diese Forderung anscheinend auf den zukünftigen Tempel im Kreis Jackson in

---

[6] Siehe „History of the Church of Jesus Christ of Latter-day Saints", Bd. 1, S. 199; ferner „Life of Joseph Smith" von George Q. Cannon, S. 119; siehe auch „History of Utah" von Orson F. Whitney, Bd. 1, S. 91.
[7] LuB 88:119, 120.
[8] Siehe LuB Abschnitt 95.
[9] Siehe „History of the Church of Jesus Christ of Latter-day Saints", Bd. 1, S. 349-350.

Missouri; aber doch hatte die Offenbarung eine unmittelbare Wirkung, indem sie zu größerer Anstrengung beim Bau des Tempels in Kirtland anspornte[10].

Der Tempel in Kirtland wurde dann plangemäß errichtet, obwohl die Arbeit durch eine ununterbrochene Kette größter Opfer von seiten des wahrlich nicht mit viel Gütern gesegneten Volkes gekennzeichnet war. Wir haben die Beschreibung von jemandem, der dabei war, der geholfen und gelitten hat, der aus eigenem Erleben und deutlicher Erinnerung spricht. Eliza R. Snow, eine begabte Dichterin und Geschichtsschreiberin aus den Reihen der Heiligen der Letzten Tage, überliefert uns folgende Darstellung:

„Er (der Tempel) wurde im Juni 1833 auf unmittelbare Weisung des Allmächtigen durch seinen Diener Joseph Smith begonnen; diesen hatte er als Knaben wie einstens Samuel berufen, um die Fülle des ewigen Evangeliums auf die Erde zu bringen.

Damals waren die Heiligen noch nicht zahlreich; die meisten von ihnen waren sehr arm. Hätten sie nicht die Gewißheit gehabt, Gott habe gesprochen und befohlen, seinem Namen ein Haus zu bauen, wovon er nicht nur das Aussehen kundgetan, sondern auch die Abmessungen angegeben hatte, so wäre jeder Versuch eines Tempelbaus unter den damaligen Umständen von allen Betroffenen als unsinnig abgetan worden...

Die Hauptmaße sind 80 Fuß zu 59 Fuß; die Außenmauern sind 50, der Turm ist 110 Fuß hoch. Die zwei Hauptsäle messen innen 55 mal 65 Fuß. Das Gebäude hat vier Versammlungsräume im vorderen Teil und fünf Zimmer im Dachgeschoß, die für Lesungen und Versammlungen der verschiedenen Priestertumskollegien gedient haben.

Der Innenraum war auf eine besondere Weise angelegt, so daß er außerordentlich eindrucksvoll war. Alle, die dort eintraten, verspürten ein Gefühl heiliger Ehrfurcht. Nicht nur die Heiligen, auch Fremde zeigten ein hohes Maß an Andacht. In der Mitte des Gebäudes standen in nordsüdlicher Richtung, sowohl am westlichen als auch am östlichen Ende, je vier Rednerpulte... Vor diesen beiden Pultreihen befand sich je ein Abendmahlstisch, wo diese heilige Handlung vollzogen wurde. In jeder Ecke des Innenraums gab es ein erhöhtes Gestühl für die Sänger – der Chor war in vier Teile gegliedert. Neben den Vorhängen an den Pulten gab es noch andere, die die ebenerdige Haupthalle rechtwinklig in vier gleiche Teile trennten, so daß für jedes Viertel jeweils die Hälfte einer Pultreihe zur Verfügung stand.

---

[10]LuB 97:10-17.

Von dem Tag, an dem zur Grundsteinlegung der erste Spatenstich vollzogen wurde, bis zur Einweihung am 27. März 1836 wurde die Arbeit kraftvoll vorangetrieben.

Außer Verstand, Kraft und Ausdauer waren nur wenig Mittel vorhanden; aber ein unerschütterliches Vertrauen auf Gott ließ die Männer, Frauen und sogar Kinder mit aller Macht ans Werk gehen. Während die Brüder in ihrem Handwerk tätig waren, ließen es sich die Schwestern angelegen sein, bedürftige Arbeiter unterzubringen und zu kleiden. Jeder lebte so sparsam wie möglich, damit jeder Cent dem großen Unternehmen zugute käme. Energie schöpfte man aus der Vorfreude darauf, an den Segnungen eines Hauses teilzuhaben, das nach Weisung des Allerhöchsten gebaut und von ihm angenommen wurde[11]."

Der Grundstein war am 23. Juli 1833 gelegt worden – zu einem Zeitpunkt, wo sich in den westlichen Gebieten der Kirche die Opposition und die Verfolgung auf dem Höhepunkt befanden; ja, genau an dem Tag, an dem das gesetzlose Gesindel den Heiligen in Missouri den Vertreibungsbeschluß zur Kenntnis brachte[12]. Dennoch schritt die Arbeit am Tempel in Kirtland ununterbrochen fort; freilich ging es den eifrigen Heiligen jetzt nicht schnell genug. Am 7. März 1835 hielt man in Kirtland eine feierliche Versammlung ab, „zu dem Zweck einberufen, im Namen des Herrn alle diejenigen zu segnen, die durch ihre Arbeit oder andere Mittel bisher mitgeholfen haben, das Haus des Herrn hier zu errichten". Die Namen der Freiwilligen, die von ihrer Zeit, ihrer Kraft und ihren Mitteln gespendet hatten, sind in den Berichten aufgezeichnet[13]. Schon lange vor der Fertigstellung des Tempels wurden einzelne Teile des Gebäudes für Ratssitzungen und andere Zusammenkünfte des Priestertums benutzt. Im Januar 1836 wurde eine Hausordnung „für das Haus des Herrn in Kirtland" angenommen[14]. Am 21. des genannten Monats hielt man eine Versammlung des Priestertums in dem noch unvollendeten Tempel ab. Bei dieser Gelegenheit kamen der Präsidierende Patriarch und die drei Hohen Priester, welche die Erste Präsidentschaft der Kirche bildeten, in einem Raum zusammen und vertieften sich in ein ernstes Gebet. Die drei Brüder der Ersten Präsidentschaft salbten und segneten der Reihe nach den Pa-

---

[11] Siehe „Life of Joseph, the Prophet" von Edward W. Tullidge, S. 187-189.
[12] Siehe „History of the Church of Jesus Christ of Latter-day Saints", Bd. 1, S. 400.
[13] „History of the Church of Jesus Christ of Latter-day Saints", Bd. 2, S. 205-206.
[14] „History of the Church of Jesus Christ of Latter-day Saints", Bd. 2, S. 368-369.

triarchen, nämlich Joseph Smith sen., und dann salbte und segnete er sie kraft seines Amtes. Über die darauffolgenden herrlichen Kundgebungen schreibt der Prophet:

„Die Himmel taten sich uns auf, und ich schaute das celestiale Reich Gottes und dessen Herrlichkeit – ob im Leibe oder außer dem Leibe, das kann ich nicht sagen. Ich sah die überirdische Schönheit des Tores, durch das die Erben dieses Reiches eintreten werden und das wie kreisende Feuerflammen war, und auch den strahlenden Thron Gottes, auf dem der Vater und der Sohn saßen. Ich sah die schönen Straßen dieses Reiches, die aussahen, als seien sie mit Gold gepflastert. . . Ich sah die zwölf Apostel des Lammes, die nun auf Erden sind und die Schlüsselgewalt dieser letzten Ausschüttung innehaben, in fremden Landen in einem Kreis beisammenstehen – müde, mit zerrissenem Gewand und geschwollenen Füßen, die Augen niedergeschlagen – und Jesus in ihrer Mitte, und sie sahen ihn nicht. Der Erretter sah sie an und weinte. . .

Viele meiner Brüder, an denen zugleich mit mir die Handlung vollzogen wurde, sahen ebenfalls herrliche Visionen. Engel dienten ihnen und mir, und die Macht des Allerhöchsten ruhte auf uns. Das Haus war von der Herrlichkeit Gottes erfüllt, und wir riefen ‚Hosanna Gott und dem Lamm'. Auch mein Schreiber empfing seine Salbung und sah in einer Vision die himmlischen Heerscharen, wie sie die Heiligen auf ihrer Rückkehr nach Zion behüteten und beschützten. Vieles von dem, was ich sah, wurde auch von ihm gesehen. Bei uns waren der Bischof von Kirtland mit seinen Ratgebern und der Bischof von Zion mit seinen Ratgebern, und sie empfingen ihre Salbung von Vater Smith, und die Salbung wurde von der Präsidentschaft bestätigt; danach tat sich auch ihnen die Herrlichkeit des Himmels auf.

Dann luden wir die Hohen Räte von Kirtland und Zion in unser Zimmer. . .

Auch sie empfingen himmlische Visionen. Einige sahen das Antlitz des Erlösers; Engel dienten anderen, und der Geist der Prophezeiung und Offenbarung wurde machtvoll ausgegossen. Lautes Hosanna und ‚Ehre sei Gott in der Höhe' grüßte den Himmel; denn wir standen alle mit den himmlischen Scharen in Verbindung[15]."

Die Weihung des Tempels in Kirtland geschah am Sonntag, dem 27. März 1836. Auf 8 Uhr morgens hatte man das Öffnen der Türen festgesetzt; das Interesse war aber so groß und die Erwartung so stark, daß sich schon lange vor der Zeit Hunderte an den Eingängen eingefunden hatten. Zwischen 900 und 1000 Menschen waren beim Gottesdienst anwesend. Bei der feierlichen

---

[15] „History of the Church of Jesus Christ of Latter-day Saints", Bd. 2, S. 380-382.

Versammlung nahm jede organisierte Körperschaft mit ihren präsidierenden Beamten den zustehenden Platz ein. Auf Gesang, Schriftlesung und Gebet um göttlichen Beistand folgten kurze Ansprachen; danach wurden die damaligen Autoritäten der Kirche den Anwesenden zur Bestätigung oder Ablehnung vorgelegt, und in jedem einzelnen Fall gab es eine einstimmige Annahme. Zu den auf diese Weise bestätigten Priestertumsautoritäten gehörten alle präsidierenden Beamten von der Ersten Präsidentschaft herab bis zur Präsidentschaft der Diakone. Dann sprach Joseph Smith das Weihegebet, das ihm nach seiner Aussage durch Offenbarung zugekommen war[16].

Die Frage, ob das Haus des Herrn damit nun ordnungsgemäß geweiht wäre, wurde zuerst den Priestertumskollegien einzeln und dann der ganzen Versammlung vorgelegt; sie wurde einstimmig bejaht. Darauf wurde das Abendmahl des Herrn gespendet, und viele anwesende Älteste legten feierlich Zeugnis ab, daß das wiederhergestellte Evangelium von Gott sei. Im Tagebuch des Propheten heißt es weiter:

„Präsident Frederick G. Williams stand auf und bezeugte, daß während des ersten, von Präsident Rigdon gesprochenen Gebets ein Engel durch das Fenster hereingekommen war und sich zwischen Vater Smith und ihn gesetzt habe; er sei während des Gebets dort geblieben. Präsident David Whitmer sah auch Engel im Haus. Präsident Hyrum Smith sprach Worte des Danks und der Anerkennung für alle aus, die soviel Arbeit und Entbehrung auf sich genommen hatten, um das Haus zu errichten. Präsident Rigdon sprach dann die Schlußworte und ein kurzes Gebet, worauf wir die Ereignisse dieses Tages beschlossen, indem wir dreimal ‚Hosanna, hosanna, hosanna Gott und dem Lamm' riefen und dies jedesmal mit ‚Amen, amen und amen' bekräftigten[17]."

Am Abend des Weihetages hielt man noch eine Versammlung ab. Daran nahmen aber nur Beamte der Kirche teil. In dem Bericht aus Joseph Smiths Feder heißt es:

„Ich traf mich abends mit den Kollegien und unterwies sie über die Verordnung der Fußwaschung; sie sollten nächsten Mittwoch an dieser heiligen Handlung teilnehmen. Ich unterwies sie auch über den Geist der Prophezeiung ...

---

[16] Siehe LuB Abschnitt 109, wo das Gebet im vollen Wortlaut wiedergegeben ist.
[17] „History of the Church of Jesus Christ of Latter-day Saints", Bd. 2, S. 427-428.

Bruder George A. Smith stand auf und begann zu prophezeien, als sich ein Geräusch hören ließ wie von einem starken Wind, das den ganzen Tempel erfüllte. Alle Versammelten standen gleichzeitig auf, denn eine unsichtbare Macht wirkte in ihnen. Viele begannen in Zungen zu reden und zu prophezeien; andere hatten herrliche Visionen, und ich sah den Tempel voll von Engeln und teilte dies der Versammlung mit. Die Leute aus der Nachbarschaft liefen zusammen (sie hörten von drinnen einen ungewöhnlichen Lärm herauskommen und erblickten auf dem Tempel ein helles Licht wie eine Feuersäule) und wunderten sich über diese Geschehnisse. Es hörte nicht auf, bis die Versammlung um 11 Uhr nachts geschlossen wurde[18]."

Am Donnerstag nach jenem ereignisreichen Sabbat trat im Tempel eine feierliche Versammlung zusammen, woran wiederum die Generalautoritäten der Kirche teilnahmen und dazu noch diejenigen Mitglieder, die am ersten Tag keinen Einlaß gefunden hatten. Der Gottesdienst war im wesentlichen eine Wiederholung des Verlaufs wie beim ersten Mal; das Weihegebet wurde vorgelesen, man spielte geeignete Musik, und Ansprachen wurden gehalten.

Das Gebäude war wirklich ein Tempel, ein heiliges Gebäude, angenommen von ihm, dessen Namen es erbaut war. Daß es sich wahrhaftig um ein Haus des Herrn handelte, war durch den Besuch himmlischer Wesen bestätigt worden, auch durch die göttlichen Kundgebungen am Abend des Weihetages, die über alle Erwartungen hinausgingen. Am nächsten Sabbat, am 3. April 1836, kam es abermals zu Besuchen himmlischer Boten und zu Kundgebungen, diesmal aber von noch größerer Bedeutung. Im Gottesdienst am Nachmittag wurde das Abendmahl gereicht, danach zogen sich der Prophet und sein Ratgeber Oliver Cowdery auf die Tribüne zurück, die für die präsidierenden Beamten des Melchisedekischen Priestertums reserviert war. Dort waren sie ganz abgeschlossen, denn man hatte die Vorhänge heruntergelassen. Die beiden bezeugten feierlich, daß sich ihnen damals der Herr Jesus Christus offenbarte. Danach traten andere Boten vom Himmel mit ihnen in Verbindung und überantworteten ihnen einer nach dem anderen die Vollmacht, womit ein jeder ausgestattet war. Das Zeugnis Joseph Smiths und Oliver Cowderys lautet:

---

[18] „History of the Church of Jesus Christ of Latter-day Saints", Bd. 2, S. 248.

„Von unserem Sinn wurde der Schleier weggenommen, und die Augen unseres Verständnisses öffneten sich.

Wir sahen den Herrn auf der Brustwehr der Kanzel vor uns stehen, und die Fläche unter seinen Füßen war mit lauterem Gold ausgelegt, in der Farbe wie Bernstein.

Seine Augen waren wie eine Feuerflamme, sein Haupthaar war weiß wie reiner Schnee, sein Antlitz leuchtete heller als der Glanz der Sonne, und seine Stimme tönte wie das Rauschen großer Gewässer, ja, die Stimme Jehovas, die sprach:

Ich bin der Erste und der Letzte; ich bin der, der lebt, ich bin der, der getötet worden ist; ich bin euer Fürsprecher beim Vater.

Siehe, eure Sünden sind euch vergeben; ihr seid rein vor mir, darum hebt das Haupt empor und freut euch.

Laßt eure Brüder sich von Herzen freuen, und laßt all mein Volk sich von Herzen freuen, das mit seiner ganzen Kraft meinem Namen dieses Haus gebaut hat.

Denn siehe, ich habe dieses Haus angenommen, und mein Name wird hier sein, und ich werde mich meinem Volk mit Barmherzigkeit in diesem Haus kundtun.

Ja, ich werde meinen Knechten erscheinen und mit eigener Stimme zu ihnen sprechen, wenn mein Volk meine Gebote hält und dieses heilige Haus nicht verunreinigt.

Ja, Tausende und Zehntausende werden sich von Herzen freuen, und zwar infolge der Segnungen, die ausgegossen werden sollen, und wegen des Endowments, mit dem meine Knechte in diesem Haus ausgerüstet worden sind.

Und der Ruhm dieses Hauses wird sich in fremden Ländern ausbreiten, und das ist der Anfang der Segnung, die meinem Volk über das Haupt ausgegossen werden wird. Ja. Amen.

Nachdem diese Vision zu Ende war, taten sich uns die Himmel abermals auf; Mose erschien vor uns und übertrug uns die Schlüssel zur Sammlung Israels aus den vier Teilen der Erde und zur Rückführung der Zehn Stämme aus dem Land des Nordens.

Danach erschien Elias und übertrug uns die Evangeliumsausschüttung Abrahams, indem er sagte, in uns und unseren Nachkommen würden alle Generationen nach uns gesegnet werden.

Nachdem diese Vision zu Ende war, wurde uns plötzlich eine weitere große und herrliche Vision eröffnet, denn der Prophet Elija, der in den Himmel aufgenommen wurde, ohne den Tod zu schmecken, stand vor uns und sprach:

Siehe, die Zeit ist völlig da, von der Maleachi gesprochen hat – indem er bezeugte, daß er (Elija) gesandt werden würde, ehe der große und schreckliche Tag des Herrn käme,

um das Herz der Väter den Kindern und die Kinder den Vätern zuzuwenden, damit nicht die ganze Erde mit einem Fluch geschlagen werde –
darum sind die Schlüssel dieser Ausschüttung euch in die Hand übertragen, und dadurch könnt ihr wissen, daß der große und schreckliche Tag des Herrn nahe ist, ja, vor der Tür steht[19]."

Mit der Errichtung des Tempels in Kirtland schien auch die Feindseligkeit zu wachsen, der sich die Kirche seit ihrer Gründung ausgesetzt gesehen hatte. Die Verfolgungen wurden bald so heftig, daß alle Heiligen, die ihren Besitz veräußern konnten, dies taten und sich ihren Glaubensbrüdern in Missouri anschlossen. Innerhalb von zwei Jahren nach der Weihe war es zu einem allgemeinen Auszug der Heiligen gekommen, und der Tempel fiel bald danach in die Hände der Verfolger. Das Gebäude steht heute noch und dient als gewöhnliches Versammlungshaus für eine kleine Gemeinschaft, die offensichtlich keine Tempel baut und auch nicht an die heiligen Handlungen glaubt, um derentwillen Tempel errichtet werden. Das Volk, durch dessen Opfer und Entbehrungen das Haus errichtet worden ist, erhebt keinen Anspruch mehr darauf. Was einst ein Tempel Gottes war, worin der Herr Jesus selbst erschienen ist, das ist heute zu einem gewöhnlichen Haus geworden: ein Bauwerk, das sich nur durch seine wundersame Vergangenheit von den zahllosen von Menschenhand errichteten Bauten unterscheidet.

Der Tempelgrund in Far West, Missouri

Von Ohio aus wanderten die Mitglieder der Kirche weiter nach Westen. Man richtete Sammelplätze in Missouri ein, hauptsächlich in den Landkreisen Jackson, Clay und Caldwell. Man verlor keine Zeit damit, nutzlos über die erzwungene Aufgabe des Tempels in Kirtland zu trauern. Schon damals, nur sieben Jahre nach Gründung der Kirche, hatten die Mitglieder Verfolgung als unausweichliche Begleiterscheinung ihrer Religion ansehen gelernt; beraubt und ausgeplündert zu werden war ihr Los. Entschlossen begaben sie sich an die Arbeit und trafen Vorbereitungen für einen neuen Tempel; bei Far West im Kreis Caldwell suchte man ein geeignetes Grundstück aus. Am 5. Februar 1837 „versammelten sich die Präsidentschaft, der Hoherat und alle Autoritäten der Kirche in Missouri zu einer Beratung in Far West und faßten den einstimmigen Beschluß, weiter-

---

[19]LuB Abschnitt 110. Siehe auch „History of the Church of Jesus Christ of Latter-day Saints", Bd. 2, S. 434-436.

zumachen und nach Maßgabe der Mittel dem Namen des Herrn in Far West ein Haus zu erbauen[20]." Am 26. April 1838 kam durch eine Offenbarung Anweisung für die Zeit und die Art des Baubeginns:

„Die Stadt Far West soll mir ein heiliges, geweihtes Land sein; und sie soll höchst heilig genannt werden, denn der Boden, darauf du stehst, ist heilig.

Darum gebiete ich euch, mir ein Haus zu bauen, zur Sammlung meiner Heiligen, auf daß sie mich anbeten können.

Und es soll in diesem kommenden Sommer einen Anfang geben, die Grundlegung und die vorbereitenden Arbeiten,

und der Anfang soll am vierten Tag des nächsten Juli gemacht werden; und von dem Tag an soll mein Volk eifrig arbeiten, um meinem Namen ein Haus zu bauen;

und von dem Tag an in einem Jahr sollen sie abermals beginnen und das Fundament meines Hauses errichten[21]."

Am 4. Juli 1838 wurden die Ecksteine gelegt; aus diesem Anlaß hielt man eine Militärparade und eine feierliche Prozession ab[22]. Aus der Offenbarung vom 26. April 1838 läßt sich klar erkennen, daß selbst der Bau des Fundaments des zukünftigen Tempels nicht ohne Störungen vor sich gehen konnte. Dem Gebot gemäß wurden am 4. Juli die Ecksteine gelegt, und am 8. desselben Monats ist das Grundstück abermals erwähnt, und zwar im Zusammenhang mit einer Bedingung für die zukünftige Arbeit der Apostel. „Sie sollen sich am sechsundzwanzigsten Tag des nächsten Monats April von meinen Heiligen in der Stadt Far West verabschieden, und zwar auf dem Bauplatz meines Hauses, spricht der Herr[23]." Die folgenden Monate waren von Verfolgung und Gewalttaten gekennzeichnet; die Gegner verkündeten voll Feindseligkeit, daß dieser Auftrag nie erfüllt werden würde. Die Geschichte zeigt jedoch, daß die Apostel und einige sonstige Beamte der Kirche sowie eine Anzahl Mitglieder sich am 26. April 1839 früh morgens versammelten, ihre Lieder sangen, Ermahnungen aussprachen und anfingen, den Grundstein zu legen. Bei der Gelegenheit wurden auch zwei leere Plätze im Rat der Zwölf besetzt: Wilford Woodruff und George A. Smith wurden ordiniert, nachdem man über sie abgestimmt hatte. Darauf verabschiedeten sich die Apostel von den anderen und begaben sich auf

---

[20] „History of the Church of Jesus Christ of Latter-day Saints", Bd. 2, S. 505.
[21] LuB 115:7-11.
[22] Siehe „History of the Church of Jesus Christ of Latter-day Saints", Bd. 3, S. 41-42.
[23] LuB 118:5.

ihre Mission. Fast sofort nach diesen Ereignissen mußten die Heiligen ihre Wohnstätten in Missouri verlassen.

Die Heiligen der Letzten Tage sehen die lange Verzögerung im Bau der Tempel auf den geweihten Grundstücken in Missouri hauptsächlich als Ergebnis ihrer eigenen Mängel an, ihrer Nachlässigkeit und Unfolgsamkeit gegenüber dem Wort des Herrn; denn dadurch war es den Feinden möglich, den Bau zu verhindern. Im Jahre 1834 waren die Heiligen in Missouri grausamen Feindseligkeiten ausgesetzt. Damals wurde ihren Glaubensbrüdern im östlichen Gebiet der Kirche aufgetragen, ihnen zu Hilfe zu eilen und Männer auszusenden, die das Land rund um die ausgewählten Bauplätze kaufen sollten; auch wurde von ihnen gefordert, all ihre Habe der Erlösung Zions zu weihen. Diesem Verlangen entsprachen sie aber nur auf ungenügende Weise, und selbst im Zionslager – diesen Namen gaben sich die 150 bis 200 Männer, die sich weisungsgemäß von Ohio nach Missouri aufgemacht hatten – herrschte viel Unwillen, Murren und Mangel an Glauben. Am 22. Juni 1834 ließ der Herr durch den Propheten Joseph Smith sagen:

„Siehe, ich sage euch: Ohne die Übertretungen meines Volkes – und ich spreche da von der Kirche und nicht von einzelnen – könnte es schon jetzt erlöst sein[24]."

So waren also die Heiligen durch die eigenen Übertretungen an dem Werk gehindert, das von ihnen gefordert worden war. Die Ernte reichen Segens, die für diese besondere Arbeit verheißen war, ist noch nicht herangereift.

Der Tempel in Nauvoo

Nach der Austreibung aus Missouri wandten sich die Mormonen auf ihrer Flucht wieder nach Osten, setzten über den Mississippi und ließen sich in und bei Commerce nieder, einer unbedeutenden Ortschaft im Kreis Hancock im Staat Illinois. Wiederum bewiesen sie, wie wunderbar schnell sie sich erholen konnten, und gingen ohne Zaudern daran, sich neue Heimstätten und einen Tempel zu errichten. In der ersten Junihälfte 1839 waren schon Wohngebäude im Bau, und bald hatte sich das Dorf in eine Stadt verwandelt. Die Heiligen gaben ihr den Namen Nauvoo, und sie verstanden darunter soviel wie Schöne Stadt. Sie war nur wenige Meilen von Quincy entfernt und lag an einer Krümmung des mächtigen Mississippi, so daß die

---

[24] LuB 105:2; siehe auch 103:23 und vgl. 105:8, 9; man lese beide Abschnitte ganz.

Stadt an drei Seiten ans Wasser grenzte. Es war, als ob der Vater der Flüsse schützend seinen starken Arm um sie gelegt hätte[25].

Wie geplant, wurde das beste Grundstück im Stadtgebiet ausgesucht, gekauft und ordnungsgemäß als Tempelplatz geweiht. Die Ecksteine wurden am 6. April 1841 gelegt, an dem Tag, wo die Kirche in das zwölfte Jahr ihres mühseligen, aber doch erfolgreichen Bestehens eintrat. An den Feierlichkeiten hatte auch die Nauvoolegion hervorragenden Anteil – es war dies die vom Staat Illinois gesetzlich erlaubte Miliz –, ebenso zwei Freiwilligenkompanien aus dem Territorium Iowa[26]. Der Eckstein im Südosten wurde von der Ersten Präsidentschaft gelegt, und der Präsident sprach dabei den folgenden Segen:

„Dieser Haupteckstein, der die Erste Präsidentschaft versinnbildlicht, wird nun zur Ehre des großen Gottes gelegt; möge er an seinem Platz bleiben, bis der ganze Bau vollendet ist, und möge dies rasch zustande gebracht werden, damit die Heiligen hier Gott verehren können und damit der Menschensohn einen Ort habe, wo er sein Haupt hinlegen kann."

Sidney Rigdon von der Ersten Präsidentschaft ergriff hierauf das Wort und sagte:

„Mögen alle, die mit dem Bau dieses Hauses befaßt sind, während der Arbeit vor jeglichem Schaden bewahrt bleiben, bis das ganze Werk vollendet ist, im Namen des Vaters und des Sohnes und des Heiligen Geistes. So sei es, Amen[27]."

Nach einer Unterbrechung von einer Stunde versammelten sich alle wieder, und die restlichen Ecksteine wurden in der bestimmten Ordnung gelegt; zuerst der im Südwesten nach Weisung der Hohepriesterorganisation, und deren Präsident sprach dabei die folgenden Worte:

„Der zweite Eckstein des Tempels, der nun von der Kirche Jesu Christi der Heiligen der Letzten Tage zur Ehre des großen Gottes erbaut werden soll, wird jetzt gelegt. Möge dieselbe Einmütigkeit, die heute hier herrscht, auch weiter anhalten, bis das Ganze vollendet ist, auf daß hier Friede sei, bis der Schlußstein eingefügt wird und der Schlüssel sich im Schloß dreht, damit die Heiligen teilhaben an den

---

[25] Siehe „The Story of Mormonism" vom Verfasser, S. 35.
[26] Siehe Tagebuch Joseph Smiths, 6. April 1841; auch „History of the Church of Jesus Christ of Latter-day Saints", Bd. 4, S. 327-329.
[27] „History of the Church of Jesus Christ of Latter-day Saints", Bd. 4, S. 329.

Segnungen des Gottes Israels in den Mauern dieses Tempels und damit die Herrlichkeit Gottes auf ihm ruhe. Amen."

Der nordwestliche Eckstein wurde dann an seinen Bestimmungsort gebracht; dies geschah durch den Hohenrat, wobei Elias Higbee das Gebet sprach:

„Der dritte Eckstein wird nun gelegt; möge dieser Stein ein festes Fundament für das Gebäude sein, so daß alles dem Plan gemäß vollendet werden kann."

Darauf wurde der Stein an der Nordostecke von den Bischöfen gelegt, und Bischof Whitney erhob seine Stimme:

„Der vierte und letzte Eckstein, der das geringere Priestertum versinnbildlicht, wird nun gelegt; und mögen alle Segnungen, die zuvor verheißen sind und deren es hier bedarf, für immer darauf ruhen. Amen[28]."

Über die richtige Ordnung beim Tempelbau schrieb der Prophet Joseph Smith anläßlich der Ecksteinlegung in Nauvoo:

„Wenn beim Bau eines Tempels die Ordnung des Priestertums streng eingehalten wird, dann wird der erste Stein an der Südostecke gelegt, und zwar von der Ersten Präsidentschaft der Kirche. Der südwestliche Stein wird als nächstes verlegt, als dritter der an der Nordwestecke und zum Schluß der Stein an der nordöstlichen Ecke. Die Erste Präsidentschaft soll den Stein an der Südostecke legen und anordnen, wer die übrigen Ecksteine verlegen soll.

Wenn aber ein Tempel in der Ferne gebaut wird und die Erste Präsidentschaft nicht anwesend ist, dann ist es der Rat der Zwölf Apostel, der die Ordnung für den Tempel festsetzen soll. In Abwesenheit der zwölf Apostel legt die Pfahlpräsidentschaft den südöstlichen Eckstein; das Melchisedekische Priestertum legt die Ecksteine an der Ostseite des Tempels, das geringere Priestertum die an der Westseite[29]."

Der Tempel in Nauvoo wurde von den Kirchenmitgliedern gebaut, die durch den Zehnten und freiwillige Spenden von Geld und Arbeitsleistung zu dem Werk reichlich beitrugen. Die meiste Arbeit wurde von Männern verrichtet, die ihre Arbeitszeit als Zehnten gaben und auf diese Weise von je zehn Tagen mindestens einen am Bau des Tempels mitarbeiteten[30].

---

[28] Siehe „History of the Church of Jesus Christ of Latter-day Saints", Bd. 4, S. 330.
[29] „History of the Church of Jesus Christ of Latter-day Saints", Bd. 4, S. 331.
[30] Siehe „History of the Church of Jesus Christ of Latter-day Saints", Bd. 4, S. 517.

Die Arbeit ging nur langsam voran, aber es gab keine wesentlichen Unterbrechungen. Dies ist wohl eine überraschende Tatsache, wenn man die ungünstigen Verhältnisse in Betracht zieht. Die Heiligen hatten ja nur vorübergehend Ruhe vor den Feindseligkeiten, und mit dem Wachsen des Tempels steigerte sich auch der Widerstand[31].

Interesse und Energie waren durch eine Offenbarung entfacht worden, die den Tempel und seinen Zweck betraf. Darin gab der Herr seinen Willen kund und legte dar, welches die Bestimmungen des himmlischen Gesetzes über die Taufe für die Verstorbenen sind. Man wird sich erinnern, daß es dafür im Tempel in Kirtland noch keine Vorkehrungen gegeben hatte; denn als er gebaut wurde, gab es noch keine diesbezügliche Offenbarung in neuer Zeit. Am 19. Januar 1841 hatte der Herr durch den Propheten gesprochen und erklärt, daß ein heiliges Haus mit Baptisterium, hauptsächlich und speziell zum Nutzen der Verstorbenen, notwendig sei[32]. Die Heiligen waren so eifrig darauf bedacht, den stellvertretenden Dienst für ihre Verstorbenen zu vollziehen, daß die Mauern des Tempels noch kaum über den Erdboden hinausragten, als schon mit dem Bau eines Taufbeckens begonnen wurde. Am 8. November 1841 war das Taufbecken zur Weihe bereit, und der Prophet selbst nahm diese heilige Handlung zuerst vor. So kam es, daß lange vor der Fertigstellung des Tempels schon heilige Handlungen darin vollzogen wurden, wobei das Taufbecken von provisorischen Mauern umgeben war. Die folgende Beschreibung stammt von Joseph Smith:

„Das Taufbecken befindet sich in der Mitte des Untergeschosses unter der Haupthalle des Tempels; es besteht aus Fichtenholz, und die Dauben sind mit Nut und Feder versehen. Das Becken ist oval, von Ost nach West 16 Fuß lang und 12 Fuß breit, vom Fundament 7 Fuß hoch und innen 4 Fuß tief. Die Abschlußleisten oben und unten sind aus schönem Schnitzwerk in altertümlichem Stil. Die Seiten sind außen getäfelt. An der Nord- und an der Südseite führen Stufen außen hoch und innen herab; daneben gibt es ein Geländer.

Das Becken ruht auf zwölf Rindern, vier auf jeder Seite und zwei an jedem Ende; die Köpfe, Schultern und Vorderfüße ragen unter

---

[31]In der Zeitschrift der Kirche, „Times and Seasons", vom 2. Mai 1842 erschien ein Leitartikel über den Fortgang der Arbeiten am Tempel, und dieser Artikel fand Aufnahme im Tagebuch des Propheten. Siehe „History of the Church of Jesus Christ of Latter-day Saints", Bd. 5, S. 608-610.
[32]Siehe LuB 124:28-31.

dem Becken heraus. Sie sind aus zusammengeleimten Kiefernbrettern geschnitzt und dem schönsten fünfjährigen Stier nachgebildet, den man hat finden können. Die Ähnlichkeit mit dem Original ist hervorragend, und die Hörner hat man dem schönsten Horn nachgeformt, das sich hat finden lassen.

Die Rinder und die Ornamente am Becken sind von Ält. Elijah Fordham aus der Stadt New York geschnitzt worden, und er hat dazu acht Monate gebraucht. Rund um das Becken gibt es eine provisorische Rahmenkonstruktion aus Eichenschindeln mit einem ebensolchen Dach, das so niedrig ist, daß man die tragenden Balken des Erdgeschosses hat darüberlegen können. Ein 30 Fuß tiefer Brunnen am Ostende des Untergeschosses liefert das Wasser[33]."

Außer dem Baptisterium wurden auch andere Teile des Tempels für eine vorläufige Benutzung hergerichtet, während an den Mauern noch gearbeitet wurde. Am Sonntag, dem 30. Oktober 1842, hielt man eine allgemeine Zusammenkunft darin ab. Dies war die erste durch Urkunden nachgewiesene Versammlung im Tempel[34]. Später gab es noch weitere im unvollendeten Bau. Trotz einer heftigen Opposition von außen und einer noch schwerwiegenderen Behinderung durch ein paar abgefallene Kirchenmitglieder im Innern ging die Arbeit rüstig weiter.

Der Prophet Joseph Smith und der frühere Ratgeber des Präsidenten und spätere Patriarch der Kirche, Hyrum Smith, sollten die Vollendung des Gebäudes nicht mehr erleben. Am 27. Juni 1844 fielen diese Männer Gottes in Carthage, Illinois, heimtückischen Mörderkugeln zum Opfer[35]. Schwer war der Schlag und grausam die Bedrängnis, welche die Heiligen durch den Märtyrertod ihrer Führer erlitten; aber das Werk der Kirche erfuhr dadurch kaum eine merkliche Behinderung. Schon zwei Wochen nach dem schrecklichen Ereignis nahm man die Arbeit am Tempel wieder auf, und von da an bis zur Fertigstellung ging es mit wachsender Kraft und Entschlossenheit vorwärts. Wenige Monate vor seinem Tod hatte der Patriarch Hyrum Smith als Mitglied des Tempelkomitees die Frauen der Kirche aufgerufen und von ihnen einen wöchentlichen Beitrag von einem Cent pro Kopf erbeten. Das Geld sollte zum Ankauf von Baumaterial, besonders Glas und Nägel, für den Tempel verwendet werden.

---

[33] „History of the Church of Jesus Christ of Latter-day Saints", Bd. 4, S. 446-447.
[34] „History of the Church of Jesus Christ of Latter-day Saints", Bd. 5, S. 182.
[35] Siehe „History of the Church of Jesus Christ of Latter-day Saints", Bd. 6, S. 612-631; vgl. LuB Abschnitt 135.

Der Tempel in St. George, Utah

Der Tempel in Logan, Utah

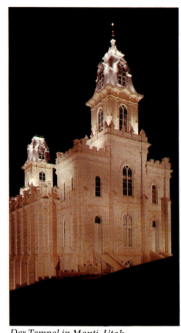
Der Tempel in Manti, Utah

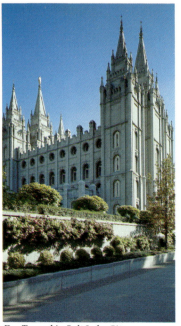
Der Tempel in Salt Lake City

Der Tempel auf Hawaii

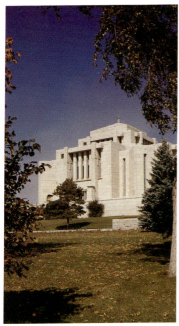

Der Tempel in Cardston, Kanada

Der Tempel in Mesa, Arizona

Der Tempel in Idaho Falls

Der Tempel in Los Angeles

Der Tempel in der Schweiz

Der Tempel in Neuseeland

Der Tempel bei London

Der Tempel in Oakland, Kalifornien

Der Tempel in Ogden, Utah

Der Tempel in Provo, Utah

Der Tempel in der US-Bundeshauptstadt Washington

Der Tempel in Sao Paulo (Entwurf)

Der Tempel in Tokio (Entwurf)

Das Taufbecken des Tempels in Salt Lake City

Der „Schöpfung"-Saal des Tempels in Salt Lake City

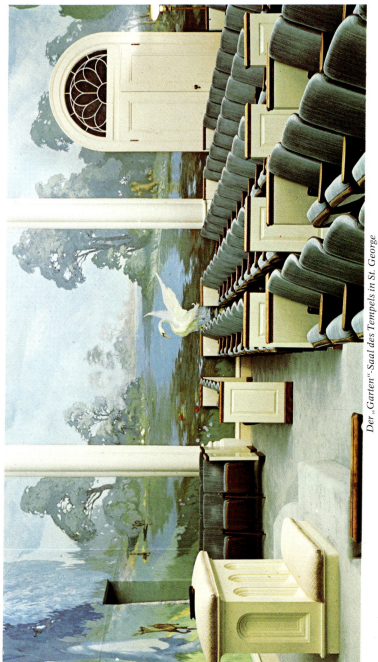

Der „Garten"-Saal des Tempels in St. George

Wandgemälde im „Garten"-Saal des Tempels in Los Angeles

Der „Welt"-Saal des Tempels in Salt Lake City

Der Terrestriale Saal des Tempels in Salt Lake City

Der Celestiale Saal des Tempels in Salt Lake City

Der Siegelungsraum des Tempels in Manti

Das Beratungszimmer im Tempel in Salt Lake City, wo sich die Erste Präsidentschaft allwöchentlich mit dem Rat der Zwölf trifft

Der große Saal des Tempels in Salt Lake City, wo besondere Versammlungen stattfinden

Es wird berichtet, daß „die Schwestern bald eifrig bestrebt waren, ihren Teil zu zahlen, und fast alle brachten den Beitrag für ein ganzes Jahr im voraus zusammen[36]."

In den Kirchendokumenten der Jahre 1844 und 1845 gibt es zahlreiche Hinweise auf den Fortschritt der Arbeit. Am 24. Mai 1845 wurde der Schlußstein gesetzt, und dabei gab es eine eindrucksvolle Feier unter Leitung des Präsidenten Brigham Young und anderer Mitglieder des Rates der Zwölf Apostel; dazu gesellten sich noch viele Generalautoritäten und sonstige Führer der Kirche. Abschließend sagte der Präsident:

„Der letzte Stein des Tempels ist nun eingefügt, und ich bete zum Allmächtigen im Namen Jesu, er möge uns an diesem Ort verteidigen und behüten, bis der Tempel fertig ist und wir alle unser Endowment empfangen haben[37]."

Dann folgte der heilige Freudenruf: „Hosanna, hosanna, hosanna Gott und dem Lamm! Amen, amen und amen!" Dies wurde dreimal gerufen, und zum Schluß sagte der Präsident: „So sei es, du allmächtiger Herr[38]!"

Doch über dem opferbereiten Volk sammelten sich die düsteren Wolken der Verfolgung. Auf den Rat ihrer Führer bereiteten sich die Heiligen abermals vor, ihre Wohnstätte zu verlassen; dieses Mal aber wollten sie die Grenze der Zivilisation hinter sich lassen. Ein allgemeiner Exodus stand bevor, und schon im Februar 1846 mußte man damit beginnen. Die meisten Heiligen blieben aber noch eine kurze Zeit zurück, und für diese war die Vollendung des Tempels der Hauptzweck ihres Daseins. Denn sie wußten, daß das heilige Gebäude bald aufgegeben werden mußte – und dennoch arbeiteten sie fleißig daran bis zur kleinsten Einzelheit.

Im Oktober 1845 war der Bau so weit fortgeschritten, daß darin große Versammlungen möglich waren. Man hielt darinnen im Herbst des Jahres die Generalkonferenz der Kirche ab, und dabei wurden am 5. Oktober nicht weniger als 5000 Anwesende gezählt. Im Dezember 1845 und in den ersten Monaten des nächsten Jahres empfingen viele Heilige ihre Segnungen und das Endowment im Tempel; denn man hatte Teile des Gebäudes für

---
[36] „Historical Record", Salt Lake City, Juni 1889, Bd. 7, S. 865-866.
[37] Siehe „Historical Record", Salt Lake City, Juni 1889, Bd. 7, S. 870.
[38] „Historical Record", Bd. 7, S. 870.

diesen Zweck ordnungsgemäß geweiht. Aber erst Ende April 1846 war das ganze Bauwerk für die Weihe bereit.

Der Tempel in Nauvoo war größtenteils aus feinkörnigem, hellgrauem Kalkstein errichtet, der hart und dauerhaft ist, sich aber doch leicht bearbeiten läßt und daher besonders für eine ornamentale Verwendung geeignet ist. Das ganze Gebäude war 128 mal 88 Fuß groß und hatte eine lichte Höhe von 65 Fuß. Die Turmspitze befand sich 165 Fuß über dem Boden und war von der Figur eines fliegenden Himmelsboten mit Trompete gekrönt. Der Bau bestand, wie es im Plan vorgesehen war, aus vier festen Grundmauern, war zweieinhalb Stockwerke hoch und hatte über dem Eingang einen sechseckigen Turm mit vier Absätzen und einer Kuppel. Oberhalb des Haupteingangs an der Vorderseite – gerade dort, wo der Turm anfing – konnte man eine Inschrift lesen, die besagt:

DAS HAUS DES HERRN
erbaut von der
Kirche Jesu Christi der Heiligen der Letzten Tage
HEILIG DEM HERRN

An den Außenseiten waren 30 Stützpfeiler, 9 an jeder Längsseite, 6 an jeder Schmalseite. Diese Pilaster hatten jeder einen Sockel mit einem Halbmondrelief und endeten oben in einem Kapitell aus behauenem Stein, worauf das allegorische Gesicht der Sonne sowie zwei Hände, die Hörner hielten, abgebildet waren. Über den Kapitellen verlief ein Fries, und darin gab es 30 sogenannte Asterien, Minerale mit Sternstruktur. In den späten Abendstunden des 30. April 1846 wurde der Tempel in kleinem Kreis offiziell geweiht. Alle verfügbaren Generalautoritäten der Kirche waren anwesend. Präsident Joseph Young vom Ersten Rat der Siebzig sprach das Weihegebet. Die Zeremonie wurde fast heimlich vorgenommen, weil man befürchtete, eine öffentliche Zeremonie würde zu Zwischenfällen führen. Unduldsamkeit und Feindseligkeit waren wieder eifrig am Werk. Am nächsten Tag, also am 1. Mai 1846, hielt man im Tempel allgemeine und öffentliche Gottesdienste ab; dabei führten die Ältesten Orson Hyde und Wilford Woodruff vom Rat der Zwölf Apostel den Vorsitz.

Die Heiligen hatten die Forderung des Herrn, seinem Namen wiederum ein Haus zu bauen, erfüllt. Die heilige Arbeit im Tempel wurde noch ein paar Monate lang verrichtet, selbst als der Auszug der Heiligen schon im Gange war. Im September 1846 fiel der Tempel in Nauvoo dem Pöbel in die Hände; das Volk des Herrn, dessen Tatkraft und Habe das Werk vollendet, dessen Schweiß und Blut den Bau ermöglicht hatten, wurde in die Wildnis hinausgetrieben oder erschlagen. Noch zwei Jahre lang stand das einstmals heilige Gebäude verlassen da. Dann, am 19. November 1848, fiel es einer böswilligen Brandstiftung zum Opfer. Nach der Feuersbrunst blieben nur noch geschwärzte Ruinen übrig, wo sich vordem das stattliche Heiligtum erhoben hatte. Seltsamerweise unternahm eine örtliche Gruppe, die „Ikarier", den Versuch, die Ruine wieder aufzubauen; angeblich wollten sie eine Schule daraus machen. Bald nach Beginn der Arbeit ließ aber ein Wirbelsturm die Mauern größtenteils zusammenstürzen. Das war am 27. Mai 1850. Was danach noch vom Tempel übrig war, wurde entweder als Andenken weggetragen oder als Baumaterial für andere Gebäude verwendet. Steine vom Tempel wurden in die meisten Staaten der Union und sogar übers Meer mitgenommen; aber dort, wo einst das Haus des Herrn gestanden hatte, blieb kein Stein auf dem anderen. Noch vor der gänzlichen Zerstörung des Tempels in Nauvoo hatten sich die Heiligen der Letzten Tage in den Tälern von Utah niedergelassen und waren schon wieder dabei, dem Namen Gottes und um ihm zu dienen ein neues, größeres Heiligtum zu bauen.

6. KAPITEL

Der große Tempel in Salt Lake City – Geschichtliches

Wo es 1847 westlich des Wasatchgebirges bis zum Ufer des Großen Salzsees nichts als eine Wildnis mit Beifuß und Sonnenblumen gegeben hat, erstreckt sich heute eine wohlgefügte Stadt, wie sie in prophetischer Vision vorausgesehen worden ist. Knappe vier Tage nach der Ankunft der Pioniergruppe der Mormonensiedler wurde ein Bauplatz ausgesucht, und dort erhebt sich heute ein massiver Bau, dem Namen des Allerhöchsten geweiht. Für den Besucher ist er ein Objekt des Staunens und der Bewunderung, für das Volk aber, dessen Opfer und Anstrengung ihn haben erstehen lassen, ist er ein Gegenstand heiliger Freude und rechtschaffenen Stolzes.

Am östlichen Mittelturm kann man eine Inschrift lesen, deren tief in den Stein gemeißelte, vergoldete Buchstaben besagen:

HEILIG DEM HERRN
DAS HAUS DES HERRN
erbaut von der
Kirche Jesu Christi der Heiligen der Letzten Tage
begonnen am 6. April 1853
vollendet am 6. April 1893

In einem Zimmer des Obergeschosses befindet sich ein gemaltes Fenster, und dort ist das fertige Gebäude in hervorragender Ausführung abgebildet; daneben ist folgende Inschrift zu lesen, die besagt:

>Eckstein gelegt am 6. April 1853 durch
>Präsident Brigham Young
>unter Beistand seiner Ratgeber
>Heber C. Kimball und Willard Richards
>Eingeweiht am 6. April 1893 durch
>Präsident Wilford Woodruff
>unter Beistand seiner Ratgeber
>George Q. Cannon und Joseph F. Smith

Diese Erinnerungstafeln in Stein und edlem Glas geben die wesentlichen historischen Daten des großen Tempels wieder; vielleicht sind aber noch einige weitere Angaben für den Leser interessant.

Das Tempelgrundstück, ein Quadrat von 4 Hektar, wurde im Jahre 1847 abgesteckt und ist heute einer der schönsten Plätze der Stadt. Bei der Generalkonferenz der Kirche im April 1851 führte man eine offizielle Abstimmung durch, um die Errichtung des Tempels genehmigen zu lassen. Man muß sich vor Augen halten, daß es sich dabei um ein Volk handelte, das arm und ausgeplündert war und mit einer unkultivierten Wildnis zu kämpfen hatte, während feindliche Indianer eine ständige Bedrohung darstellten; außerdem umfaßte damals die gesamte Bevölkerung Utahs nicht mehr als 30 000 Seelen. Davon lebten nicht ganz 5000 im Gebiet der angehenden Stadt. In diesem Zusammenhang ist ein allgemeines Schreiben der Ersten Präsidentschaft vom 7. April 1851 interessant:

„Es ist eine Eisenbahn vom Tempelblock in dieser Stadt bis zum Steinbruch in den Bergen geplant, um das Baumaterial zu befördern; mit dem Bau wird sofort begonnen . . . Wir beabsichtigen noch in diesem Sommer die Errichtung einer Mauer rund um den Tempelblock als Vorbereitung auf die Herstellung des Tempelfundaments im kommenden Jahr. Wir werden dies gewiß schaffen, wenn alle Heiligen ihren Zehnten ebenso bereitwillig zahlen und ihre Mittel ebenso willig opfern und weihen wie wir. Wenn aber die Heiligen ihren Zehnten nicht bezahlen, können wir das Gebäude weder errichten noch vorbereiten; dann wird es aber keinen Tempel geben, und die Heiligen können kein Endowment bekommen; und wenn sie ihr Endowment nicht empfangen, wird ihnen die Errettung, wonach sie so eifrig streben, niemals zuteil[1]."

Es wurde beschlossen, das gesamte Grundstück mit einer festen Mauer zu umgeben. Man begann mit der Arbeit an dieser Einfriedung erst am 3. August 1852, weil es an Material und Menschen fehlte; von da ab ging es aber rasch vorwärts, und am 23. Mai 1857 war die Mauer fertiggestellt, so wie sie heute noch steht. Sie umgibt einen vollständigen Straßenblock der Stadt – eine achtel Meile (rund 200 m) in jeder Richtung. Interessanterweise ist dieses Maß praktisch genau dasselbe – so berichtet jedenfalls Josephus – wie bei dem Grundstück, worauf der Tempel des Herodes stand[2]. Die Mauer hat ein Fundament aus behauenem Stein, einem roten Sandstein aus den Bergen im Osten. Das Fundament ist 4 Fuß hoch und trägt Lagen von Ziegeln, die bis zur Höhe von 10 Fuß aufragen. Dann folgt eine Abschlußleiste von 1 Fuß Dicke aus rotem Sandstein, so daß die Mauer insgesamt 15 Fuß (4,5 m) hoch ist. Die Ziegel sind mit einer dauerhaften Zementschicht verputzt. Je ein großes Tor in der Mitte aller vier Seiten gestattet den Ein- und Ausgang. Als die Mauer gebaut wurde, floß noch der City Creek hindurch; dieser Fluß wird jetzt nördlich des Grundstücks in einem Kanal vorbeigeleitet. Man kann aber heute noch die Gewölbe im Fundament der Mauer an der Ost- und Westseite sehen, wo der Bach früher hindurchging.

Der Bau der Mauer war ein großes und, wenn man die Umstände des Volkes betrachtet, kostspieliges Unternehmen; neben der großen Arbeit des Tempelbaus aber war er etwas ganz Nebensächliches. Niemals ließ man die Anteilnahme an der Arbeit erlahmen: Dichter und Prediger nahmen sich es als Thema, und die Öffentlichkeit bekam die Verpflichtung dauernd vor Augen gehalten. Man gab dem Volk zu verstehen, daß der Auftrag zum Bau eines Hauses des Herrn nicht nur an die Führer gerichtet war, sondern an alle.

Das Grundstück wurde am 14. Februar 1853 geweiht, der Spatenstich am gleichen Tag vollzogen. Es war ein denkwürdiges Ereignis, und die Heiligen feierten es als einen Tag allgemeiner

---
[1] Siehe „Contributor", 14. Jg., Nr. 6 vom April 1893, S. 248.
[2] Siehe Josephus, Jüdische Altertümer, XV, 11:3.

Freude. Zwischen dem Spatenstich und der nächsten Konferenz der Kirche wurden die Vorbereitungen zur Ecksteinlegung mit Entschlossenheit vorangetrieben. Dieses frohe Ereignis fand am 6. April 1853 statt; es war dies der 23. Jahrestag der Gründung der Kirche. Das Volk feierte mit Danksagung und echter Freude, worin auch die Hingabe an das Werk zum Ausdruck kam. Zivile und militärische Körperschaften nahmen teil; es gab Prozessionen mit Musikkapellen und feierliche Gottesdienste mit Gebet. Der Bürgermeister der Stadt war der Zeremonienmeister des Tages, die Stadtpolizei diente als Ehrengarde, und die territoriale Miliz marschierte im Zug mit den Heiligen. Wenn es auch erst der Anfang war, so wurde die Ecksteinlegung doch als etwas Triumphales gefeiert.

Man darf nun nicht annehmen, die Arbeit sei ohne Behinderung oder Rückschläge vonstatten gegangen. Das Fundament wurde am 16. Juni 1853 in der Südostecke begonnen und am 23. Juli 1855 fertiggestellt. Als unterste Schicht verlegte man Bruchsteine und darauf mehrere Lagen Steinplatten. Die Arbeit ging nur langsam voran, bis es 1857 eine ernste Unterbrechung gab. Zu der Zeit war das Volk daran, die Wohnstätten zu verlassen, wenigstens vorübergehend, und irgendwo anders in der Wildnis Zuflucht zu suchen. Ursache dieses neuerlichen Auszugs war die Annäherung einer bewaffneten Armee, ausgesandt von der Regierung der Vereinigten Staaten, um eine angebliche Rebellion in Utah zu unterdrücken. Dieser Kriegszug war aufgrund einer völligen Verkennung der Tatsachen und infolge böswilliger Entstellungen angeordnet worden. Düstere Gewaltandrohungen gingen der Ankunft der Soldaten voraus; das Volk wußte sich zwar frei von jeder Schuld an Ungesetzlichkeiten gegen die Regierung oder deren Beamte, hatte aber die schrecklichen Szenen einer organisierten Verfolgung in Missouri und Illinois noch nicht vergessen, die ja ebenfalls aus Mißverständnissen heraus entstanden war. So wollte man lieber die Ungewißheit der Wildnis erdulden als sich noch einmal der gefürchteten Wiederholung der Vergangenheit aussetzen. Im Zuge der traurigen Vorbereitungen für die Flucht wurde das Fundament auf dem Tempelplatz sorgfältig zugedeckt; man schüttete die Aushebungen zu und entfernte jede Spur der Bauarbeiten. Damals war noch kein Teil des Fundaments über das Niveau des Bodens heraus gewachsen. Als man mit dem Zuschütten fertig war, ließ der Bauplatz kein anderes Bild erkennen als das nackte Erdreich eines frischgepflügten Feldes.

Mit Freude darf vermerkt werden, daß es zwischen der Armee und dem Volk zu einem friedlichen Ausgleich kam. Die Heiligen kehrten in ihre Behausungen zurück, und die Soldaten bezogen ein Lager – woraus später eine Militärstation wurde –, 40 Meilen von der Stadt entfernt[3].

Auf diese Unterbrechung der Bauarbeiten folgte eine kurze Zeit verhältnismäßiger Untätigkeit, nachdem die Bewohner zurückgekehrt waren. Man grub das Fundament wieder aus, mußte aber vor der Wiederaufnahme der Arbeit feststellen, daß die Steinbrockenschicht im eigentlichen Fundament unter den Steinplattenanlagen nicht die notwendige Tragfähigkeit besaß. Man entfernte daher einfach die Platten und Steinbrocken und ersetzte sie durch Steine bester Qualität. Die Bauarbeiten wurden dann mit neuer Kraft fortgesetzt, aber die Wiederherstellungsarbeiten zogen sich jahrelang hin.

Der Bauplatz war eine kurze Zeit lang Mittelpunkt der mechanischen Industrie, der Hauptarbeitsplatz dieses Staates in den Bergen. Die Kirche hatte dort ein Kraftwerk errichtet und die Energie des City Creek eingespannt, um die verschiedenen Maschinen zur Metall- und Holzbearbeitung sowie Luftgebläse in der Eisengießerei zu betreiben[4]. Ein Großteil der hier verrichteten Arbeit stand allerdings nicht im Zusammenhang mit der eigentlichen Bautätigkeit im Tempelblock.

Neben den schon erwähnten Unterbrechungen und Verzögerungen waren auch andere Behinderungen unvermeidlich, und selbst unter den besten Bedingungen konnte der Fortschritt nur langsam sein. Erst Jahre nach dem „Auszug" anläßlich des Einmarsches der Bundestruppen hatte man sich endgültig für das Baumaterial des Hauptgebäudes entschieden. Schon seit der Herbst-Generalkonferenz 1852 hatte man sich mit dieser Überlegung befaßt. Oolith aus den Steinbrüchen in Sanpete, roter Sandstein aus den nahen Bergen, Luftziegel mit Kiesel gemischt – alles war vorgeschlagen worden und man hatte darüber abgestimmt. Freilich muß zugegeben werden, daß die vorgelegte

---

[3] Siehe des Verfassers „Story of Mormonism", S. 63-81.
[4] Einen ausgezeichneten Artikel über dieses anfängliche Unternehmen schrieb James H. Anderson im „Contributor", 14. Jg., Nr. 6 vom April 1893. Darin finden sich viele ausführliche Einzelheiten über die Errichtung des großen Tempels.

Frage nicht sehr präzise abgefaßt war. In der Vormittagssitzung der Konferenz am 9. Oktober 1852 legte Präsident Heber C. Kimball die Frage vor: „Sollen wir den Tempel aus Stein von Red Butte, aus Luftziegeln, aus Naturstein oder aus dem besten Gestein hier in den Bergen bauen?" Darauf wurde eine Resolution durch einstimmigen Beschluß angenommen, „daß wir einen Tempel aus dem besten Material bauen, das sich in den Bergen Nordamerikas finden läßt, und daß die Präsidentschaft bestimmen soll, wo die Steine und das übrige Material herzubekommen sind." Dieses Ereignis war insofern von Bedeutung, als es den Glauben, das Vertrauen und die Entschlossenheit des Volkes zeigte. Der Tempel, den man errichten wollte, sollte in jeder Einzelheit das Beste sein, was man aufzubringen vermochte. Dieses neue Haus des Herrn sollte kein provisorisches Bauwerk sein, sollte keine kleinen Ausmaße haben und nicht aus minderwertigem Material bestehen; auch der Entwurf durfte weder unzulänglich noch dürftig sein. Schon zu Beginn wußte man, daß der Bau erst nach vielen Jahren, vielleicht sogar Jahrzehnten fertiggestellt werden konnte, wenn aus der Siedlung ein Staat und aus den paar Siedlern eine große Bevölkerung geworden sein würde. Der Tempel sollte der großen Zukunft würdig sein. Sandstein, Oolith, Luftziegelblöcke – alles wurde in Betracht gezogen und wieder verworfen. Die endgültige Entscheidung war, daß die Mauern ganz aus Granit sein sollten. Man hatte ein riesiges Vorkommen dieses harten Gesteins in den Cottonwood Canyons, etwa 20 Meilen in südöstlicher Richtung, entdeckt; und für diese vom Glauben getriebenen Leute war es genug zu wissen, daß ein geeignetes Material vorhanden war. Ohne Rücksicht auf die Mühe und die Opfer, ungeachtet aller Schwierigkeiten, würde man den Granit herbeischaffen und verwenden.

Der sogenannte Tempelgranit ist in Wirklichkeit ein Syenit und kommt als ungeheure vulkanische Intrusivmasse im Cottonwoodgebiet des Wasatchgebirges vor. Jahrtausendelang hatte die Erosion tiefe Einschnitte in das vulkanische Gestein gegraben, und Gletscher hatten mit unwiderstehlicher Gewalt zahllose Blöcke losgerissen und weitergeschoben, darunter viele von enormer Größe. Diese erratischen Blöcke, sogenannte Findlinge, lieferten nun die Bausteine; es war nicht notwendig, Steinbrüche im Gesteinsmassiv zu errichten. Man zerteilte die

Blöcke in der Schlucht hauptsächlich mit Handbohrern und Keilen, aber es wurde auch vereinzelt Sprengstoff verwendet. Die rohen Blöcke wurden zuerst mit dem Ochsengespann befördert: für jeden waren vier Joch Ochsen notwendig, und jeder Transport war ein mühseliger Weg von drei oder vier Tagen. Man hatte einen Kanal für den Wassertransport ins Auge gefaßt, ja, die Arbeit daran war schon begonnen worden; aber der Plan wurde im Hinblick auf die zukünftige Eisenbahnbeförderung fallengelassen.

Der Plan des Gebäudes stammt von Brigham Young, dem Präsidenten der Kirche, und die baulichen Einzelheiten wurden nach seiner Weisung durch den Kirchenarchitekten Truman O. Angell ausgearbeitet. Schon im Jahre 1854 wurde eine Beschreibung des Tempels durch Angell sowohl in Utah[5] als auch in Europa[6] veröffentlicht. Ein Vergleich des tatsächlichen, heutigen Gebäudes mit der damaligen Ankündigung eines zukünftigen Bauwerks ist lohnend[7]:

„Der Tempelblock mißt 40 Ruten im Geviert, wobei die Seiten nach Norden und Süden, nach Osten und Westen verlaufen, und umfaßt zehn Morgen. Der Mittelpunkt des Tempels liegt 156 Fuß 6 Zoll westlich von der Mitte der östlichen Begrenzungslinie des Blocks. Die Länge des Hauses in Ost-West-Richtung beträgt 186 Fuß 6 Zoll samt den Türmen, die Breite 99 Fuß. Am Ostende stehen drei Türme, ebenfalls am Westende. Zieht man eine Nord-Süd-Linie von 118 Fuß 6 Zoll durch die Mitte der Türme, dann hat man das Nord-Süd-Ausmaß des Grundrisses einschließlich des Sockels.

Wir graben am Ostende 16 Fuß tief und gehen 3 Fuß über die Mauerdicke hinaus, um den Mauerfuß zu bekommen.

Die Mauern im Norden und Süden sind 8 Fuß stark und haben keinen Sockel; sie stehen auf dem Fundament mit einem Mauerfuß von 16 Fuß; dieser verjüngt sich beiderseits um 3 Fuß bis zur Höhe von 7 Fuß 6 Zoll. Das Fundament der Türme ist gleich hoch wie das

---

[5]Siehe „Deseret News", Salt Lake City, vom 17. August 1854.
[6]Siehe „Millennial Star", Liverpool, 16. Jg., S. 753. Die „Illustrated London News" vom 13. Juni 1857 enthält einen Artikel unter der Überschrift „Mormonentempel in Salt Lake City", worin viele Details der Konstruktion enthalten sind. Ein Holzschnitt zeigt eine perspektivische Ansicht des Gebäudes, die mit dem fertigen Bau völlig übereinstimmt, abgesehen von einigen Einzelheiten der Spitztürme und Kreuzblumen.
[7]Zum besseren Verständnis der Maße: Wenn ein Maß in Fuß angegeben ist, so teilt man durch 3 und erhält, ganz grob gerechnet, daß Maß in Metern. 1 Fuß hat 12 Zoll. (Genaue Umrechnung: 1 Fuß = 0,3048 m; 1 Zoll = 2,54 cm; 1 Rute = 5,029 m; 1 Quadratfuß = 0,929 qm; 1 Morgen = 0,4046 ha.)

der Seitenmauern und besteht aus einem massiven Stück Mauerwerk aus groben Quadern, in gutem Kalkmörtel verlegt.

Das Kellergeschoß des Hauptgebäudes ist durch Wände, jede mit einem Fundament, in viele Räume geteilt. Der Boden des Kellers befindet sich 6 Zoll oberhalb des Mauerfußes. Vom Turm im Osten bis zum Turm im Westen neigt sich der Erdboden um 6 Fuß; 4 Zoll über der Bodenlinie am Ostende beginnt ein Gehsteig rund um das ganze Gebäude, der 11 bis 22 Fuß breit ist und auf allen Seiten durch steinerne Stufen zu erreichen ist.

An den vier Ecken des Gebäudes erheben sich vier Türme; jeder steht auf einem Fundament, 26 Fuß im Geviert, und erhebt sich dann 16 Fuß 6 Zoll bis zum unteren Sims, das sich 8 Fuß über dem Gehsteig befindet. An dieser Stelle werden die Türme auf 25 Fuß im Geviert reduziert; dann gehen sie weitere 38 Fuß in die Höhe bis zum zweiten Sims. Dort werden sie auf 23 Fuß im Geviert reduziert und erheben sich weitere 38 Fuß bis zum dritten Sims. Die Gesimse laufen um das ganze Gebäude und sind nur durch die Stützpfeiler unterbrochen. Sie bestehen aus behauenem Stein.

Die beiden Ecktürme an der Ostseite erheben sich dann weitere 25 Fuß bis zu einem Karnies. Die beiden Türme an der Westseite erheben sich 19 Fuß, bis sie ihr Karnies erreichen. Dann steigen die vier Türme je 9 Fuß bis zum oberen Rand der Zinnen. Innen sind diese Türme zylindrisch und besitzen einen Durchmesser von 17 Fuß; eine Treppe windet sich um eine massive Säule von 4 Fuß Dicke und hat Absätze bei den einzelnen Geschossen des Gebäudes. Die Türme haben je fünf Zierfenster auf beiden Seiten oberhalb des Erdgeschosses. Die beiden Mitteltürme nehmen den mittleren Hauptteil der Ost- und Westseite ein; sie beginnen auf einem Fundament mit 31 Fuß im Geviert und reduzieren sich gleich wie die Ecktürme bis zur Höhe des dritten Simses. Dann erhebt sich der Ostturm 40 Fuß bis zur Spitze der Zinnen, der Westturm erreicht bis zu seiner Zinnenspitze nur 34 Fuß. Alle Türme haben einen Helm; dessen Einzelheiten sind aber noch nicht festgelegt.

An den Ecken haben alle Türme achteckige Pfeiler, die in Spitztürmen enden und an der Basis 5 Fuß Durchmesser besitzen, im ersten Stockwerk 4 Fuß und von dort an 3 Fuß. Die Türme weisen an jeder Seite auch zwei Strebepfeiler auf, ausgenommen dort, wo sie an das Hauptgebäude anstoßen. An der Spitze kann man 48 solcher Strebepfeiler zählen, die unten auf Sockeln stehen. Der Abstand zwischen den Strebepfeilern und den Eckpfeilern beträgt im ersten Stock 2 Fuß. An der Vorderseite der zwei Mitteltürme befinden sich je zwei große Fenster, jedes 32 Fuß hoch, eins über dem anderen, eigens für diese Stelle entworfen.

An den beiden westlichen Ecktürmen und an der Westseite des Gebäudes, ein paar Fuß unterhalb der Zinnen, kann man ein Relief erkennen, welches das Sternbild des Großen Bären darstellt; die beiden vom Schwanz des Bären am weitesten entfernten Rückensterne zeigen zum Polarstern hin. (Sinnbild: Die Verlorenen können durch das Priestertum wieder zu sich zurückfinden.)

Nun will ich das Hauptgebäude betrachten. Schon zuvor habe ich festgestellt, daß der Keller in viele Räume geteilt ist. Der mittlere davon ist für die Aufnahme eines Taufbeckens gedacht und mißt 57 Fuß in der Länge und 35 in der Breite. Er ist von der Hauptmauer noch durch vier Räume getrennt, zwei an jeder Seite, je 19 Fuß lang und 12 Fuß breit. Im Osten und im Westen dieser Gemächer gibt es vier Gänge, je 12 Fuß breit; diese führen zu den Außentüren, zwei an der Nordseite und zwei an der Südseite. Jenseits dieser beiden Gänge auf beiden Seiten gibt es noch je zwei weitere große Zimmer, 28 Fuß breit und 38 Fuß 6 Zoll lang. Alle diese Räumlichkeiten mit ihren Mauern bilden das Kellergeschoß. Die Wände stehen sämtlich auf Fundamenten und sind 16 Fuß 6 Zoll hoch; sie enden mit dem Plafond auf ebenerdigem Niveau.

Wir befinden uns jetzt in Höhe des unteren Simses, 8 Fuß über dem Gehsteig und den äußeren Stufen zum Tempel, wo der Bereich des Sockels endet und das erste Geschoß des Hauses beginnt. Hier schließen sich an das Gebäude die ‚äußeren Höfe' an, die so breit sind wie der Abstand zwischen den Türmen an den Schmalseiten, also 16 mal 9 Fuß in der lichten Weite. Diese Höfe (sie befinden sich auf derselben Höhe wie das Erdgeschoß des Hauptgebäudes) sind über vier Steinstufen zu erreichen, je 9 Fuß 6 Zoll breit und in das Fundament eingegliedert; die erste Stufe davon erstreckt sich bis zur Außenflucht der Türme. Aus diesen Höfen gelangt man durch Türen in jeden Teil des Gebäudes.

Der erste große Saal ist 120 Fuß lang und 80 breit; in der Höhe reicht er beinahe bis zum zweiten Sims. In der Mitte über diesem Saal erhebt sich ein elliptisches Gewölbe, das an den Seiten 10 Fuß abfällt und 38 Fuß überspannt. Die Seitenplafonds haben ein elliptisches Viertelgewölbe, das an der Seitenmauer in einer Höhe von 16 Fuß beginnt und an den Kapitellen der Säulen endet, dort, wo in einer Höhe von 24 Fuß das Mittelgewölbe anfängt. Die Säulen stehen unmittelbar auf dem Fundament des Hauses; sie tragen das darüberliegende Stockwerk.

Die Außenmauern dieses Stockwerks sind 7 Fuß dick. Der Raum zwischen dem Ende des Mittelgewölbes und der Außenwand ist in 16 Abteilungen geteilt, acht auf jeder Seite, wodurch Zimmer von 14 mal 14 Fuß mit einer Höhe von 10 Fuß entstehen; daneben bleibt zur Mitte hin ein 6 Fuß breiter Gang. Jedes dieser Zimmer wird durch ein elliptisches Fenster beleuchtet, dessen Hauptachse lotrecht verläuft.

Der zweite Hauptsaal ist um 1 Fuß breiter als der Saal darunter – dies aus dem Grund, weil die Mauer nur noch 6 Fuß dick ist, da sie sich innen und außen um je 6 Zoll verjüngt hat. An der Außenseite verläuft hier das zweite Sims. Die Räume dieses Geschosses ähneln denen darunter. Die Seitenmauern haben neun Streben auf jeder Seite und acht Fenster in einer Reihe.

Der untere Rand der Fenster im Kellergeschoß liegt 8 Zoll über dem Gehsteig; die Fenster selbst sind 3 Fuß hoch und oben halbkreisförmig abgerundet. Die Fenster im ersten Stockwerk haben einen 12 Fuß hohen Rahmen und darauf ebenfalls einen Halbkreis. Der Fensterrahmen in den ovalen Fenstern ist 6 Fuß 6 Zoll hoch. Die Fenster im zweiten Stockwerk sind gleich wie die unterhalb. Sämtliche Fensterrahmen haben eine lichte Breite von 4 Fuß 6 Zoll.

Die Sockel unten an den Stützpfeilern springen an der Basis 2 Fuß vor; oberhalb der Basis, die 15 Zoll mal 4 Fuß 6 Zoll groß ist, befindet sich auf jeder Seite das Abbild einer Erdkugel mit 3 Fuß 11 Zoll Durchmesser, und die Achse entspricht der Erdachse.

Das unterste Sims bildet eine Mauerkappe für die Sockel. Darüber sind die Stützpfeiler 3 Fuß 6 Zoll breit und erheben sich bis zur Höhe von 100 Fuß. Auf jedem davon ist oberhalb des Gehsteigs und knapp unter dem zweiten Sims der Mond in seinen verschiedenen Phasen abgebildet. Knapp unter dem dritten Sims ist das Antlitz der Sonne, unmittelbar darüber der Saturn mit seinen Ringen zu sehen. Die Stützpfeiler enden mit einer vorspringenden Mauerabdeckung.

Der einzige Unterschied zwischen den eben beschriebenen Stützpfeilern und den Eckpfeilern besteht darin, daß letztere nicht den Saturn tragen, sondern Wolken und abwärts gerichtete Lichtstrahlen.

All diese Symbole werden als Flachrelief aus massivem Stein gemeißelt. Die Seitenmauern setzen sich oberhalb des dritten Simses 8 Fuß 6 Zoll fort, so daß ihre Gesamthöhe 96 Fuß beträgt, und sind mit Zinnen gekrönt, worauf Sterne abgebildet sind.

Das Dach ist sehr flach, erhebt sich nur 8 Fuß und wird mit verzinktem Eisenblech oder einem anderen Metall bedeckt sein. Das Gebäude wird auch an vielen anderen Stellen verziert sein. Der ganze Bau soll Symbol der großen göttlichen Weltenarchitektur sein.

Die Kellerfenster springen von der Außenwand bis zum Rahmen 18 Zoll zurück und sind durch eine große Viertelkehle abgsetzt. Alle Fenster darüber springen von der Wand bis zum Rahmen 3 Fuß zurück, sind von einer Seiteneinfassung in Form einer Hohlkehle umgeben und tragen eine Kranzleiste, die am Fenster horizontal endet, ausgenommen bei den ovalen Fenstern, wo die Kranzleiste in der Mitte der Hauptachse auf Säulen endet, die von einem Ziersims ausgehen.

Mit dem letzten Absatz habe ich all denen, die nun verblüfft sind, zeigen wollen, wie man sich von den Fenstern ein genaues Bild machen kann. Sämtliche Fenster in den Türmen sind mit Kehlleisten versehen und haben eine steinerne Umfassung; sie sind von gekehlten Kranzleisten gekrönt.

Was die weiteren Einzelheiten betrifft – haben Sie Geduld, bis das Haus fertig ist, und dann kommen Sie und betrachten Sie es!

Das gesamte Gebäude bedeckt eine Fläche von 21 850 Quadratfuß."

Als der Bau der Union-Pacific-Eisenbahn im Jahre 1868 bis nach Utah vorgedrungen war, brachte dies eine Verzögerung im Tempelbau mit sich. Der Einsatz von Arbeitskräften an der transkontinentalen Eisenbahn hatte den Vorrang. Es stellte sich aber heraus, daß die Teilnahme am Bahnbau schließlich eine große Hilfe für die Unternehmung bedeutete. Zu der Hauptlinie kamen nämlich Nebenlinien, und 1873 führte eine Zweiglinie bis zum Granitsteinbruch. Vom Stadtbahnhof wurde ein Gleis entlang der South Temple Street bis zum Tempelblock gelegt.

Der Bau ging so langsam vorwärts, daß einige übereifrige Heilige so etwas wie Ungeduld verspürten; da mußte auf feinfühlige Weise Zurückhaltung geboten werden. Zu anderen Zeiten war sanfter Nachdruck nötig. Die Arbeit wurde auf die ganze Bevölkerung des Territoriums aufgeteilt, und dieses war zweckentsprechend in Tempeldistrikte unterteilt. Den Pfählen und Gemeinden und Priestertumskollegien wurden ihre Aufgaben zugewiesen, und man entwickelte ein erfolgreiches System der Aufteilung von Arbeit und Verantwortung[8].

Präsident Brigham Young starb im Jahre 1877. Zu dieser Zeit hatten die Granitmauern des Tempels die Höhe von etwa 20 Fuß über dem Erdboden erreicht. Während der Amtszeit seines Nachfolgers, des Präsidenten John Taylor, ging die Arbeit ohne wesentliche Unterbrechung ein weiteres Jahrzehnt voran und wurde unter Wilford Woodruff, dem nächsten Präsidenten der Kirche, mit vermehrter Energie fortgesetzt. Wenn sich ein Rennen dem Ende nähert, so ist dies meist durch einen gesteigerten Kräfteeinsatz beim Endspurt gekennzeichnet – eine letzte zielstrebige Anstrengung, ein Ende in Ruhm und Triumph; das Interesse wächst und alles Tun konzentriert sich auf das erstrebte

---

[8]Als Beispiel für diese getrennten Zuweisungen und für den direkten Aufruf an die verschiedenen Organisationen innerhalb der Kirche kann das Rundschreiben dienen, das 1876 von der Ersten Präsidentschaft und dem Rat der Zwölf Apostel an die Ältesten, Siebziger und Hohen Priester gerichtet worden ist; es ist im „Contributor", 14. Jg., S. 267-268 abgedruckt.

Ziel. So war es auch bei diesem großen Unternehmen. Die Tatsache, daß ein Ende nun abzusehen war, brachte verdoppelte Anstrengungen auf seiten des Volkes hervor. Als die Mauern schon zu einem Quadrat emporgewachsen waren und die Türme sich abzuzeichnen begannen, konnte man in der ganzen Kirche das Gefühl einer fieberhaften Emsigkeit beobachten.

Der Schlußstein

Der 6. April 1892 war der Tag, wo der Schlußstein des Tempels eingefügt werden sollte. Diese Ankündigung wurde in jeder Gemeinde der Kirche und in jedem Haus der Heiligen freudig begrüßt.

Dieser Tag war zugleich auch der Abschluß der Generalkonferenz; man heiligte ihn durch eine feierliche Versammlung. Vor der Hauptzeremonie hatte sich schon sehr früh ein vielköpfiges Publikum im Tabernakel versammelt, wo die einzelnen Organisationen des Priestertums ihre abgesteckten Plätze im Parterre einnahmen, während die Galerie der Allgemeinheit offenstand. Nach dem eindrucksvollen Gottesdienst begab sich die Menge in feierlicher Prozession zum freien Platz im Süden des Tempels, wo man eine provisorische Tribüne errichtet hatte. Hoch über der Menge flatterte die Fahne der Nation im Wind. Mehr als 200 Sänger hatten sich zu einem gewaltigen Chor vereinigt, der auf einem eigenen Podium untergebracht war, und es gab Musikkapellen von beachtlicher Qualität. Neben der Anbetung hatte man das Ereignis zu einem Fest der Freude gemacht.

Mehr als 40 000 Leute waren im Tempelblock zusammengeströmt; weitere Tausende, die dort keinen Platz mehr fanden, blieben auf den Straßen oder schauten von den Dächern und Fenstern der benachbarten Gebäude aus zu. Dies war ohne jeden Zweifel die größte Versammlung, die es je in Utah gegeben hatte. Zur Mittagsstunde begann die eigentliche Zeremonie. Die Musik für die Kapelle und den Chor, die Märsche, die Hymnen und Festgesänge waren eigens für dieses große Ereignis komponiert worden. Präsident Joseph F. Smith von der Ersten Präsidentschaft sprach das Gebet, und aus den 40 000 Kehlen schallte das große „Amen" zurück. Darauf folgte eine Hymne, und dann trat der ehrwürdige Präsident der Kirche, Wilford Woodruff, vor und verkündete, daß nun der langerwartete Augenblick gekommen sei. Er sprach mit weithin schallender Stimme:

"Hört, ihr vom Hause Israel und all ihr Nationen der Erde! Wir legen nun den Schlußstein des Tempels unseres Gottes, nachdem der Grundstein von dem Propheten, Seher und Offenbarer Brigham Young gelegt und geweiht worden ist."

Und in diesem Augenblick schloß der Präsident auf der Tribüne einen elektrischen Stromkreis, und die granitene Halbkugel, die den höchsten Stein des großen Tempels bildete, senkte sich langsam an ihren Platz. Darauf folgte etwas, was es bei diesem Volk nur zu ganz besonders feierlichen Anlässen gibt, nämlich der heilige Hosannaruf. Geführt von Lorenzo Snow, dem Präsidenten des Rates der Zwölf Apostel, riefen die 40 000 Heiligen wie aus einem Mund:

"Hosanna, hosanna, hosanna Gott und dem Lamm! Amen, amen und amen!"

Dies wurde dreimal laut gerufen, und jedesmal schwenkten alle dazu weiße Tücher.

Vom Dach des Gebäudes erklang dann die Stimme des verantwortlichen Architekten, Joseph D. C. Young; er gab bekannt, daß der Schlußstein richtig eingesetzt war. Chor und versammelte Menge stimmten hierauf das Triumphlied an:

"Der Geist aus den Höhen, gleich Feuer und Flammen,
entzündet die Herzen zu heiliger Glut;
sie fühlen mit Freuden und Jauchzen zusammen,
daß Kraft des Allmächtigen auf ihnen ruht.
Drum singet vereint mit den himmlischen Scharen:
Hosanna, hosanna dem Vater und Sohn,
die sind und sein werden und ewiglich waren
die Könige auf unvergänglichem Thron."

Ältester Francis M. Lyman vom Rat der Zwölf beantragte dann die Annahme der folgenden Resolution:

"In dem festen Glauben, daß die Anweisung des Präsidenten Woodruff über die rasche Fertigstellung des Salt-Lake-Tempels das Wort des Herrn an uns ist, lege ich folgenden Vorschlag vor: Die hier Versammelten verpflichten sich einzeln und insgesamt, alles Geld baldigst beizubringen, das für die ehestmögliche Fertigstellung des Tempels erforderlich ist, so daß die Einweihung am 6. April 1893 stattfinden kann."

Die versammelte Menge nahm diesen Vorschlag mit ohrenbetäubender Zustimmung und erhobener Hand an. Das Schlußlied war der herrliche „Gesang der Erlösten", für diese Stunde ganz besonders passend. Präsident George Q. Cannon sprach das Schlußgebet.

Der Schlußstein und der Granitblock, worauf er ruht, bilden eine Kugel. In der unteren Hälfte befindet sich eine kleine Höhlung, und dort hinein legte man etliche Bücher und andere Gegenstände; der daraufgesetzte Schlußstein bildet einen sicheren, festen Deckel für dieses steinerne Behältnis. Darin befinden sich die Bibel, das Buch Mormon, das Buch ‚Lehre und Bündnisse‘, ‚Eine Stimme der Warnung‘, die ‚Briefe Spencers‘, ‚Der Schlüssel zur Gottesgelehrtheit‘, das Gesangbuch, das ‚Compendium‘, die ‚Köstliche Perle‘ und einige andere Bücher; dazu Fotografien von Joseph und Hyrum Smith, Brigham Young, John Taylor, Wilford Woodruff, George Q. Cannon und Joseph F. Smith, eine Fotografie des Tempels zur damaligen Zeit; schließlich eine gravierte Kupfertafel mit den Hauptdaten der Geschichte des Gebäudes und den Namen der Generalautoritäten der Kirche mit dem Stand vom 6. April 1853 einerseits und dem Stand zur Zeit der Schlußsteinlegung am 6. April 1892 andererseits.

Später am gleichen Tag wurde dem Schlußstein noch die große Statue aufgesetzt – eine Darstellung des Engels Moroni, des Himmelsboten, der den jungen Propheten Joseph Smith im Jahre 1823 besucht hatte. Das Standbild mit seiner Höhe von mehr als 12 Fuß besteht aus vergoldetem Kupfer. Es hat die Form eines Rufers mit einer Posaune an den Lippen[9].

Fertigstellung und Weihe

Einen Plan annehmen oder einer Resolution zustimmen ist ein leichtes verglichen mit der Ausführung eines solchen Planes, und die Verwirklichung dessen, dem man zugestimmt hat, kann eine ungeheure Aufgabe darstellen. So war es auch mit dem Votum der am 6. April 1892 versammelten Menschenmenge und der innerhalb eines Jahres geleisteten Arbeit.

---

[9] Siehe Offb 14:6, 7; auch Joseph Smith, Lebensgeschichte 2:30-48.

Zur Zeit der Schlußsteinlegung war im Innern des Gebäudes noch nichts anderes zu sehen als Chaos und Verwirrung. Es innerhalb eines Jahres fertigzustellen erschien praktisch unmöglich. Was das Volk da auf sich genommen hatte, war beinahe übermenschlich. Nichtsdestoweniger nahm man den Auftrag, den Bau in der festgesetzten Zeit zu vollenden, für das wahrhaftige Wort des Herrn, und man erinnerte sich des Ausspruchs des Propheten aus alter Zeit: „Ich weiß, der Herr gibt den Menschenkindern keine Gebote, ohne ihnen einen Weg zu bereiten, wie sie das vollbringen können, was er ihnen geboten hat[10]." Die Heiligen betrachteten ihre Zustimmung als ebenso bindend wie die persönliche Unterschrift unter einem Schuldschein. Wie gut sie ihre Verpflichtung eingehalten und ihr Versprechen wahr gemacht haben, das sollen die Leistungen jenes Jahres bezeugen.

Das Volk hatte sich „einzeln und insgesamt" verpflichtet, „alles Geld baldigst beizubringen, das für die ehestmögliche Fertigstellung des Tempels erforderlich ist, so daß die Einweihung am 6. April 1893 stattfinden kann". Diese Verpflichtung wurde gänzlich erfüllt. Am 21. April 1892 richtete die Erste Präsidentschaft eine allgemeine Epistel an die Heiligen der Letzten Tage in Zion und in der ganzen Welt und gab Anweisung, sie sollten sich am Sonntag, dem 1. Mai, in ihren Gotteshäusern versammeln und den Tag mit ernsthaftem Fasten und Beten verbringen. Diesem Aufruf folgte das Volk getreulich. In die Danksagungen für die vielen Segnungen der Vergangenheit mischten sich inbrünstige Bittgebete um Erfolg, damit das Haus des Herrn innerhalb der vorgeschriebenen Zeit vollendet werden möge[11].

Bei der Fertigstellung des Tempels kam es vor allem darauf an, einen fähigen, verantwortungsbewußten Mann an die Spitze zu stellen, der mit Direktivbefugnis auf jedem einzelnen Gebiet auszustatten war. Die Erste Präsidentschaft und der Rat der Zwölf behielten freilich die Weisungsgewalt in Händen; aber man brauchte einen Bevollmächtigten, auf den man sich verlassen konnte und der jede Frage rasch, entschieden und mit Nachdruck behandeln würde. Die Wahl der präsidierenden Männer fiel auf John R. Winder, den damaligen Zweiten Rat-

---
[10]Siehe 1Ne 3:7.
[11]Der volle Wortlaut des Briefes ist im „Contributor", 14. Jg., S. 280-281 zu finden.

geber in der Präsidierenden Bischofschaft, der später Erster Ratgeber in der Ersten Präsidentschaft der Kirche wurde. Zur Zeit seiner Berufung auf den verantwortungsvollen Posten eines Generalbevollmächtigten für den Tempelbau am 16. April 1892 stand Präsident Winder im 72. Lebensjahr. Trotzdem besaß er die Energie und Agilität eines jungen Mannes, verband dies aber mit der Weisheit und Überlegung, die nur das Alter geben kann. Unter seiner fähigen Aufsicht ging die Arbeit im Innern des Tempels so schnell vorwärts, daß selbst die Arbeiter überrascht waren. Man setzte alle erdenklichen Arbeitskräfte ein: Mechaniker, Maurer, Stukkateure, Schreiner, Glaser, Klempner, Maler, Dekorateure, kurzum Handwerker aller Art. Alle waren der festen Überzeugung, daß eine übermenschliche Kraft am Werk war, um ihnen bei dem ungeheuren Unterfangen behilflich zu sein. Das Baumaterial – vieles davon eigens angefertigt – kam aus Ost und West, und dabei gab es nur wenige der üblichen Verzögerungen beim Transport.

Heizung und Beleuchtung wurden eingebaut, und dazu war es notwendig, ein Kesselhaus mit der ganzen dazugehörigen Einrichtung zu bauen. Außerdem mußte der Anbau errichtet werden. Hier ist es vielleicht angebracht zu erklären, daß jeder Tempel in Utah mit einem separaten Gebäude, dem sogenannten Anbau, verbunden ist. Darin werden vorbereitende Gottesdienste abgehalten und die heiligen Handlungen registriert, die von den Anwesenden vollzogen werden sollen; erst dann darf man den Tempel betreten. Der Anbau beim Tempel in Salt Lake City steht ungefähr 100 Fuß nördlich des Hauptgebäudes.

Es war nur noch ein Monat bis zum festgesetzten Weihedatum, und es mußte noch so viel erledigt werden, daß viele Leute meinten, wenigstens diesmal habe sich das Volk getäuscht: der Herr habe nicht gesprochen und die Fertigstellung des Tempels zur bestimmten Zeit sei praktisch unmöglich. Am 18. März 1893 veröffentlichte die Erste Präsidentschaft folgende Epistel:

„An die Beamten und Mitglieder der Kirche Jesu Christi der Heiligen der Letzten Tage
Der Tag für die Einweihung des Tempels unseres Gottes rückt heran, und so möchten wir Ihnen, unsere Brüder, ziemlich rückhaltlos unsere Meinung zum Ausdruck bringen: Ihnen, den Beamten der Kirche, die mit uns das Priestertum des Sohnes Gottes tragen, und Ihnen, den Heiligen der Letzten Tage im allgemeinen. Wir tun dies,

damit wir alle mit unserer Familie beim Betreten dieses heiligen Gebäudes für annehmbar befunden werden und damit auch das Gebäude, das wir weihen wollen, dem Herrn angenehm sei.

Die Heiligen der Letzten Tage haben keine Mittel und Kosten gescheut, um andere Tempel in diesen Tälern zu bauen, und unser Vater hat uns dabei gesegnet. Wir sind glücklich, drei dieser heiligen Gebäude fertiggestellt und dem Herrn geweiht zu haben und sie von ihm angenommen zu wissen. Die Heiligen können dort hingehen und an den heiligen Handlungen teilnehmen, die er in seiner unendlichen Güte offenbart hat. Aber seit 40 Jahren hat sich die Hoffnung und Sehnsucht der ganzen Kirche auf die Vollendung dieses Bauwerks in der Hauptstadt Zions gerichtet. Das Fundament wurde in den ersten Tagen unserer Ansiedlung in diesen Bergen gelegt; und von damals bis heute haben die Mitglieder der Kirche in allen Ländern ihren Blick liebevoll hierhergerichtet. An ihm, dem Tempel der Tempel, haben die Leute all die Jahre unablässig und geduldig gearbeitet; sie haben bereitwillig von ihren Mitteln beigesteuert, um ihn bis zu seinem gegenwärtigen Zustand zu bringen. Jetzt, wo die Mühen und Opfer der 40 Jahre eine so freudige und erfolgreiche Krönung erfahren, jetzt, wo der Bau endlich fertig und bereit ist, seiner göttlichen Bestimmung übergeben zu werden – muß man da noch sagen, daß wir uns einem Ereignis nähern, das für uns als Volk von unermeßlicher Bedeutung ist? Was können wir denn angesichts der unabsehbaren Konsequenzen noch sagen, um der ganzen Kirche ein Gefühl für die außerordentliche Wichtigkeit zu geben?

Zu diesem Punkt im besonderen gewiß nichts; aber doch halten wir ein paar Worte für angebracht über eine Sache, die davon unmittelbar berührt wird. Von niemandem in der Kirche, der zum Betreten des heiligen Hauses würdig ist, darf man annehmen, er würde die Prinzipien des Evangeliums nicht kennen. Sicherlich darf man voraussetzen, daß jeder weiß, welche Pflichten er gegen Gott und seine Mitmenschen hat. Niemand ist so vergeßlich und kann die Ermahnung vergessen haben, daß wir von Liebe zu unserem Bruder erfüllt sein müssen. Deshalb ist es zweifellos von überragender Wichtigkeit, daß jeder von uns mit all seinen Brüdern und Schwestern in Frieden lebt und mit Gott ausgesöhnt ist. Wie können wir denn auf die Segnungen hoffen, die er uns verheißen hat, wenn wir nicht alle Voraussetzungen erfüllen, um diese Segnungen als Lohn zu erhalten?

Kann denn jemand, der gegen ein Gesetz Gottes verstößt oder seinen Geboten nur nachlässig folgt, erwarten, allein das Betreten seines heiligen Hauses und die Teilnahme an der Einweihung werde ihn zum Empfang der Segnungen würdig machen?

Meint denn jemand, er dürfe die Umkehr, nämlich die Abkehr von der Sünde, so leicht nehmen?

Wagt es jemand – selbst nur in Gedanken –, unseren Vater der Ungerechtigkeit und Parteilichkeit zu zeihen und zu behaupten, er sei bei der Erfüllung seiner eigenen Worte fahrlässig?

Gewiß will niemand, der sich zu seinem Volk bekennt, eine solche Schuld auf sich laden.

Dann darf aber auch ein Unwürdiger keine Segnung von seiner Anwesenheit im Tempel erwarten, solange eine noch unversöhnte Sünde ihn im Bann hält und solange Bitterkeit oder auch nur die unnahbare Kühle der Unversöhnlichkeit zwischen ihm und seinen Brüdern und Schwestern besteht.

Besonders in dieser Hinsicht glauben wir viel sagen zu sollen. Wenn man die augenscheinlich gewichtigeren Dinge des Gesetzes befolgt, ist es doch nur zu leicht möglich zu unterschätzen, wie wichtig dieser Geist der Liebe und Güte und Hilfsbereitschaft ist. Was uns selbst anbelangt, wissen wir von keiner anderen Vorschrift, die gegenwärtig eine ernstere Beachtung verdiente als diese.

In den vergangenen 18 Monaten hat es eine Teilung der Heiligen der Letzten Tage gegeben, nämlich in politische Parteien. Wir haben Wahlen und politische Wahlkampagnen gehabt, und zwischen den Brüdern und Schwestern auf beiden Seiten hat sich eine gewisse Verstimmung breitgemacht.

Wir haben von Handlungen und vielfachen Äußerungen gehört, die für uns sehr schmerzlich sind und uns großen Kummer bereiten.

Es ist dies, wie wir wissen, eine Beleidigung des Gottes des Friedens und der Liebe; es ist dies ein Stein des Anstoßes für viele Heilige.

Jetzt ist aber wohl die Zeit der Versöhnung gekommen. Bevor wir den Tempel betreten und uns dem Herrn in feierlicher Versammlung vorstellen, wollen wir uns doch von jedem Groll und aller Verstimmung gegeneinander frei machen; nicht nur unser Streit muß aufhören, sondern es muß auch der Grund dafür beseitigt und alles andere, was ihn verursacht und aufrechterhalten hat, zerstreut werden. Wir müssen einander unsere Sünden eingestehen und uns gegenseitig um Verzeihung bitten; wir müssen den Herrn um den Geist der Umkehr bitten und, wenn wir ihn bekommen haben, dementsprechend handeln. Wenn wir uns vor ihm demütigen und voneinander Vergebung erstreben, dann werden wir allen, die von uns Verzeihung erbitten, dieselbe Barmherzigkeit und Großmut erweisen, die wir vom Himmel erflehen und erwarten.

Mögen wir doch in dieser Verfassung zum Heiligen kommen – das Herz frei von Arglist und die Seele bereit für die verheißene Erbauung! Dann wird unser vereintes Flehen, von keiner Zwistigkeit gestört, zum Ohr Jehovas aufsteigen und den reichsten Segen unseres Gottes im Himmel herabbringen!

Als Ihre Brüder, die Sie durch Abstimmung und Glaubenstreue als die Erste Präsidentschaft der Kirche anerkennen, müssen wir –

persönlich und in unserer offiziellen Eigenschaft – den Heiligen der Letzten Tage folgendes sagen: Wenn es auch nur einen in der Kirche gibt, der etwas gegen uns hat, so wollen wir die Schwelle des Tempels nicht überschreiten, es sei denn, wir hätten uns mit ihm verständigt und ihm jeden Grund für seine Gegnerschaft entweder durch Aufklärung oder durch angemessene Sühneleistung entzogen. Wir wollen aber auch die heiligen Hallen dieses Gebäudes nicht betreten, bevor wir von jedem, gegen den wir einen wirklichen oder vermeintlichen Groll hegen, eine Erklärung oder eine angemessene Sühne bekommen haben.

Da wir dies nun für uns selbst festlegen, wollen wir auch alle übrigen Beamten der Kirche auffordern, unserem Beispiel zu folgen. Wir wünschen, daß alle vom Höchsten bis zum Niedersten in allen Pfählen und Gemeinden Zions diesem Rat Folge leisten. Jeder soll den anderen, der etwas gegen ihn hat, dies vorbringen lassen; dann sollen sie sich bemühen, alle Mißverständnisse und Unstimmigkeiten zu bereinigen und sämtliches begangene Unrecht wiedergutzumachen.

Dasselbe sagen wir – und wenn die Beamten diesen Rat befolgt haben, sollen sie es ebenfalls tun – zu den einzelnen Mitgliedern der Kirche. Wir rufen sie auf, danach zu streben, daß sie sich mit ihren Brüdern und Schwestern in gutem Einvernehmen befinden und ihr volles Vertrauen und ihre Liebe genießen; vor allem sollen sie aber die Gemeinschaft des Heiligen Geistes und die Verbindung mit Ihm suchen. Ein solcher Geist soll in der kleinsten und ärmsten Familie ebenso eifrig erstrebt werden wie bei denen, die der höchsten Körperschaft, dem höchsten Kollegium angehören. Eine solche Gesinnung soll das Herz der Brüder und Schwestern, der Eltern und Kinder ebenso durchdringen wie das Herz der Ersten Präsidentschaft und der Zwölf. Durch sie sollen alle Differenzen zwischen den Pfahlpräsidentschaften und den Hohenräten ebenso aus der Welt geschafft werden wie zwischen den Nachbarn in einer Gemeinde. Durch sie sollen jung und alt, Mann und Frau, Herde und Hirte, Volk und Priestertum vereinigt werden im Reich der Dankbarkeit und Versöhnung und Liebe, so daß Israel sich dem Herrn angenehm weiß und wir alle vor ihn treten können, das Gewissen frei von Schuld gegen alle Menschen. Dann wird es keine Enttäuschung hinsichtlich der Segnungen geben, die den aufrichtigen Gottesverehrern verheißen sind. Sie werden der Eingebung des Heiligen Geistes teilhaftig werden, und die Schätze des Himmels und der Besuch von Engeln werden ihnen von Zeit zu Zeit zukommen; denn seine Verheißung ist ergangen, und sie bleibt!

Wir erbitten den Segen Gottes auf Sie alle, die Sie unserem Rat folgen. Wir möchten gern, daß er in Form einer vereinigten Bemühung auf seiten des ganzen Volkes Gestalt annimmt; und deshalb schlagen wir Samstag, den 25. März 1893, als einen Tag des Fastens und Betens vor. An diesem Tag sollen die Pfahlpräsidentschaften, die Hohenräte, die Bischöfe und ihre Ratgeber mit den Heiligen im Versammlungshaus zusammenkommen, einander ihre Sünden bekennen und allen Ärger, alles Mißtrauen und jede Unfreundlichkeit aus sich entfernen, so daß es in allen Versammlungen der Heiligen wieder ein volles Vertrauen gibt und ab jetzt reine Liebe herrscht."

Offensichtlich hatten die Autoritäten der Kirche erkannt, wie wichtig es war, das große Ereignis auch noch auf andere Weise vorzubereiten als nur durch Bauarbeit und kostbare Einrichtung. Das Volk mußte mit dem Herzen bereit sein; Israel mußte geheiligt werden. Überall in Zion gab es eine allgemeine Reinigung des Geistes und der Seele; Feindschaft wurde begraben; der Streit hörte auf; Zwistigkeiten unter den Brüdern wurden bereinigt; Beleidigungen wurden gesühnt und vergeben – es wurde wahrhaftig zu einem Jubelfest.

Die letzten Handgriffe an der Innenausstattung des Gebäudes geschahen erst am Nachmittag des 5. April, und am Abend desselben Tages wurde der Tempel zur allgemeinen Besichtigung freigegeben. Nicht nur die Mitglieder der Kirche fanden Zutritt; auch viele ehrenhafte Männer und Frauen von außerhalb der Kirche, insgesamt mehr als 1000, wurden eingeladen und wanderten durch den Tempel vom Keller bis zum Dachgeschoß. Angesichts der vorherrschenden Meinung, ein Tempel der Heiligen der Letzten Tage werde niemals den Blicken eines Außenstehenden preisgegeben, ist diese Tatsache von ziemlicher Bedeutung.

Am Morgen des 6. April 1893 schritt Wilford Woodruff, der Präsident der Kirche, als erster durch die südwestliche Tür in das heilige Gebäude. Mit einiger Berechtigung hat man dies mit dem Augenblick verglichen, wo Josua das Volk Israel in das verheißene Land führte. Dem ehrwürdigen Präsidenten folgten die übrigen Generalautoritäten und diesen wiederum andere Kirchenbeamte und diejenigen Mitglieder, die zur Teilnahme am ersten Einweihungsgottesdienst eigens bestimmt worden waren. Von den Zehntausenden Heiligen, die teilnehmen wollten und deren Recht es war teilzunehmen und die aus ihren Mitteln zur Errichtung des größten Tempels der Neuzeit beigetragen hatten, konnten am Tag der Tempelweihe nur wenige darin untergebracht werden. Der Versammlungssaal, der mit seinen Vorräumen den ganzen Oberstock einnimmt, bot Sitzgelegenheit für 2252 Personen. Es wurde verfügt, daß vom 6. April an jeden Tag zweimal der Gottesdienst wiederholt werden sollte, bis alle daran teilgenommen hatten, die ein Recht dazu besaßen.

Am ersten Tag durften an der offiziellen Weihung die folgenden teilnehmen: die Erste Präsidentschaft, der Rat der Zwölf Apostel, der Präsidierende Patriarch, der Erste Rat der Siebzig, die Präsidierende Bischofschaft und alle sonstigen Generalautoritäten der Kirche, dazu noch die Pfahlpräsidenten und ihre Ratgeber und die Hohen Räte, die Patriarchen, die Präsidenten der Hohenpriesterkollegien mit ihren Ratgebern, die Präsidenten der Siebzigerkollegien, die Bischöfe und ihre Ratgeber. Die Einladung umfaßte auch die Frauen und unmittelbaren Angehörigen der genannten Kirchenbeamten. Bei den späteren Sessionen war der Zutritt so geregelt, daß für die Gemeinden und Pfähle eine bestimmte Zeit festgesetzt wurde.

Niemand wurde ohne offizielles Dokument eingelassen, nämlich den sogenannten Empfehlungsschein, unterschrieben vom Bischof der Gemeinde und vom Präsidenten des Pfahles. In einem Rundschreiben über die Weihung ist folgendes zu lesen:

„Jeder, der eintreten will, muß dem Türhüter seinen Empfehlungsschein vorweisen; sonst wird er nicht durchgelassen. Der Schein wird dann von einem Kontrolleur innerhalb des Portals eingesammelt. Niemand wird ohne Empfehlungsschein zugelassen, zu welcher Gelegenheit auch immer es sein mag." Der Gottesdienst wurde täglich vom 6. April bis zum 18. April und dann wieder am 23. und 24. April abgehalten. Gewöhnlich gab es jeden Tag zwei Sessionen, aber am 7. April kam noch eine Abendsession dazu. Kinder unter acht Jahren, die daher noch nicht getauft waren, wurden zu den allgemeinen Sessionen nicht eingelassen. Man hatte aber für sie besondere Tage festgesetzt – nämlich den 21. und 22. April, Freitag und Samstag.

In der ersten Versammlung – der offiziellen Tempelweihe – sprach Präsident Wilford Woodruff das Gebet, und in jeder folgenden Session wurde es vorgelesen. Das Gebet selbst ist zugleich Predigt und Bittgebet; es drückt die innersten Gedanken des Volkes aus; die Geschichte der Heiligen und der Zustand der Kirche zu jener Zeit sind darin dargestellt.

Es folgt der Wortlaut des Gebets:

„Unser Vater im Himmel, der du die Himmel und die Erde erschaffen hast und alles, was darin ist, du Herrlichster von allen, vollkommen in Gnade, Liebe und Wahrheit! Wir, deine Kinder, treten heute vor dich in diesem Haus, das wir deinem allerheiligsten Namen gebaut haben, und rufen demütig das sühnende Blut deines einziggezeugten Sohnes an, auf daß unserer Sünden auf ewig nicht mehr gedacht werde, sondern daß unser Gebet zu dir emporsteige und vor deinen heiligen Thron gelange und wir in deiner heiligen Wohnstätte Gehör fänden. Möge es dir wohlgefällig sein, unsere Bitten zu hören und sie in deiner unendlichen Weisheit und Liebe zu beantworten. Gewähre uns die Segnungen, die wir erflehen; ja, gewähre sie uns hundertfältig, denn wir wollen mit reinem Herzen und festem Vorsatz deinen Willen tun und deinen Namen verherrlichen.

Wir danken dir, großer Elohim, daß du deinen Knecht Joseph Smith durch die Lenden Abrahams, Isaaks und Jakobs erweckt und ihn zum Propheten, Seher und Offenbarer gemacht hast; daß du ihn durch die Hilfe und den Beistand der Engel vom Himmel befähigt hast, das Buch Mormon – das Holz Josefs in der Hand Efraims – hervorzubringen in Erfüllung der Prophezeiungen Jesajas und anderer Propheten, und daß dieser Bericht übersetzt und in vielen Sprachen veröffentlicht ist. Wir danken dir auch, unser Vater im Himmel, daß du deinen Knecht inspiriert und ihm Macht auf Erden gegeben hast, die Kirche in diesem guten Land zu gründen – in ihrer ganzen Fülle und Macht und Herrlichkeit mit Aposteln, Propheten, Hirten und Lehrern, mit allen dazugehörigen Gaben und Gnaden, und dies alles durch die Macht des Aaronischen und des Melchisedekischen Priestertums, das du ihm durch heilige Engel hast übertragen lassen, die dieses Priestertum in den Tagen des Erretters innegehabt haben. Wir danken dir, o Gott, daß du es deinem Knecht Joseph ermöglicht hast, zwei Tempel zu bauen, worin heilige Handlungen für Lebende und Verstorbene vollzogen worden sind; daß er in seinem Leben das Evangelium auch zu den Völkern der Erde und den Inseln des Meeres hat senden können und daß er voll Eifer gearbeitet hat, bis er um des Wortes Gottes und des Zeugnisses Jesu Christi willen den Märtyrertod erlitten hat.

Wir danken dir auch, unser Vater im Himmel, daß du deinen Knecht Brigham Young erweckt hast, der die Schlüssel deines Priestertums viele Jahre lang auf Erden innegehabt hat und der dein Volk in diese Gebirgstäler geführt hat, der den Eckstein dieses großen Tempels gelegt und ihn dir geweiht hat und der Anweisung gegeben hat, hier in den Rocky Mountains drei andere Tempel zu bauen, die deinem heiligen Namen geweiht sind und worin viele tausend Lebende gesegnet und Verstorbene erlöst worden sind.

Unser Vater im Himmel, wir sind dir auch dankbar für deinen Knecht John Taylor, der in deines Knechtes Brigham Fußstapfen getreten ist, bis er sein Leben im Exil beschlossen hat.

Du hast deine Knechte Wilford Woodruff, George Q. Cannon und Joseph F. Smith berufen, heutigentags die Schlüssel der Präsidentschaft und des Priestertums zu halten, und für diese Hirten deiner Herde sagen wir dir Lob und Dank. Dein Knecht Wilford erkennt deine Hand an, o Herr, denn du hast sein Leben von der Stunde seiner Geburt bis zu diesem Tag bewahrt. Einzig deine Macht hat ihn in all dem bewahren können, was er in den 86 Jahren durchgemacht hat, die du ihm auf Erden gewährt hast.

Auch für die Erweckung der zwölf Apostel danken wir dir, o Gott, und für die vollkommene Einigkeit unter uns.

Wir danken dir, o Herr, für die vollkommene Gliederung Deiner Kirche, wie sie zu dieser Zeit besteht.

O Herr, mit tiefem, unaussprechlichem Gefühl betrachten wir die Vollendung dieses heiligen Hauses. Nimm diesen vierten Tempel, den deine Bundeskinder mit deiner Hilfe in diesen Bergen errichtet haben, gnädig an. In alten Zeiten hast du mit deinem Heiligen Geist deine Knechte, die Propheten, erleuchtet, so daß sie von einer Zeit in den Letzten Tagen gesprochen haben, da der Berg, auf dem das Haus des Herrn ist, an der Spitze aller Berge stehen werde. Wir danken dir, daß du es uns auf so glorreiche Weise ermöglicht hast, diese Vision deiner Seher aus alter Zeit erfüllen zu helfen, und daß du uns in deiner Gnade an dem großen Werk hast teilhaben lassen. Und nun, da dieser Teil der Worte deiner Knechte auf so wunderbare Weise verwirklicht ist, bitten wir dich mit gestärktem Glauben und neuer Hoffnung, daß all ihre Worte über dein großes Werk bei der Sammlung deines Volkes Israel und dem Aufbau deines Reiches auf Erden in den Letzten Tagen ebenso gänzlich erfüllt werden und, o Herr, bald erfüllt werden mögen.

Wir nähern uns dir mit Freude und Danksagung, mit Frohlocken und einem Herzen voll Lob, weil du uns diesen Tag hast sehen lassen, den wir 40 Jahre lang erhofft haben, für den wir gearbeitet und gebetet haben, damit wir dir dieses Haus weihen können, das wir deinem allerheiligsten Namen erbaut haben. Vor einem Jahr haben wir den Schlußstein mit dem Ruf ‚Hosanna Gott und dem Lamm' eingesetzt. Und heute weihen wir dir das Ganze mit allem, was dazugehört, daß es heilig sei in deinen Augen; daß es ein Haus des Gebets, der Lobpreisung und der Anbetung sei; daß deine Herrlichkeit darauf ruhe; daß deine heilige Gegenwart es immer erfülle; daß es die Wohnstätte deines geliebten Sohnes, unseres Erretters, sei; daß die Engel vor deinem Angesicht heilige Boten seien, die es besuchen und uns deine Wünsche und deinen Willen überbringen; daß es in all seinen Teilen dir geweiht und dir heilig sei, o Gott Israels, du allmächtiger Herrscher der Menschen. Und wir beten zu dir, daß alle, die über die Schwelle dieses deines Hauses treten, deine Macht verspüren und anerkennen mögen, du habest es geheiligt, es sei dein Haus, die Stätte deiner Heiligkeit.

Wir bitten dich, himmlischer Vater, nimm dieses Gebäude mit all seinen Teilen an, vom Fundament bis zum Schlußstein, worauf eine Statue steht, mit all seinen Kreuzblumen und sonstigen Verzierungen an der Außenseite. Wir bitten dich, segne alle Mauern und bewahre sie vor dem Verfall, desgleichen alle Wände, Fußböden, Decken, Dächer und Balken, die Aufzüge, die Treppen, die Geländer und Stufen, die Rahmen, die Türen und Fenster und sonstigen Öffnungen, die gesamte Beleuchtung, Beheizung und sanitäre Einrichtung, die Kessel und Maschinen und Dynamos, die verlegten Rohre und Drähte, die Lampen und Brenner und alle Geräte, Möbel und Gegenstände, die bei den heiligen Handlungen in diesem Haus verwendet werden, die Vorhänge und Altäre, die Taufbecken und die Rinder, worauf es ruht, die Bäder und die Waschbecken. Segne auch die Schränke und Gewölbe, worin die Urkunden verwahrt werden, mitsamt den Urkunden selbst und allen Büchern, Dokumenten und Papieren, die zum Amt des Schriftführers gehören, ebenso die Bibliothek mit allen Büchern, Karten, Instrumenten und so weiter, die dazugehören. Wir unterstellen deiner Annahme auch alle Anbauten und Nebengebäude, die nicht zum Haupthaus gehören, sondern nur einen Anbau bilden; wir bitten dich, segne alle Einrichtungen, Sitze, Kissen, Vorhänge, Tapeten, Schlösser und Verschlüsse und die Vielzahl von anderen Gerätschaften und Beigaben, die in diesem Tempel und seinen Anbauten zu finden sind und dazugehören; segne alle Verzierungen darauf, die Malerei und den Stuck, die Vergoldung und Bronzierung, den Zierat aller Art aus Holz und Metall, die Stickerei, die Näharbeit, die Bilder und die Statuen, die Schnitzerei und die Baldachine. Segne auch die Stoffe, woraus das Gebäude und was darin ist gemacht sind – Steine und Kalk, Mörtel und Gips, Balken und Leisten, das Holz, Gold und Silber, Bronze und Eisen, alles übrige Metall, die Seide, Wolle und Baumwolle, die Häute und Felle, das Glas, das Porzellan und die kostbaren Steine – all dies unterstellen wir demütig deiner Annahme und heiligenden Segnung.

Unser Vater im Himmel, wir bringen vor dich die Altäre, die wir bereitet haben, so daß deine Knechte und Mägde ihre Siegelung empfangen können. Wir weihen die Altäre deinem heiligen Namen und tun es im Namen unseres Herrn Jesus Christus, und wir bitten dich, heilige sie, damit diejenigen, die herzutreten, die Macht des Heiligen Geistes an sich verspüren mögen und erkennen können, wie heilig die von ihnen abgelegten Gelübde sind. Und wir bitten dich, laß die Verträge und Bündnisse, die wir mit dir und miteinander machen, von deinem Heiligen Geist gelenkt sein, laß sie uns heilig und dir angenehm sein, laß alle Segnungen, die hier ausgesprochen werden, für die Heiligen, die an diese Altäre kommen, am Morgen der Auferstehung der Gerechten Wirklichkeit werden.

O Herr, wir bitten dich, segne und heilige das ganze Grundstück worauf diese Gebäude stehen, mit der Umfriedungsmauer und den Zäunen, die Gehsteige, Fußwege und Zierbeete, auch die Bäume, Pflanzen, Blumen und Büsche, die in dieser Erde wachsen; mögen sie blühen und gedeihen und überaus schön und lieblich werden, und möge dein Geist in ihrer Mitte weilen, damit dieser Grund ein Ort der Ruhe und des Friedens, ein Ort heiliger Betrachtung und inspirierten Denkens sei.

Bewahre diese Gebäude, so bitten wir dich, vor Beschädigung und Zerstörung durch Wasser und Feuer, vor dem Wüten der Elemente, vor dem Strahl des zuckenden Blitzes, vor der tobenden Macht des Wirbelsturms, vor den Flammen des verzehrenden Feuers und dem bedrohlichen Erdbeben; o Herr, beschütze sie.

Wir bitten dich, himmlischer Vater, segne alle, die in diesem Hause arbeiten werden. Gedenke immer deines Knechtes, der berufen sein wird, in diesen Mauern zu präsidieren; statte ihn reichlich aus mit der Weisheit des Heiligen, mit dem Geist seiner Berufung, mit der Macht seines Priestertums und der Gabe des Erkennens. Segne – einen jeden gemäß seiner Berufung – seine Assistenten und alle, die mit ihm beim Vollzug der heiligen Handlungen ihres Amtes walten: Taufe, Konfirmation, Waschung, Salbung, Endowment, Siegelung und sonstige heilige Handlungen, die hier vollzogen werden, so daß alles dir, du Gott unserer Errettung, angenehm sei. Segne die Schriftführer und Schreiber, damit die Berichte des Tempels genau und ohne Auslassung und Fehler geführt werden und auch von dir angenommen werden können. Segne – einen jeden an seinem Platz – die Mechaniker, die Wächter und die Wachen und alle übrigen, die hier irgendwelche Pflichten zu erfüllen haben, auf daß sie dabei nur deine Herrlichkeit im Sinn haben.

Sei in deiner Gnade auch all derer eingedenk, die beim Bau des Hauses gearbeitet oder auf irgendeine Weise an seiner Fertigstellung beteiligt waren: mögen sie ihres Lohnes nimmermehr verlustig gehen.

O Gott unserer Väter Abraham, Isaak und Jakob, deren Gott genannt zu werden du dich freust, wir danken dir mit heißer Inbrunst, daß du die Mächte offenbart hast, wodurch das Herz der Kinder wieder den Vätern und das Herz der Väter den Kindern zugewendet wird, so daß die Menschen aller Generationen der Herrlichkeit und

Freude im Himmelreich teilhaftig werden. Bestätige auf uns den Geist des Elija, so bitten wir dich, damit wir unsere Verstorbenen erlösen und eine Verbindung mit unseren Vätern zustande bringen können, die durch den Vorhang gegangen sind, damit wir unsere Verstorbenen siegeln, in der ersten Auferstehung hervorzukommen, und damit wir, die wir auf Erden wohnen, mit denen verbunden seien, die im Himmel weilen. Wir danken dir um derentwillen, die ihr Werk auf Erden vollendet haben, und um unseretwillen, nämlich daß die Gefängnistore geöffnet und die Gefangenen freigegeben sind und daß die Fesseln von den Gebundenen weggenommen sind. Wir preisen dich, daß unsere Väter, vom ersten bis zum letzten, jetzt bis zum Anfang zurück mit uns zu einer unzerbrechlichen Kette durch das heilige Priestertum zusammengeschmiedet sind und daß wir als eine große Familie – in dir vereinigt und durch deine Macht zusammengefügt – vor dir stehen und durch die Kraft des sühnenden Blutes deines Sohnes von allem Bösen erlöst sein werden, errettet und heilig, erhöht und verherrlicht. Laß auch deine heiligen Boten uns in diesen Mauern besuchen und uns zu wissen geben, welche Arbeit wir für unsere Verstorbenen verrichten sollen. Du hast das Herz vieler angerührt, die noch keinen Bund mit dir eingegangen sind, daß sie nach ihren Ahnen forschen; und dabei haben sie die Vorfahren vieler deiner Heiligen herausgefunden. Wir bitten dich, vermehre dieses Verlangen in ihrem Herzen, damit sie auf diese Weise dein Werk fördern helfen. Segne sie, das bitten wir, bei ihren Bemühungen, damit sie beim Zusammenstellen der Stammbäume keinem Irrtum verfallen; und weiter bitten wir dich, tue ihnen neue Quellen auf und lege ihnen die Berichte der Vergangenheit in die Hand, damit ihre Arbeit nicht nur richtig, sondern auch vollständig sei.

O großer Vater des Geistes aller, die im Fleisch wohnen, segne und befähige all diejenigen, denen du einen Teil deiner Autorität übertragen hast und die im Priestertum nach der Ordnung deines Sohnes Verantwortung tragen und Macht innehaben. Segne sie alle, vom ersten bis zum letzten, von deinem Knecht, der dich in aller Welt vertritt, bis herab zum jüngsten Diakon. Schenke ihnen allen den Geist der Berufung, und laß sie ihre Pflichten erfassen und mit liebevollem Eifer ausführen. Schenke ihnen Glauben, Geduld und Verständnis. Mögen sie ein tugendstarkes und von Demut verschöntes Leben führen; möge ihr Dienen erfolgreich sein, ihr Beten kraftvoll und ihre Lehre der Pfad zur Errettung. Mögen sie durch den Geist und die Macht Gottes bei all ihren Arbeiten einig sein, und mögen sie in all ihrem Denken, Tun und Reden deinen Namen verherrlichen und die Weisheit rechtfertigen, die sie zu Königen und Priestern vor dir werden läßt.

Vor allem beten wir für deine Knechte in der Ersten Präsidentschaft der Kirche. Offenbare ihnen mit großer Klarheit deine Absichten und deinen Willen in allem, was für die Wohlfahrt deines Volkes notwendig ist; gib ihnen himmlische Weisheit, reichlichen Glauben und die Macht und die Gaben, die notwendig sind, um über die Beamten und Mitglieder deiner Kirche so zu präsidieren, wie es dir angenehm ist. Gedenke in Liebe deines Knechtes, den du zum Propheten, Seher und Offenbarer für die ganze Menschheit berufen hast und dem schon viele Tage auf Erden geschenkt worden sind; dennoch bitten wir, verlängere sein irdisches Leben und gewähre ihm vollständig alle Kräfte und Gaben des Amtes, das du ihm übertragen hast; segne in gleicher Weise seine Mitarbeiter in der Präsidentschaft deiner Kirche.

Gieße auf deine Knechte, die zwölf Apostel, deinen Geist in reichem Maße aus. Möge das Evangelium vom Reich unter ihrer Führung in alle Welt gelangen, allen Völkern, Geschlechtern, Sprachen und Nationen gepredigt werden, damit die, die ehrlichen Herzens sind, in jedem Land die Frohbotschaft der Freude und Errettung hören können. Wir bitten dich, herrsche inmitten der Regierungen auf Erden, damit die Hindernisse, die jetzt der Verbreitung deiner Wahrheit entgegenstehen, beseitigt werden und alle Menschen sich der Freiheit des Gewissens erfreuen dürfen.

Gedenke in liebevoller Güte deiner Knechte, der Patriarchen. Mögen sie voll des Segens für dein Volk Israel sein. Mögen sie Worte des Trostes und der Beruhigung in sich tragen, Worte der Ermutigung und der Segnung. Erfülle sie mit dem verheißenen Heiligen Geist und laß ihre prophetischen Worte gnädig von dir erfüllt werden, auf daß deinem Namen im Volk deiner Kirche gehuldigt werde und ihr Glaube an dich und die Verheißungen deiner Knechte mehr und mehr gestärkt werde.

Neben deinen Knechten, den Zwölf, segne auch ihre Gefährten, die Siebzig; mögen sie dein Wort kraftvoll predigen und in die vier Himmelsrichtungen auf Erden hinaustragen. Möge sich vor ihnen ein immer breiterer Weg öffnen, bis sie in jedem Land das Banner des Evangeliums aufgerichtet und die erlösende Wahrheit in jeder Sprache verkündet haben, damit alle Inseln und Kontinente sich am Zeugnis des großen Werkes erfreuen, das du in diesen Letzten Tagen auf Erden vollbringst.

Segne reichlich, o Herr, die Hohen Priester in allen Pflichten und Ämtern, zu denen du sie berufen hast. Als örtliche Verkünder deines Wortes in den immer zahlreicheren Pfählen Zions statte sie voll mit dem Geist ihrer Berufung aus. Mögen sie als Präsidenten, Ratgeber, Bischöfe, Hohe Räte und in jedem anderen Amt ihres Priestertums rechtschaffene Knechte deines heiligen Gesetzes sein, liebevolle Väter des Volkes, und mögen sie als Richter unter den Heiligen gerecht und unparteiisch Recht sprechen, gemildert durch Gnade und Liebe.

Gieße auch die kostbare Gabe der Weisheit, des Glaubens und der Erkenntnis auf deine Knechte, die Ältesten, die Priester, die Lehrer und die Diakone aus, damit alle eifrig ihren Teil an der herrlichen Arbeit verrichten, zu der du das Priestertum berufen hast.

Wir flehen dich an, vergiß nicht deine Knechte, die Missionare, welche die erlösende Wahrheit, wie du sie zur Erlösung der Menschheit offenbart hast, den Millionen verkünden, die jetzt noch von tiefer geistiger Finsternis umfangen sind. Bewahre sie vor allem Bösen, befreie sie aus Gewalttätigkeiten; mögen sie nie des Guten ermangeln, sondern mit den Gaben und Kräften ihres Dienstes reich gesegnet sein. Gedenke auch der Familie eines jeden, auf daß sie durch dich getröstet und bewahrt seien und damit deine Heiligen für sie sorgen.

Wir beten zu dir für die Mitglieder deiner heiligen Kirche überall auf der Welt, auf daß dein Volk von dir so gelenkt und geleitet werde, daß alle, die sich als Heilige bekennen oder so nennen, in der Einheit des Glaubens und auf dem Weg der Wahrheit, im Reich des Friedens und in der Heiligkeit des Lebens vereint seien. Stärke die Schwachen, das bitten wir, und sende deinen Geist zu allen.

Unser Vater, möge Friede überall herrschen, wo deine Heiligen wohnen; mögen heilige Engel sie behüten; mögen sie durch deine liebevollen Arme beschützt sein; möge ihr Wohlergehen gesichert sein und möge der Versucher und Zerstörer ihnen fern bleiben. Mögen die Tage deines Bundesvolkes in Gerechtigkeit verlängert werden, mögen Krankheit und Leiden aus ihrer Mitte verbannt sein. Möge das Land, wo sie wohnen, durch deine Gnade fruchtbar sein, mögen seine Wasser vermehrt und das Klima so gemäßigt sein, wie es dein Volk braucht; mögen Trockenheit und verheerende Unwetter sie verschonen und Erdbeben nie das Land verwüsten, das du uns gegeben hast. Mögen Heuschrecken, Raupen und andere Insekten nicht unsere Gärten vernichten und unsere Felder kahlfressen; mögen wir vielmehr als Volk an Körper und Geist deinen Segen haben, unsere Wohnstätten und Herden, wir selbst und unsere Nachkommenschaft und alles, worüber du uns zum Treuhänder bestellt hast.

Nun beten wir für die Jugend Zions – die Kinder deines Volkes; begabe sie reichlich mit Glauben und Rechtschaffenheit und immer größerer Liebe zu dir und deinem Gesetz. Laß alle Einrichtungen gedeihen, die du bei uns zu ihrem Wohlergehen aufgerichtet hast. Verleihe unseren Kirchenschulen eine immer größere Kraft, Gutes zu wirken. Möge dein Heiliger Geist das lenken, was darin gelehrt wird; möge er auch den Schülern ins Herz dringen und ihnen den Verstand erleuchten. Segne deine Knechte, den Superintendenten und alle Direktoren, die Lehrer und anderen Beamten sowie diejenigen, die am Bildungsamt deiner Kirche tätig sind. Gedenke in liebevoller Güte auch der Sonntagsschule und aller, die ihr als Lehrer und Schüler angehören; möge die darin erteilte Belehrung einen immer größeren und stärkeren Einfluß ausüben – zu deinem Ruhm und zur Errettung deiner Kinder –, bis es vollkommen Tag geworden ist. Segne den Hauptausschuß der Deseret-Sonntagsschulunion mit der Weisheit, die für die ordnungsgemäße Erfüllung der Pflichten und für die Erreichung der Ziele notwendig ist, zu deren Zweck der Ausschuß gegründet worden ist.

Wir bringen vor dich auch die Gemeinschaftliche Fortbildungsvereinigung für junge Männer und für junge Damen mit all ihren Beamten auf sämtlichen Ebenen sowie den Mitgliedern. Mögest du die Vereinigung gedeihen lassen, möge ihre Mitgliederschaft wachsen und möge das Gute, das sie vollbringen, in jedem Jahr zunehmen. Für die Primarvereinigung und die Religionsklassen flehen wir auch um deinen ständigen Segen und deine Obhut; möge sich der Geist des Lehrens über die Leiter samt ihren Beamten und Lehrern ergießen. Mögen sie mit den übrigen Unterrichtsanstalten deiner Kirche Schritt halten, so daß unsere Kinder schon vom zartesten Alter an auf den Wegen des Herrn zu wandeln gelehrt werden und damit dein Name verherrlicht werde, während sie in Tugend und Intelligenz aufwachsen.

O Herr, wir wollen auch nicht der regulären Ausbildungsinstitute bei uns vergessen, seien sie mit Kirchenschulen oder mit der Fortbildungsvereinigung oder mit der Sonntagsschule in Verbindung. Laß diese Schulen überall, wo Heilige wohnen, das Mittel zur Verbreitung einer wahren Bildung sein, und laß Lehrkörper entstehen, die sich nicht nur hoher Intelligenz zu rühmen wissen, sondern auch vom Geist des Evangeliums erfüllt sind und ein starkes Zeugnis deiner Wahrheit besitzen und all denen, die sie unterrichten, die Liebe zu dir und deinem Werk machtvoll ins Herz pflanzen.

Wir bringen vor dich, o Herr, die Frauenhilfsvereinigungen mit ihren Mitgliedern und all denen, die ihnen – ihrer Berufung gemäß – vorstehen. Segne bei dieser Arbeit der Barmherzigkeit und Nächstenliebe die Lehrerinnen, die gleich dienenden Engeln die Kranken und Bedürftigen zu Hause besuchen und den Unglücklichen und Betrübten Trost und Hilfe spenden. Wir bitten dich, allergnädigster Vater, segne die Armen in deinem Volk, damit aus der Mitte deiner Heiligen nicht der Schrei der Not und des Leidens emporsteige, jener Heiligen, die du so reich mit den Gütern dieser Welt gesegnet hast. Zeige uns neue Wege und lehre die Notleidenden, sich auf ehrliche Weise ihren Lebensunterhalt zu verdienen; rühre an das Herz derjenigen, die reichlicher gesegnet sind, so daß sie ihren in dieser Hinsicht weniger begnadeten Brüdern und Schwestern von ihrer Habe abgeben, damit du nicht Grund habest, uns zu züchtigen, weil wir die Geringsten unter deinen Bundeskindern haben darben lassen.

O Gott Israels, wende dein Antlitz liebevoll zu dem geschlagenen Volk des Hauses Juda. Wir bitten dich, befreie sie von ihren Unterdrückern. Heile ihre Wunden, tröste ihr Herz, stärke ihre Füße und schenke ihnen Diener nach deinem Sinn, die sie wie in alten Tagen nach deinem Willen führen. Mögen die Tage ihrer Prüfung bald vorüber sein und sie durch dich in die Täler und Ebenen ihrer alten Heimat geführt werden; möge Jerusalem jauchzen und Judäa frohlocken über die Menge ihrer Söhne und Töchter, über die süße Stimme der Kinder in den Straßen und über die reiche Ausgießung deiner errettenden Gnade über sie. Möge Israel nicht mehr das Haupt beugen noch den Hals dem Unterdrücker, sondern mögen seine Füße stark sein in den ewigen Bergen, auf daß es niemals mehr durch Gewalt daraus verbannt werde; und dein sei Lob und Preis und Herrlichkeit.

Gedenke mit gleichem Erbarmen des dahinschwindenden Restes des Hauses Israel, der Abkömmlinge deines Knechtes Lehi. Laß sie wiederkehren, so bitten wir dich, in deine frühere Gunst, erfülle die ihren Vätern gegebenen Verheißungen gänzlich und mache sie zu einer weißen, angenehmen Rasse, zu einem geliebten und heiligen Volk wie in früheren Zeiten. Möge die Zeit nahe sein, wo du auch die Zerstreuten Israels von den Inseln des Meeres und aus jedem Land, wohin du sie zerstreut hast, zusammenführst und die zehn Stämme aus ihren Verstecken im Norden holst und du ihnen wieder Gemeinschaft schenkst mit ihrer Sippe vom Samen Abrahams.

Wir danken dir, o Gott Israels, daß du vaterlandstreue Männer erweckt hast, den Grund zu legen für unsere amerikanische Regierung. Du hast sie erleuchtet, so daß sie eine gute Verfassung geschaffen haben sowie Gesetze, die allen Bewohnern des Landes gleiche Rechte einräumen, darunter auch, daß sie dich nach dem Gebot des eigenen Gewissens verehren dürfen. Segne die Beamten, die gesetzgebenden ebenso wie die ausführenden. Gewähre deine Gunst dem Präsidenten, seinem Kabinett und dem Kongreß. Mögen sie, erleuchtet und geführt von deinem Geist, die herrlichen Prinzipien menschlicher Freiheit hochhalten. Unser Herz ist voll des Dankes gegen dich, unser Vater im Himmel, weil du in deiner Güte die Herzen unserer Mitbürger, der Angehörigen dieser Nation, gegen uns hast weich werden lassen. Was du getan hast, ist für uns ein Wunder. Wir danken dir, daß du den Präsidenten unserer Nation angerührt hast, so daß er eine Generalamnestie erlassen hat, daß du Vorurteil und Mißverständnis uns und unseren Absichten gegenüber beseitigt hast und daß nun das Volk geneigt ist, uns als Mitbürger und nicht als Feinde zu behandeln. In diesem heiligen Haus wollen wir dich dafür verherrlichen, und wir bitten dich demütig, dieses Gefühl im Herzen des Volkes zu vermehren. Laß sie uns so erkennen, wie wir wirklich sind; zeige ihnen, daß wir ihre Freunde sind, daß wir die Freiheit lieben, daß wir mit ihnen eins sind in dem Bestreben, das Recht des Volkes und die Verfassung und die Gesetze unseres Landes hochzuhalten; gib uns und unseren Kindern immer mehr den Wunsch, loyal zu sein und alles zu tun, was in unserer Macht steht, um die verfassungsmäßigen Rechte und die Freiheit aller Menschen in dieser großen Republik zu garantieren.

Gedenke in Gnaden, o Herr, der Könige und Fürsten, der Edlen und Herrscher, der Großen dieser Erde, aber auch den Armen, der Betrübten und Unterdrückten, ja, aller Menschen, auf daß sie ein weiches Herz bekommen, wenn deine Knechte hinausgehen und Zeugnis ablegen von deinem Namen, damit ihr Vorurteil der Wahrheit Platz mache und dein Volk Gnade finde vor ihren Augen. Lenke das Geschick der Nationen dieser Erde so, daß der Weg bereit sei für die Aufrichtung eines Reiches der Rechtschaffenheit und Wahrheit. Wir sehnen uns danach, daß sich die Freiheit auf Erden ausbreite, die Unterdrückung ein Ende habe, das Joch der Tyrannen zerbrochen und jede despotische Regierung gestürzt werde, wodurch deine Kinder erniedrigt und zermalmt werden und wodurch sie gehindert werden, sich ihres Teils an den Segnungen der Erde zu erfreuen – der Erde, die du ihnen zur Wohnung geschaffen hast.

O Gott, ewiger Vater, du weißt alles. Du siehst die Wege, die dein Volk in politischen Angelegenheiten eingeschlagen hat. Die Heiligen haben sich in vielen Fällen den zwei großen politischen Parteien angeschlossen. Wir haben Wahlkampagnen und Wahlen gehabt, und es ist zu vielen parteilichen Zwistigkeiten gekommen. Manches ist gesagt und getan worden, was die Gefühle der Sanftmütigen und Demütigen verletzt hat und Grund für eine Beleidigung geworden ist. Wir bitten dich, vergib in deiner unendlichen Gnade und Güte deinem Volk, was es in dieser Hinsicht gesündigt hat. Zeige deinen Kindern, o Vater, ihre Fehler und Irrtümer, damit sie diese im Licht des Heiligen Geistes sehen und aufrichtig und wahrhaftig Umkehr üben und wieder Liebe und Zuneigung pflegen, wie nach deinem Willen alle Menschenkinder, vor allem aber deine Heiligen, sie füreinander hegen sollen. Laß dein Volk von nun an Bitterkeit und Streit meiden und sich in politischen Diskussionen der Worte und Handlungen enthalten, die zu Mißstimmung führen und deinen Geist betrüben.

Himmlischer Vater, wenn dein Volk dieses heilige Haus nicht betreten darf, um dir seine Bitten darzubringen, und wenn die Heiligen unterdrückt und in Schwierigkeiten sind, wenn ihnen die Versuchung zusetzt und sie ihr Antlitz zu diesem deinem Haus wenden und dich um Hilfe anflehen, um Befreiung, damit deine Macht zu ihren Gunsten eingreife, dann rufen wir dich an: Blicke von deiner heiligen Wohnstätte in Gnade und voll Mitleid auf sie herab und höre auf ihr Flehen.

Oder wenn die Kinder deines Volkes in kommenden Jahren aus irgendeinem Grund von diesem Ort weggehen müssen und sich ihr Sinn in der Erinnerung an die Verheißungen dieses heiligen Tempels zurückwendet, wenn sie zu dir aus der Tiefe ihrer Bedrängnis und ihres Leides rufen, du mögest sie erretten und befreien, dann flehen wir dich demütig an: schenke ihnen dein Ohr in Gnaden; höre ihr Rufen und gewähren ihnen die Segnungen, worum sie dich bitten.

Allmächtiger Vater, vermehre in uns die Glaubenskraft, die deinen Heiligen geschenkt ist. Stärke uns durch das Gedenken an die wunderbaren Befreiungen in der Vergangenheit, die Erinnerung an die heiligen Bündnisse, die du mit uns gemacht hast, wenn uns das Unglück bedrückt und wir durch das tiefe Tal der Erniedrigung schreiten, so daß wir nicht zagen und nicht zweifeln, sondern in der Kraft deines heiligen Namens all deine gerechten Absichten für uns verwirklichen und das Maß unserer Erschaffung erfüllen, auf daß wir durch deine Gnade über die Sünde triumphieren können, von allem Übel erlöst werden und im Himmelreich zu denen gehören, die auf ewig in deiner Gegenwart wohnen werden.

Und nun, unser Vater, loben wir dich, preisen wir dich, verherrlichen wir dich, beten wir dich an, geben dir Tag für Tag die Ehre und danken dir für deine große Güte gegen uns, deine Kinder; und wir bitten dich im Namen deines Sohnes Jesus Christus, unseres Erretters, höre dieses unser demütiges Flehen und schenke uns Antwort vom Himmel, deiner heiligen Wohnung, wo du in Herrlichkeit, Größe, Majestät und Herrschaft sitzest, mit unendlicher Macht, die wir, deine sterblichen Geschöpfe, uns nicht vorstellen, geschweige denn begreifen können. Amen und amen."

Alle, die an dem Weihegottesdienst am Morgen des 6. April 1893 teilgenommen haben, wissen, wie eindrucksvoll der Tag war. Der Himmel war düster und bewölkt, und kurz vor dem Beginn setzte ein starker Wind aus Nordwesten ein. Dieser Wind verstärkte sich zu einem wahren Orkan, und während der ganzen Morgensession schien es, als habe der Fürst der Lüfte die Herrschaft an sich gerissen; aber der Friede und die feierliche Ruhe der Versammlung wurde durch den Aufruhr und Sturm draußen nur um so mehr hervorgehoben.

Im Versammlungssaal hatte man eine große Pfeifenorgel aufgebaut; sie diente als Begleitinstrument für den Chor, der Lieder und Hymnen sang, die man eigens für diese Gelegenheit komponiert hatte. Der wesentliche und charakteristische Teil des Gottesdienstes war natürlich das Weihegebet; an dieses schlossen sich kurze Ansprachen von Beamten der Kirche an. Bei der ersten Session hielt jeder von der Ersten Präsidentschaft eine Rede, reich an Verheißung und Prophezeiung. Durch den Gottesdienst zog sich wie ein feierlicher Refrain, ausgedrückt durch Lied, Predigt und Gebet, das freudige Bewußtsein:

„Das Haus des Herrn ist errichtet"

7. KAPITEL

Der große Tempel in Salt Lake City – das Äußere

Vor uns steht der vollendete Bau, das sichtbare Ergebnis von vier Jahrzehnten Opfer und Arbeit – ein Zeitraum, der anfangs von Armut und Entbehrung gekennzeichnet war, worauf aber dann verhältnismäßiger Wohlstand und Überfluß folgten. Beim ersten Blick auf das Äußere gewinnt man den Eindruck, daß hier Wucht mit verläßlicher Festigkeit vereint ist. Die nähere Untersuchung und bessere Bekanntschaft läßt diesen Ersteindruck noch stärker werden, offenbart aber gleichzeitig viele einzigartige Details in Planung und Ausführung. Dem architektonischen Entwurf nach gehört der Tempel in eine Klasse für sich. Das hervorstechendste Kennzeichen ist nicht so sehr Neuheit, sondern Ursprünglichkeit. Und doch gibt es nichts, was gekünstelt wirkt oder als bewußter Versuch anzusehen wäre, vom Konventionellen abzugehen. Der Tempel ist kein Kuriosum der Architektur – im Gegenteil, er fügt sich genau in seine Umgebung ein und entspricht durchaus der geistigen Atmosphäre.

Im Bauwerk mischen sich viele Stilarten; man findet Züge gotischer und romanischer Bauweise. Erfahrene Architekten beschreiben ihn als der Rundgotik zugehörig, während andere ihn der Romantik zurechnen; er folgt darin teilweise dem burgartigen Stil, der in England zu hoher Blüte gelangt ist. Selbst wenn diese Beschreibung auch für das Äußere zutrifft, gilt sie für das Innere ganz und gar nicht. Es gibt keine hochgewölbten gotischen Decken, keine mächtigen Balken im romanischen Stil,

sondern das Innere nähert sich eher der Renaissancebauweise[1].
Der Tempel ist für einen bestimmten Zweck gebaut worden. Er dient einer Art von Gottesdienst, der sich von dem in Kirchen und Kathedralen, Domen, Moscheen und Synagogen stark unterscheidet. Und das Gebäude ist so angelegt, daß es diesem bestimmten Zweck voll entspricht. Dies ist der Grund für sein Vorhandensein, die Erklärung für seine Gestaltung, die Rechtfertigung für seinen Plan.

Wie schon erwähnt, wurden die Baupläne für das Gebäude veröffentlicht, und im Jahre 1854 kam eine ziemlich genaue Beschreibung heraus. Eine sorgfältige Untersuchung des fertigen Bauwerks zeigt, daß der ursprüngliche Plan der Außengestaltung in jedem wesentlichen Detail fast bis zur Übereinstimmung eingehalten worden ist. Die Einzelheiten der Türme, Türmchen und Kreuzblumen waren noch nicht festgelegt, als der Plan zum ersten Mal bekanntgegeben wurde. Hierin und in anderen Punkten wurde der ursprüngliche Plan erweitert, aber man nahm keine wesentliche Abänderung vor. Das fertige Gebäude ist 186 Fuß 6 Zoll lang und 118 Fuß 6 Zoll breit, wenn man die Grundausmaße der Ecktürme mit einbezieht, oder 99 Fuß breit im Hauptgebäude. Die Seitenmauern sind 167 Fuß 6 Zoll hoch, der westliche Mittelturm hat eine Höhe von 204 Fuß, der entsprechende Turm an der Ostseite erhebt sich um 6 Fuß höher. Die Gesamtfläche der Verbauung beträgt 21 850 Quadratfuß.

Die Mauern ruhen auf einem massiven Fundament, das 16 Fuß in den Boden hineinragt, an der Basis 16 Fuß dick ist und sich nach oben hin auf 9 Fuß verjüngt. Vom Boden bis zur Kugel auf den Turmspitzen bestehen die Mauern aus Granit, und jeder Block ist nach Ausmaß und Form genau zugeschnitten und an der Innenseite ebenso wie an der Außenseite mit der gleichen Sorgfalt eingefügt. Die Bogen- und Rundfenster, tief in ihre granitenen Nischen eingebettet, haben Rahmen aus Oolith. Im ganzen ersten Stockwerk sind die Mauern 8 Fuß dick; darüber reduziert sich die Mauerdicke stufenweise bis auf 6 Fuß. Die

---

[1]Joseph D. C. Young, der verantwortliche Architekt während der späteren Bauabschnitte, antwortete auf eine Anfrage des Verfassers im Januar 1912 folgendes: „Immer wieder sind Fragen nach dem Baustil des großen Tempels gestellt worden. Einige prominente Architekten rechnen ihn der Rundgotik zu, andere aber haben gesagt, er könne nirgends eingereiht werden, denn er sei ‚nur aus Material, nicht aber nach einem Entwurf' gebaut worden. Meiner Meinung nach ist er romanisch, modifiziert durch den burgartigen Stil."

Stützpfeiler sind einheitlich um 1 Fuß dicker als die eigentliche Mauer.

Das Gebäude besteht an jedem Ende – im Osten und im Westen – aus drei Türmen, und dazwischen liegt der Haupttrakt, der den Betrachter aus der Ferne an ein riesiges Mittelschiff denken läßt. Im Grundriß ist der Tempel auffällig symmetrisch; jede Hauptachse ist auch eine Symmetrieachse. Die westliche Hälfte ist eine Wiederholung der Osthälfte, die südliche Hälfte ein Gegenstück der nördlichen. Eine Nord-Süd-Linie durch die Mitte der drei Türme an jedem Ende ist ebenfalls eine Symmetrielinie; denn sie zerteilt die Türme in korrespondierende Hälften.

Eine Wiederholung der Teile läßt sich auch in der Vertikalen feststellen. So befindet sich über dem ersten Sims, das heißt unmittelbar oberhalb des Untergeschosses, das zweite Stockwerk, von außen durch eine Reihe von hohen Bogenfenstern zwischen den Stützpfeilern kenntlich. Darüber sieht man eine Reihe von elliptischen Fenstern. Das Sims gleich über diesen Rundfenstern bezeichnet die Gebäudemitte, wenn man den Haupttrakt in der Vertikalen betrachtet. Die obere Hälfte bis zum höchsten Sims ist im allgemeinen eine Wiederholung der unteren. Das Dach ist so wenig geneigt, daß es praktisch flach ist; denn vom Rand bis zur Mitte erhebt es sich nur um 8 Fuß. Zwischen den Türmen an den beiden Enden, das heißt am Haupttrakt des Gebäudes, weisen die Mauern 18 Stützpfeiler auf, je neun an der Nord- und an der Südseite. Jeder Stützpfeiler ragt über die Brüstung und die Zinnen hinaus und ist oben durch einen Granitblock im Ausmaß von 3 Fuß 6 Zoll im Geviert bei einer Höhe von 2 Fuß 6 Zoll abgeschlossen. Von diesen Pfeileraufsätzen sind auf jeder Seite vier offen und bilden den Abschluß von Ventilatorschächten, die bis in den Keller hinabreichen.

Das Dachniveau wird von den oberen Teilen der Türme mit ihren Spitzen und Kreuzblumen überragt. Achteckige Stützpfeiler bilden die Ecken der Türme, und jeder davon trägt einen pyramidenförmigen Monolithen, 6 Fuß hoch und mit 3 Fuß Basisdurchmesser. Die Spitze dieser Pyramide ist behauen und stellt ein Bündel Akanthusblätter dar. Jeder der sechs Türme trägt eine pyramidenförmige Spitze, die in einen kugelförmigen Stein ausläuft. Die behauenen Blöcke, aus denen die Spitzen bestehen, sind zwei Fuß dick; der Schlußstein auf den vier Ecktürmen hat einen Durchmesser von 3 Fuß, der auf den beiden Mitteltürmen mißt 8 Zoll mehr.

Der halbkugelige Schlußstein am östlichen Mittelturm, zugleich der höchste Stein des ganzen Gebäudes und daher der eigentliche Schlußstein, trägt eine Statue, deren Scheitel somit der höchste Punkt des gesamten Gebäudes ist. Die Figur, 12 Fuß 6 Zoll hoch, stellt einen Mann nach Art eines Verkünders oder Boten dar, der eine Posaune bläst. In Haltung und Proportion ist die Figur graziös, aber dennoch kräftig und männlich. Das Gewand ist einfach und läßt nur Füße, Arme und Kopf frei. Der Kopf ist von einem dünnen Reif umgeben, der hochkerzige Lampen trägt. Die Statue besteht aus gehämmertem Kupfer, dick mit Blattgold überzogen. Sie ist das Werk des in Utah geborenen Bildhauers C. E. Dallin, der inzwischen zu internationaler Bedeutung gelangt ist. Die Figur soll den nephitischen Propheten Moroni darstellen, der um das Jahr 421 n. Chr. starb und als auferstandenes Wesen im Jahre 1823 den jungen Propheten Joseph Smith besuchte und ihm die Botschaft des wiederhergestellten Evangeliums überbrachte – in Erfüllung dessen, was in alter Zeit von einem Seher prophezeit worden war:

„Dann sah ich: Ein anderer Engel flog hoch am Himmel. Er hatte den Bewohnern der Erde ein ewiges Evangelium zu verkünden, allen Nationen, Stämmen, Sprachen und Völkern. Er rief mit lauter Stimme: Fürchtet Gott, und erweist ihm die Ehre! Denn die Stunde seines Gerichts ist gekommen. Betet ihn an, der den Himmel und die Erde, das Meer und die Wasserquellen geschaffen hat[2]."

Wie schon im Zusammenhang mit der Feier der Schlußsteinlegung am 6. April 1892 erwähnt worden ist, bildet der Stein, worauf die Statue steht, einen der Urkundenbehälter des Tempels. Ein weiterer Urkundenstein ist ebenfalls bemerkenswert. Dieser befindet sich an der Südostecke des Gebäudes unmittelbar unter der ersten Granitlage. Es ist dies ein Quarzitblock von 3 Fuß Länge und 20 Zoll Breite und Höhe. Eine Höhlung von 1 Quadratfuß enthält gedruckte Bücher, Zeitschriften und handschriftliche Berichte, die hineingelegt worden sind, als man die erste Lage Granitsteine verlegte. Ein Deckel aus Quarzit verschließt die Höhlung; zum Schutz gegen Feuchtigkeit ist er einzementiert.

---

[2] Offb 14:6, 7.

In den Mauern findet man mehrere Reihen Steine mit symbolischer Form und Bedeutung; hierher gehören die Abbildungen der Erde, des Mondes, der Sonne und der Sterne, und dazu gibt es noch Wolkensteine und Steine mit Inschrift.

Von den Erdensteinen gibt es insgesamt 34, davon elf auf jeder Seite und sechs an jedem Ende des Gebäudes. Sie sind im Sockel, also in der ersten Granitlage versetzt und reichen 28 Zoll über den Boden. In jedem Stützpfeiler befindet sich einer davon, nicht aber in den Pfeilern an der Verbindungsstelle der Türme mit dem Haupttrakt. Diese Erdensteine stellen die größten kubischen Blöcke im Gebäude dar; ein jeder ist 5 Fuß 6 Zoll hoch, 4 Fuß 6 Zoll breit und 1 Fuß 8 Zoll dick; das Gewicht beträgt weit mehr als 3 Tonnen. Jeder von diesen massiven Blöcken ist behauen und zeigt den Teil einer Kugeloberfläche, wobei das ganze Segment einen Durchmesser von mehr als 3 Fuß hat.

Die sogenannten Mondsteine – Blöcke, die den Mond in seinen verschiedenen Phasen zeigen – haben einen auffälligen Platz in den Pfeilern unmittelbar unter dem zweiten Sims oder Wasserschlag; sie sind daher in gleicher Höhe mit dem oberen Rand der ersten Reihe von Rundfenstern, also in derselben Höhe wie die Decke des Mezzanins. Es gibt 50 solche Mondsteine. Jeder ist 4 Fuß 7 Zoll hoch, 3 Fuß 6 Zoll breit und 1 Fuß dick.

Die Sonnensteine sind gerade unter dem dritten Sims oder Sockelabsatz in die Pfeiler gesetzt, also fast genau in Dachhöhe. Auch davon gibt es 50, und jeder stellt die Sonne dar, wobei 52 Spitzen die Strahlen versinnbildlichen. Diese Steine sind 4 Fuß 7 Zoll hoch, 3 Fuß 6 Zoll breit und 10 Zoll dick.

Sternensteine gibt es viele; jeder trägt das Reliefbild eines fünfzackigen Sterns. Am östlichen Mittelturm gibt es davon gleich unter den Zinnen 16, vier auf jeder Seite; an den östlichen Ecktürmen sind je zwölf, so daß allein an diesen Türmen 40 Sternensteine eingebaut sind. Auch die Keilsteine an den Türen und in den Fensterbogen gehören dazu; jeder trägt einen Stern.

Eine andere Art Sternensteine ist am westlichen Mittelturm vorhanden. Hier, oberhalb des höchsten Fensters und bis zum Fuß der Zinnen hinaufreichend, sieht man die sieben Sterne des Großen Bären, auch Großer Wagen genannt. Dieses Sternbild ist so angeordnet, daß die beiden rückwärtigen Sterne auf den Polarstern hinweisen.

Wolkensteine gibt es zwei; sie befinden sich in der oberen Hälfte des östlichen Mittelturms unmittelbar unter den Abschlußblöcken der Hauptpfeiler. Sie zeigen Kumuluswolken, durch die sich Sonnenstrahlen ihren Weg bahnen. Das Relief mißt 5 mal 3 Fuß 6 Zoll.

Es sind auch Steine mit Inschrift erwähnt worden, die ebenfalls einen Teil der äußeren Mauer bilden. Der bedeutendste davon ist am östlichen Mittelturm oberhalb der Fenster zu erkennen und nimmt dort den gleichen Platz ein wie das Sternbild am Westturm. Die Hauptinschrift beansprucht einen Raum von etwas mehr als 20 mal 6 Fuß; die Buchstaben sind tief eingemeißelt und schwer vergoldet. Im Bogen über dem großen Fenster in den beiden Mitteltürmen ist eine Inschrift zu sehen, die beiderseits gleich ist. Der Keilstein des unteren Fensters trägt auf einer gemeißelten Schriftrolle die Worte *„Ich bin Alpha und Omega*[3]*"*. Dies ist ein Sinnspruch, der Zeit und Ewigkeit umfaßt und den verkündigt, der ohne Anfang und ohne Ende ist. Hier, über den Mittelfenstern am Haus des Herrn, hat er eine besondere Bedeutung. Wer sich die Mühe nimmt, ihn zu lesen, tut gut daran, über den ganzen Text nachzudenken: „Ich bin das Alpha und das Omega, spricht Gott, der Herr, der ist und der war und der kommt, der Herrscher über die ganze Schöpfung[4]."

Gleich unter dieser Inschrift, im unteren Fensterbogen der Mitteltürme, ist ein Relief mit der Darstellung zweier Hände, die einander fassen: Sinnbild der Brüderschaft und der frei dargebotenen rechten Hand der Gemeinschaft. An dem entsprechenden Stein über den oberen Fenstern in den Mitteltürmen sieht man das aus dem Stein gemeißelte Sinnbild des Auges Gottes.

Der Tempel kann von außen unmittelbar durch vier große Portale, zwei an jedem Ende, betreten werden; jedes davon nimmt die Vertiefung zwischen dem Mittelturm und dem benachbarten Eckturm ein. Diese vier Türen sind ganz gleich gebaut; 16 granitene Stufen führen zu der Vertiefung hinauf, die unterste ungefähr 16, die oberste etwa 9 Fuß lang, die Stufen dazwischen ungefähr 10 Fuß lang. Auf der obersten Granitplatte liegt die eigentliche Schwelle aus gegossener Bronze. Der Eingang ist 8 Fuß breit und bis zur Spitze 16 Fuß 6 Zoll hoch. Er ist

---

[3]Siehe Offb 1:8; 21:6; 22:13.
[4]Offb 1:8.

durch Doppeltüren mit bogenförmigem Oberlicht verschlossen. Die eigentliche Tür ist 12 Fuß hoch, jeder Türflügel 4 Fuß breit. Das unterste Fach in jeder Tür ist aus Eichenholz, während das mittlere und das obere Fach aus geschliffenem Tafelglas bestehen, geschützt durch ein bronzenes Ziergitter mit der Darstellung eines Bienenkorbs in der Mitte. Alles metallene Beiwerk besteht aus gegossener Bronze mit besonderer Verzierung. Die Türknöpfe zeigen in Relief den Bienenkorb, darüber bogenförmig die Worte „Heilig dem Herrn". Das Schlüssellochschild zeigt wieder das Relief der verschlungenen Hände in einem Kranz aus Ölzweigen, ein Gewölbe mit Schlußstein und das Datum „1853-1893" – die Jahre, in denen das große Gebäude begonnen und fertiggestellt worden ist.

Neben jedem Eingang zu beiden Seiten des Mittelturms befindet sich eine mit Baldachin versehene Nische im Granit, groß genug für ein Standbild von außergewöhnlichem Ausmaß[5].

So also stellt sich der große Tempel von außen dar. Der Monumentalbau beeindruckt selbst den zufälligen Betrachter durch seine offensichtliche Dauerhaftigkeit, die sich in einer ruhigen, unveränderlichen Festigkeit verkörpert. Aus der Masse der ewigen Berge gehauen, steht er nun losgelöst da. Soweit Menschenwerk dies überhaupt vermag, läßt er an Beständigkeit und Fortdauer denken.

---

[5] In den Nischen am Ostende des Tempels standen etliche Jahre lang Bronzestatuen des Propheten Joseph Smith und des Patriarchen Hyrum Smith. Die Standbilder sind inzwischen an freien Stellen auf dem Tempelplatz aufgestellt worden.

8. KAPITEL

Der große Tempel in Salt Lake City – das Innere

Der Anbau

Es gibt zwar vier unmittelbare Eingänge in den Tempel; dennoch betritt man ihn gewöhnlich durch den sogenannten Anbau. Normalerweise treten durch die äußeren Portale nur Kirchenautoritäten ein, die sich zu Ratssitzungen einfinden; zu seltenen Anlässen werden auch andere Priestertumsträger zusammengerufen, und dann betreten diese den Tempel ebenfalls durch die Portale.

Den Anbau betritt man ebenerdig durch ein geräumiges Vestibül, 18 mal 21 Fuß groß, an drei Seiten mit Ornamentglas verkleidet. Der Fußboden besteht aus Mosaikfliesen, eingefaßt mit Marmorblöcken. Dieser Vorraum ist geheizt und dient gleichzeitig als Garderobe. An der Tür zum Anbau stehen zwei große Säulen aus Marmor, und an den Mauern daneben stehen zwei weitere aus demselben Material und von gleichem Aussehen. In diesem Geschoß enthält der Anbau einige gutausgestattete Büroräume mit der notwendigen Einrichtung zur Abwicklung des umfangreichen Registrierens und Berichtführens.

Am wichtigsten ist aber im Anbau der Versammlungssaal. Er nimmt den Mittelteil des Gebäudes ein und enthält 300 Sitzplätze. Der Saal hat eine Mittelfläche von 36 Fuß im Quadrat, woran sich im Norden und im Süden je ein halbkreisförmiger Alkoven von 9 Fuß Halbmesser anschließt. Im nördlichen Alkoven befindet sich ein Podium, etwa eine Spanne über den Fußboden gehoben, und darauf steht ein kleines Vortragspult.

Der Hauptteil des Raumes weist in jeder der vier Ecken eine imposante Säule im korinthischen Stil auf; diese Säulen ruhen auf massiven Sockeln und reichen bis zur Decke. Kleinere Säulen von ähnlichem Aussehen tragen die Gewölbebogen, welche die Alkoven vom Hauptraum trennen. Über dem Gewölbebogen im Norden hängen die Porträts der lebenden Ersten Präsidentschaft; ringsum an den Wänden sind die Bilder der gegenwärtigen zwölf Apostel angebracht, geordnet nach dem Zeitpunkt ihrer Ordinierung. Innerhalb der Alkoven hängen die Bilder der verstorbenen Autoritäten – im nördlichen die der früheren Mitglieder der Ersten Präsidentschaft und in der südlichen Nische die der früheren Apostel. An der westlichen Wand hängt eine Reproduktion von Munkacsys berühmtem Gemälde „Christus vor Pilatus"; diese Kopie ist eine Arbeit von Dan Weggeland, dem aus Utah gebürtigen Altmeister. Die Decke wird durch vier Halbbogen gebildet, stellt also ein Kreuzgewölbe dar. Jedes der vier Felder trägt drei Bogenfenster aus farbigem Glas in einfachem Muster.

Im Westen ist an das Gebäude ein kleines Refektorium angeschlossen, wo die Schriftführer und sonstigen Beamten, die Dienst haben, essen können. Eine Treppe führt in den Keller hinunter, wo sich Lager- und Waschräume befinden.

Der Verbindungsgang

Am Kopf der Treppe beginnt ein halb unterirdischer Verbindungsgang, der 90 Fuß nach Süden bis zur Tempelmauer führt. Luft und Tageslicht erhält er durch Seitenfenster in drei großen Belüftungskuppeln, die sich 6 Fuß über den Boden erheben. Künstliches Licht wird von drei Kronleuchtern mit je zwölf Lampen gespendet. Nahe dem Südende zweigt ein Seitenkorridor ab, der zu einem Maschinenraum führt; dort gibt es eine sehr leistungsfähige Zentralabsaugeanlage, an die sämtliche Räume des Tempels angeschlossen sind[1]. Der Verbindungsgang endet am Fuß einer kurzen Granittreppe genau in der Mitte der Nord-

---

[1] Vor 1911 wurde der Tempel durch eigene Kessel- und Dynamoanlagen mit Heißwasser und Licht versorgt, und damals wurden in diesen Räumen elektrische Generatoren betrieben. Jetzt werden Heißwasser und Strom von einer Hauptversorgungsanlage geliefert, die sich unmittelbar westlich des Tempelplatzes befindet. Siehe 9. Kapitel.

mauer des Haupttrakts. Die oberste Stufe ist zugleich die Schwelle des Tempels. Schwere Türen trennen den Anbau vom Tempel.

Der untere Korridor

Vom Verbindungsgang her öffnet sich die Tür unmittelbar in den unteren Korridor des Tempels. Dieser erstreckt sich quer durch das ganze Gebäude von Norden nach Süden und ist etwas über 12 Fuß breit. Der Fußboden ist mit einem dicken Teppich belegt, die Wände sind sehr schön gestrichen, und der Korridor als Ganzes steht in eindrucksvollem Gegensatz zu dem äußerst einfach gehaltenen Verbindungsgang. Die Wände sind mit Gemälden verziert; das größte davon, 15 mal 13 Fuß groß, stellt Joseph Smith dar, wie er den Indianerstämmen im Osten predigt. Am Nordende des Korridors steht ein Trinkbrunnen aus einheimischem Onyx – einer von den vielen gleichartigen im ganzen Gebäude.

Das Baptisterium

Westlich vom unteren Korridor nimmt der Taufraum das mittlere Drittel des Geschosses auf dieser Seite ein. Dort steht das große Taufbecken. Der Raum mißt 32 mal 45 Fuß; der Fußboden ist mit weißem Marmor ausgelegt. Eine spannenhohe Sockeltäfelung aus gleichem Material bildet den Fuß der Wände; darüber ist eine gemaserte Holztäfelung. Die Wände sind eigentlich eine Reihe von Doppeltüren, deren untere Hälfte immer aus Holztafeln, die obere aus gekiestem Glas besteht. Jede Türöffnung trägt oben einen Bogen mit einem halbkreisförmigen Oberlicht, worin sich eine kreisrunde Öffnung befindet, die mit einem offenen Metallgitter bedeckt ist. Von diesen Türen sind je sechs auf der Nord- und der Südseite und je zwei auf der Ost- und der Westseite. Rundum an den Wänden gibt es 26 gekehlte Pfeiler vom Fußboden bis zur Decke. Der Raum erhält nur wenig Tageslicht durch die nach draußen führenden Fenster; ein großer Mittelleuchter und zahlreiche Seitenlampen spenden aber reichlich künstliches Licht.

Das Auffälligste in diesem Saal ist natürlich das Taufbecken. Es ist in einer 3 Fuß tiefen, mit Marmorfliesen ausgelegten kreisrunden Vertiefung aufgestellt, die einen Durchmesser von 21 Fuß hat und von einem 2 Fuß hohen Ziergitter aus Eisen umgeben ist. In der Vertiefung stehen zwölf lebensgroße Rinder aus

Gußeisen; die Leiber sind mit Bronze überzogen, die Hörner mit Silber. Die Rinder stehen in Gruppen zu je drei mit dem Kopf nach auswärts und tragen das schwere Becken[2]. Das Becken ist aus weiß emailliertem Gußeisen, hat elliptische Form und ist 10 Fuß lang, 6 Fuß breit und 4 Fuß tief. Es faßt über 1500 Liter. An jedem Ende führt von außen eine Treppe aus sieben Stufen mit einem Geländer zum Rand hinauf; fünf weitere Stufen führen beiderseits in das Becken hinab. Es ist vorgesorgt, daß heißes und kaltes Wasser schnell erneuert werden können. Allen hygienischen Anforderungen ist bestens entsprochen worden, und für eine ausreichende Lüftung ist gesorgt.

Die Treppe auf der Westseite erweitert sich oben in zwei kleine Plattformen, eine zu jeder Seite; diese sind ebenfalls von einer Balustrade umgeben. Auf der südlichen Plattform gibt es einen kleinen Tisch für den Berichtsführer, auf der nördlichen sind Sitzgelegenheiten für die Zeugen, die bei jeder Taufe für die Toten anwesend sein müssen[3].

Daß man das Baptisterium in das Untergeschoß verlegt hat, ist nicht nur aus Gründen der Annehmlichkeit geschehen. Die meisten Taufen werden zugunsten der Toten vollzogen, und daß das Becken gerade an dieser Stelle steht, hat symbolische Bedeutung, wie aus der folgenden Schriftstelle hervorgeht:

„Infolgedessen wurde das Taufbecken als Sinnbild des Grabes eingerichtet, und es muß, dem Gebot gemäß, unterhalb des Ortes sein, wo sich die Lebenden gewöhnlich versammeln; so werden die Lebenden und die Toten dargestellt[4]."

An der Nordseite des Baptisteriums ist ein großer Raum in eine Anzahl Kabinen unterteilt, die man zum Umkleiden verwendet und wo bestimmte Salbungen der Männer durchgeführt werden. Eine ähnliche Einrichtung für Frauen gibt es auf der Südseite. Solche heilige Handlungen an Frauen werden nur von Frauen, an Männern nur von Männern vollzogen.

Der untere Vortragssaal

Vom unteren Korridor nach Osten gibt es zwei Versammlungssäle. Der erste davon ist etwa 40 mal 45 Fuß groß und in

---

[2]Vgl. das gegossene „Meer" im Salomonischen Tempel, 1Kön 7:23-26; 2Chr 4:3-5.
[3]Siehe LuB Abschnitt 128.
[4]LuB 128:13.

seiner Einrichtung sehr einfach gehalten. Die Wände tragen keinen Schmuck, und abgesehen von den sechs Kronleuchtern, bildet ein Trinkbrunnen aus buntem Marmor und Onyx auf der Südseite den einzigen Schmuck. Der Boden ist mit einem schönen Teppich bedeckt, betont einfach und ohne bunte Farben. Einfache Klappstühle bieten Platz für 250 Personen. Dieser Saal wird für vorbereitende Belehrungen benutzt; der Einfachheit halber bezeichnet man ihn als den unteren Vortragssaal.

Der „Garten"-Saal

Der Saal im südlichen Teil steht dazu in einem auffälligen Gegensatz. Man betritt ihn durch eine mit Portieren verhangene Tür aus dem Vortragssaal. Er ist ungefähr gleich groß wie dieser, bietet auch derselben Anzahl von Personen Platz, ist aber in allen Einzelheiten kunstvoller ausgearbeitet. Decke und Wände sind mit Ölmalerei verziert – der Plafond mit Wolken und Himmel, mit Sonne, Mond und Sternen; die Wände mit Landschaftsszenen von seltener Schönheit. Da gibt es waldige Grotten und moosige Täler, stille Tümpel und muntere Bäche, Wasserfälle und Flüßchen, Bäume und Blumen, Kletterpflanzen, Käfer, Vögel und andere Tiere – kurzum die schöne Erde, wie sie vor dem Fall Adams war. Der Hinweis im Namen, nämlich auf den Garten von Eden, ist sehr treffend, denn alles darin läßt an Frieden und selige Ruhe denken. Nichts erinnert an Aufregung, Feindschaft oder Haß; die Tiere auf dem Lande halten Frieden, und die Vögel leben in Freundschaft. In der Mitte der Südwand gibt es ein Podium mit einem Gebetsaltar, zu dem drei Stufen hinaufführen. Der Altar ist mit Samt gepolstert, und eine Bibel liegt darauf. Zu beiden Seiten des Altars führen große Türen in einen Wintergarten mit frischen Pflanzen.

Die große Treppe

Sie beginnt am Südende des schon beschriebenen Korridors und ist mit einem stattlichen Endpfosten und einem schweren Geländer versehen, beides aus massivem Kirschbaum. Die Treppe besteht aus 35 Stufen mit drei Absätzen und führt zum oberen Korridor, der sich 40 Fuß in Nord-Süd-Richtung erstreckt. Ein riesiges Gemälde zeigt den auferstandenen Christus, wie er die Nephiten auf dem westlichen Kontinent belehrt; es bedeckt

20 Fuß der Ostwand dieses Korridors. Die übrigen Wände sind mit kleineren Gemälden geschmückt.

Der „Welt"-Saal

Vom letzten Absatz der großen Treppe kommt man nach Westen in einen Seitengang, 9 Fuß breit und 15 Fuß lang. Er enthält ein gemaltes Fenster in prachtvollen Farben, von elliptischer Form und 10 Fuß hoch, das die Vertreibung aus dem Garten von Eden darstellt. Hier, auf dem Weg vom „Garten"-Saal zu dem symbolischen Raum, zu dem dieser Seitengang führt, ist es von besonderer Bedeutung. Der Gang schließt an jedem Ende mit einem Gewölbebogen ab. Die Decke dazwischen weist eine prächtige Täfelung auf. Der Saal, den man nun betritt, ist ebenso groß wie der darunter, nämlich 40 mal 45 Fuß. Sein Bodenteppich ist in einem satten Braun gehalten, die Sesselreihen zeigen die übliche Anordnung. Am westlichen Ende steht ein gepolsterter Gebetsaltar, auf dem die heiligen Schriften verwendungsbereit liegen. Neben dem Altar führt eine Treppe zu einem kleinen Warteraum in der Nähe der Aufzugtür.

Die Wände sind ganz mit szenischen Gemälden bedeckt. Die Decke zeigt wiederum Himmel und Wolken. Aber die Bilder vom irdischen Dasein stehen in starkem Gegensatz zu denen im „Garten"-Saal unten. Hier ragen wildzerklüftete Felsen auf, und es entsteht der Eindruck von aufgetürmten Bergen und Erdbeben. Tiere sind in einen Kampf auf Leben und Tod verwickelt, schleichen ihre Beute an oder zerreißen sie schon. Die furchtsameren Geschöpfe fliehen vor ihren blutgierigen Feinden und verstecken sich in dunklen Schlupfwinkeln. Da kämpfen Löwen, stolz steht ein Tiger über seiner Beute, Wölfe und Füchse jagen nach Nahrung. Raubvögel töten oder werden getötet. Auf der Spitze eines schroffen Felsens sieht man einen Adlerhorst; die Adlermutter mit ihrer Brut beobachtet den Anflug des männlichen Vogels, der in den Fängen ein Lamm trägt. Alles Getier des Waldes und der Berge bangt unter ständiger Todesdrohung, lebt aber selbst vom Töten. Die Bäume sind knorrig und mißgestaltet und kahlgeblasen; Sträucher klammern sich verzweifelt in einer Felsenritze fest; Dornen und Disteln, Kakteen und Unkraut finden sich in reicher Zahl, und in einer Ecke tobt ein verheerender Sturm.

Diese Szenen sind typisch für den Zustand der Welt nach Gottes Fluch. Und trotzdem üben die Bilder und das, was sie darstellen, einen bemerkenswerten Reiz aus. Sie erzählen von Kampf und Streit, von Sieg und Triumph oder Niederlage und Tod. Der Mensch ist aus dem Garten von Eden vertrieben und sieht sich jetzt dem großen Ringen gegenüber: er muß die Schwierigkeiten überwinden und mühselig und im Schweiße seines Angesichts sein Leben fristen. Dieser Raum wird als Saal der gefallenen Welt bezeichnet oder, kürzer ausgedrückt, als „Welt"-Saal.

Der Terrestriale Saal

In der Nordwestecke des eben beschriebenen Raums führt eine breite Tür in den nächsten, einen hohen, geräumigen, schönen Saal. Im Gesamteindruck mischen sich Reichtum und Einfachheit. Nach der kunstvollen Ausschmückung des „Welt"-Saals ist dieser mit seinen weichen Farben und seiner ausgeglichenen Atmosphäre eine Beruhigung. Der Fußboden ist mit einem blaßlila Teppich von einfachem Webmuster bedeckt. Die Wände sind lichtblau, die Decke und die Täfelungen weiß mit vergoldeten Kanten. An der Westseite ist ein großer Spiegel mit einem Rahmen in Weiß und Gold. Die Polsterung der Sessel harmoniert mit dem Teppich. Von der getäfelten Decke hängen drei Kronleuchter, massiv und doch einfach, mit Milchglaskugeln. Zwei kreisrunde Nischen in der Decke bergen Lampen mit konischem Schirm, und an den Wandpfeilern spenden fackelförmige Beleuchtungskörper weiteres Licht. An den Wänden hängen gerahmte Bilder, das größte davon ein Original von Girard – Josef deutet die Träume des Mundschenken und des Bäckers. Auf den übrigen Bildern sind Ereignisse aus dem Leben Christi und Szenen aus den biblischen Ländern dargestellt.

Ein gepolsterter Altar steht am Ostende des Saals, und darauf liegen ebenfalls wieder die heiligen Schriften. In diesem Raum empfängt man Belehrung über das Endowment und über die praktischen Pflichten eines religiösen Lebens. Man bezeichnet ihn daher allgemein als den oberen Vortragssaal, wir können ihn aber angesichts seines Verhältnisses zum nächsten Raum auch zweckmäßigerweise den Terrestrialen Saal nennen. An seinem Ostende gelangt man über drei Stufen zu einer Erhebung im Fußboden, die von einem Gewölbebogen mit einer lichten Weite von 30 Fuß überspannt wird. Der Bogen wird von fünf Säulen getragen, zwischen denen eine seidene Portiere in vier Teilen hängt. Dies ist der Vorhang des Tempels.

Der Celestiale Saal

Aus dem eben beschriebenen Saal gelangt man durch den Vorhang in den nächsten. Dieser Saal ist groß und hoch, ungefähr 60 Fuß lang, 45 Fuß breit und 34 Fuß hoch. Er nimmt den ganzen nordöstlichen Teil dieses Stockwerks ein. In Ausstattung und Einrichtung ist er von allen großen Räumen im Tempel am erlesensten. Ist der zuletzt beschriebene Saal als Sinnbild für den irdischen Zustand zu verstehen, so läßt nun dieser an einen noch höheren Stand denken: mit Recht kann man ihn daher den Celestialen Saal nennen. Die Westseite wird ganz durch den Vorhang eingenommen. An der östlichen Wand befinden sich zwei dreiteilige Spiegel, 13 Fuß hoch; das Mittelstück davon ist 3 Fuß 8 Zoll breit, die Seitenteile sind je 3 Fuß breit. An den Wänden sieht man 22 Säulen, paarweise angeordnet, mit korinthischem Kapitell. Diese tragen ein Hauptgesims, woraus zehn Gewölbebogen entspringen: vier an jeder Seite und einer an jedem Ende. In den Nischen, die durch diese Bogen gebildet werden, und an den Säulen selbst hängen Gemälde und stehen Büsten von früheren und lebenden Kirchenführern, auch Bilder von biblischen Landschaften und Ereignissen aus der Geschichte der Kirche. Besonders ragen darunter die Gemälde von Lambourne hervor, und zwar der Hügel Cumorah[5] und Adam-ondi-Ahman[6]. Erlesene Gemälde mit Darstellungen aus dem Leben Christi und mehrere Statuetten sind mit großartiger Wirkung im ganzen Raum verteilt. Der Plafond besteht aus einer Kombination von Gewölbe und Täfelung in kunstreicher Ausführung. Die massiven Kranzleisten und Balken, welche die einzelnen Felder der Decke trennen, sind mit reicher Schnitzerei verziert – Gruppen von Früchten und Blumen. Die Wände sind in weichem Braun gehalten, das zum Lichtblau der gekehlten Säulen und zum reichlichen Goldzierat in angenehmem Kontrast steht. Acht Kronleuchter mit prächtigen Glasschirmen hängen von der Decke herab, und jede der 22 Säulen trägt ein Paar Leuchten gleicher Art. Am Ostende steht ein Postament, das ein stilisiertes Blumenbukett aus farbigem Glas trägt, kunstvoll in Bronze ge-

---

[5] Siehe „Die Glaubensartikel", Kapitel 14, 1-3.
[6] Siehe LuB Abschnitt 116.

faßt. Der Fußboden ist mit einem schweren Teppich bedeckt; die bewegliche Einrichtung ist durch und durch kostbar, aber unaufdringlich in der Ausführung. Blumentische aus bestem Material tragen Palmen und andere lebende Pflanzen. Auf der Ostseite führt eine kurze Treppe zu einem Büro, das für den Tempelpräsidenten reserviert ist.

Die vier Fensternischen in der Nordwand sind mit Seidenvorhängen ausgestattet, die in Material und Ausführung dem Tempelvorhang entsprechen. An der Südseite gibt es vier Doppeltüren, die in Anordnung und Größe genau die Fenster gegenüber wiedergeben. Das Portal im Südwesten hat Schwingtüren und ermöglicht den Zugang zum oberen Korridor am Kopf der schon erwähnten großen Teppe. Jedes der drei anderen Portale ist mit Schiebetüren versehen und gestattet den Zutritt in je einen separaten Raum, ein wenig höher gelegen als der Fußboden des großen Saales und für besondere Zeremonien vorgesehen. Diese Räume werden anschließend genauer beschrieben.

Der Raum für die Siegelung der Toten

Das erste dieser drei kleinen Zimmer mißt ungefähr 10 mal 13 Fuß und hat einen halbkreisförmigen Alkoven von 5 Fuß Tiefe an der Südseite. Es liegt zwei Stufen höher als der übrige Fußboden. In der Wand des Alkovens sieht man ein gemaltes Fenster in Felderausführung, das den auferstandenen Propheten Moroni zeigt, wie er dem jungen Seher Joseph Smith die Platten des Buches Mormon übergibt. Es ist dies ein sehr passendes Sinnbild von der tatsächlichen Verbindung zwischen den Toten und den Lebenden. Dieser Raum dient ja den Handlungen, die mit dieser Verbindung zu tun haben: es werden darin die Toten gesiegelt. Ein großer Spiegel nimmt die Westwand ein. In der Mitte steht ein goldverzierter Altar, mit dunkelrosa Samt gepolstert; er mißt an der Basis 6 mal 3 Fuß 6 Zoll und ist 2 Fuß 6 Zoll hoch. Hier knien demütig die lebenden Stellvertreter der verstorbenen Ehemänner und Ehefrauen, Eltern und Kinder. Die einzige sonstige Einrichtung besteht aus Stühlen für den amtierenden Ältesten, die Zeugen und diejenigen, die auf die heilige Handlung am Altar warten.

Der Raum für die Siegelung Lebender

Das östliche Zimmer von den dreien ist in Größe und Form

ein Gegenstück zum letztbeschriebenen. Seine Ausstattung ist jedoch in kräftigeren Farben gehalten: der Altar und die Stühle sind mit hochrotem Samt gepolstert, und die Wände haben einen hellen Anstrich. An der Ostseite reicht ein Spiegel vom Boden bis zur Decke. Hier werden Lebende gesiegelt. Hier wird die heilige Handlung der Eheschließung zwischen Brautleuten vollzogen, die gekommen sind, um einander eheliche Treue für Zeit und Ewigkeit zu geloben und auf ihren Bund das Siegel des ewigen Priestertums zu empfangen. Hier werden auch lebende Kinder durch Siegelung (oder Adoption) mit ihren Eltern verbunden, sofern eine solche Verbindung nicht schon durch die celestiale Ehe ohnehin gegeben ist. An der Südseite dieses Zimmers gibt es eine Tür mit Oberlicht und Seitenpaneelen aus farbigem Glas in Blumenmuster, und diese führt in einen Empfangsraum, der als Wartezimmer für die Siegelungen dient. Dieses wiederum ist auf seiner Westseite durch einen kurzen Gang mit einem kleineren Raum verbunden – ebenfalls ein Wartezimmer, und dieses hat seinerseits einen Ausgang auf den oberen Korridor am Kopf der großen Treppe.

Das Allerheiligste

Das mittlere von den drei kleinen Zimmern in Verbindung mit dem Celestialen Saal – demnach zwischen dem Siegelungszimmer für Lebende und dem für Verstorbene gelegen – ist von allen kleineren Räumen des Tempels weitaus am schönsten. Es zeichnet sich aber nicht so sehr durch überladene Pracht als vielmehr durch großartige Einfachheit aus. Es liegt höher als die anderen beiden Zimmer und ist durch zusätzliche sechs Stufen zwischen den Schiebetüren zu erreichen. Die kurze Treppe ist von handgeschnitzten Balustraden eingefaßt, die in zwei Endpfosten mit Bronzestandbildern auslaufen – Allegorien der unschuldigen Kindheit. Diese Statuetten tragen Blumensträuße, worin jede Blüte eine elektrische Lampe ist. Oben an der Treppe ist ein Podest und wiederum ein gewölbter Türbogen mit Schiebetür. Die Tür schließt den innersten Raum oder das Allerheiligste des Tempels ab und entspricht dem inneren Vorhang, der einstmals das heiligste Gemach der „Wohnstätte" und des Tempels in früheren Evangeliumszeiten den Blicken der Öffentlichkeit entzogen hat.

Der Fußboden besteht aus zollgroßen Würfeln von edlem Hartholz. Der Raum ist kreisförmig, 18 Fuß im Durchmesser, und hat eine getäfelte Wand. Die Paneele sind durch geschnitzte Pfeiler getrennt, die in Gewölbebogen auslaufen. Die vorherrschenden Farben sind Blau und Gold. Der Eingang und die Paneele sind in roten Samt gefaßt; die Außenkanten sind vergoldet. Vier Wandnischen, mit Scharlach und Gold gesäumt, haben einen tiefblauen Hintergrund, und darin stehen große Vasen mit Blumen. Natürliches Licht gibt es hier nicht, aber ein großer Mittelleuchter sorgt zusammen mit acht Wandleuchten für strahlende Helligkeit. Die Decke ist eine Kuppel, in die kreisförmige und halbkreisförmige Buntglasfenster eingesetzt sind; an deren Außenseite, also oberhalb der Decke, sind elektrische Birnen angebracht, deren Licht mit vielerlei Farbschattierungen und abgestufter Helligkeit in den Raum dringt.

An der Südseite dieses Zimmers, dem Eingang gegenüber und diesem an Größe gleich, ist ein Fenster mit einer Darstellung in Buntglas: der ewige Vater und sein Sohn Jesus Christus erscheinen dem jungen Joseph Smith. Das hier abgebildete Ereignis stellt den Beginn der Evangeliumszeit der Erfüllung dar. Den Hintergrund bildet ein Wald; die himmlischen Gestalten sind weiß gekleidet. Das Bild zeigt sie, wie sie gerade den jungen Propheten unterweisen, der mit erhobenem Gesicht und ausgestreckten Armen kniet. Darunter steht eine Schriftstelle, nämlich die, wodurch Joseph veranlaßt worden ist, nach göttlicher Unterweisung zu streben:

„Fehlt es aber einem von euch an Weisheit, so erbitte er sie von Gott, der allen gerne gibt und keine Vorwürfe macht; dann wird sie ihm gegeben werden."

Und darunter:

„Dies ist mein geliebter Sohn! Ihn höre!"

Dieser Raum ist höheren Verordnungen im Priestertum vorbehalten, die sich auf die Erhöhung der Lebenden und der Toten beziehen.

Der Kuppelsaal

Nicht weit von dem Absatz, der die granitene Treppe im Südostturm in Höhe des dritten Stockwerks unterbricht, ist der Eingang zum großen Kuppelsaal, der 39 mal 44 Fuß mißt. An der

Südseite hat er drei ovale Fenster, und diesen gegenüber blicken halbkreisförmige Scheiben aus gekiestem Glas in den celestialen Saal, in dessen Gewölbebogen sie gesetzt sind. In der Mitte des Saales erhebt sich eine große Kuppel mit 51 Fuß Umfang und einer Höhe von 7 Fuß. Sie ist mit 17 Buntglasfenstern besetzt und läßt sich leicht als Decke des Allerheiligsten erkennen, das schon unter den bemerkenswerten Räumlichkeiten des zweiten Stockwerks beschrieben worden ist. Jedes Fenster ist mit elektrischen Glühlampen versehen, und diese bilden für den darunterliegenden Raum die wunderbare farbige Deckenbeleuchtung. An den Wänden des Kuppelsaals hängen Porträts der Kirchenautoritäten. Hier werden keine bestimmten heiligen Handlungen vollzogen. In der Nordwestecke öffnet sich dieser Raum in einen Korridor von 75 Fuß Länge, wovon das erste Fünftel 8 und der Rest 10 Fuß breit ist. Von diesem Korridor aus gelangt man beiderseits in weitere Zimmer.

Das Ältestenzimmer

Dies ist der erste Raum auf der Südseite des Korridors westlich des Kuppelsaals. Es mißt 31 mal 13 Fuß und wird durch ein ovales Fenster erhellt. Die Einrichtung besteht aus einem Altar zum Beten, aus Stühlen und einem Tisch. Das Zimmer steht den Ältestenkollegien der Pfähle in Salt Lake City für Beratung und Gebet zur Verfügung; jedes Kollegium darf es zu festgelegten Zeiten benutzen.

Das Beratungszimmer der Zwölf Apostel

Dieses liegt westlich davon auf der Südseite des Korridors. Es mißt 28 mal 29 Fuß und hat im Süden zwei ovale Fenster. Es ist mit zwölf lederbezogenen Eichensesseln, weiteren Stühlen für Berichtsführer oder Sekretäre, mit Schreibpulten, einem Tisch und einem Altar ausgestattet. An den Wänden sieht man die Porträts der lebenden Apostel. Zu diesem Raum gibt es ein Vorzimmer von 14 mal 21 Fuß.

Das Beratungszimmer der Siebzig

Dieser Raum hat seinen Eingang nahe dem westlichen Ende des Korridors. Das Zimmer mißt 28 mal 14 Fuß und hat im Süden ein ovales Fenster. Es ist der Benutzung durch die ersten sieben Präsidenten der Siebzig vorbehalten, genauer gesagt, durch den

Ersten Rat der Siebzig. Seinem Zweck entsprechend ist es mit sieben gleichartigen Sesseln, einem weiteren Stuhl für den Berichtsführer oder Sekretär, einem Tisch und einem Gebetsaltar eingerichtet.

Das Beratungszimmer der Ersten Präsidentschaft und der Zwölf Apostel

Dieses Zimmer liegt auf der Nordseite des Korridors und nimmt mit seinem Vorraum den größten Teil auf dieser Seite ein. Der Hauptraum mißt 40 mal 28 Fuß. In der Mitte steht ein Gebetsaltar aus weißem Holz, mit rotem Samt gepolstert. Zwölf große eichene Polstersessel sind in einem Dreiviertelkreis rund um den Altar angeordnet. Das restliche Viertel ist von einem Tisch besetzt, und dahinter stehen drei gleiche Sessel für die drei präsidierenden Hohen Priester, welche die Erste Präsidentschaft der Kirche sind, sowie ein weiterer Sessel für den Präsidierenden Patriarchen. Diese Möbelstücke bilden zusammen mit Schreibpult, Tisch und Stuhl für den Berichtsführer die wesentliche Einrichtung; alles übrige dient nur der Dekoration. An den Wänden hängen mehrere schöne Gemälde, darunter zwei von der Kreuzabnahme, eines von der Grablegung sowie andere Darstellungen aus dem Leben des Erretters. Daneben gibt es auch noch Originalgemälde von Landschaften, die in der Geschichte der wiederhergestellten Kirche eine Rolle gespielt haben.

Der Vorraum dazu mißt 16 mal 14 Fuß. An der Nordseite sieht man ein Gedenkfenster aus buntem Glas, das in seiner Mittelscheibe ein prächtiges Bild des vollendeten Tempels zeigt und darüber die Inschrift „Heilig dem Herrn". Zu beiden Seiten davon erkennt man je einen Schild mit Schriftrolle und Inschrift.

Das Zimmer des Hohenrates

Gleich nördlich des Vorraums zum Zimmer der Ersten Präsidentschaft und der zwölf Apostel ist ein weiterer Raum, 25 mal 16 Fuß groß, welcher der Präsidentschaft und dem Hohenrat jedes Pfahles in diesem Distrikt zur Verfügung steht. Die Benutzung ist nach einem Plan geregelt, und die präsidierende Körperschaft jedes dieser Pfähle hat zur festgelegten Zeit Zutritt, speziell für Andachtsversammlungen. Für geschäftliche Sitzungen kommen diese Gremien woanders zusammen, nicht im Tempel. Das Zimmer ist mit der notwendigen Anzahl von

Stühlen, einem Tisch, einem Schreibpult und einem Altar ausgestattet.

Der große Versammlungssaal

Dieser riesige Saal, der mit seinen Nebenräumen und Korridoren das ganze vierte Geschoß einnimmt, ist 120 Fuß lang, 80 Fuß breit und 36 Fuß hoch. Rundum zieht sich eine geräumige Galerie, in der nur der Raum für die Podien an den beiden Enden ausgespart ist. An jeder Schmalseite dieses großen Auditoriums befindet sich nämlich eine breite Tribüne – eine abgestufte Plattform – mit mehreren Rednerpulten hinter- und übereinander. Beide ähneln einander in Ausführung und Einrichtung; es genügt, eine davon zu beschreiben.

Die Tribüne hat vier Stufen; die unterste davon ist 1 Fuß über dem Boden, jede weitere um 2 Fuß höher als die vorhergehende. Auf den drei unteren Stufen steht je ein Sitzmöbel von 18 Fuß Länge. Die oberste Stufe ist mit einem Sofa von 8 Fuß Länge ausgestattet, worauf der Präsident und seine zwei Ratgeber Platz nehmen können. Auf jeder Stufe steht außerdem in der Mitte ein Vortragspult, beiderseits davon je ein kleines Pult ähnlichen Aussehens. Sämtliche Holzarbeiten auf diesen Tribünen sind handgeschnitzt und in Weiß und Gold gehalten.

Die oberste Stufe an jedem Ende des Saales ist mit einem Baldachin überdacht, der auf Säulen ruht und vorn die Bezeichnung der Ordnung des Priestertums trägt, für die die Tribüne vorgesehen ist. So lautet die Inschrift am westlichen Ende „Aaronisches Priestertum", am östlichen „Melchisedekisches Priestertum". Von der Beschreibung des Tempeläußeren her wird man sich erinnern, daß die Türme im Osten höher sind als die im Westen. Man sieht nun, daß dieser Unterschied der abgestuften Ordnung des Priestertums entspricht, wie sie sich auch im Innern darstellt: das höhere Priestertum im Osten und das geringere im Westen.

Zu beiden Seiten der offiziellen Tribüne befinden sich an jeder Schmalseite dieses Auditoriums Sitze für Priestertumsbeamte, die an dem Tag keine dienstliche Obliegenheit haben. Die Galerie und diese Seitenflügel sind mit Klappstühlen ausgestattet; die Sitze im Auditorium lassen sich umdrehen, so daß sich das Publikum jeweils derjenigen Tribüne zuwenden kann, wo das eben amtierende Priestertum sitzt.

In diesem großen Saal herrschen die Farben Weiß und Gold vor. Von der getäfelten Decke hängen große Kronleuchter herab, und zusammen mit den Leuchten in den Nischen spenden nicht weniger als 304 Glühlampen ihr Licht. Hinter jeder Tribüne gibt es einen ausgedehnten Vorraum mit einem Eingang auf jeder Seite. An den vier Ecken dieses imposanten Versammlungssaales führt je eine Wendeltreppe zur Galerie hinauf, reich mit handgeschnitzten Verzierungen versehen.

Der Oberstock

Über dem großen Auditorium mit seinen Nebenräumen gibt es keine weiteren Räumlichkeiten. Das nächste Stockwerk besteht im Westen aus einem Podest für den Aufzug und einem Quergang zur Verbindung der beiden Ecktürme, auf der Ostseite nur aus dem Quergang; das ist alles. Der nächste Absatz ist gleich hoch wie das Dach des Tempels, und darüber gibt es nur noch die Türme und die Kreuzblumen.

Die vier Granittreppen

In jedem Eckturm führt eine gewundene Treppe vom Keller bis zum Dach; jede Stufe besteht aus massivem Granit. Die Treppe windet sich um eine granitene Mittelsäule von 4 Fuß Durchmesser, und die Stufen sind so eingebaut und verankert, daß sie bei gewöhnlichem Gebrauch alle Zeiten überdauern. Jede Ecktreppe hat 177 Stufen, es sind also insgesamt 708. Jede Stufe ist 6 Fuß lang und hat an beiden Enden je ein Einsatzstück von 3 Zoll; am schmalen Ende ist sie 5 Zoll breit, am anderen 20 Zoll. Der Auftritt ragt drei Fingerbreit vor. An geeigneten Stellen ist die Treppe durch breite Absätze unterbrochen. Jede einzelne Stufe wiegt mehr als 1500 Pfund, die vier Treppen miteinander haben also ein Gewicht von mehr als 560 Tonnen. In jedem Stockwerk gibt es einen Nord-Süd-Quergang von 10 Fuß Breite zur Verbindung der Ecktreppen. Auf der Westseite des Gebäudes sind in separaten Granitschächten vom Keller bis zum Dach zwei Aufzüge untergebracht. Zuerst hat man hydraulische Aufzüge benutzt, diese sind aber später durch automatische Elektrolifte ersetzt worden.

Man muß sich vor Augen halten, daß der Tempel nicht nur für die Gegenwart gebaut worden ist. Die Konstruktion ist sehr fest und stellt das Beste dar, was Können und Hingabe zu schaffen vermochten. Die innere Ausführung entspricht in allem der Stabilität der Mauern und fügt sich harmonisch in das imposante Gesamtbild. Nirgends läßt sich die geringste Spur von übereilter Planung oder nachlässiger Ausführung erkennen. Sogar die nur selten benutzten Mansarden und Archive sind gut und vollständig eingerichtet.

Die kunstvolle Ausschmückung ist aber nicht an allen Stellen im Tempel gleich. Man hat für Zierat keinerlei unnötige Ausgaben gemacht. Alles ist in erster Linie auf Zweckmäßigkeit abgestimmt. Es gibt viele Räume von einfachem Entwurf, die auch in einem sehr einfachen Stil eingerichtet sind; andere wieder lassen erkennen, daß man weder Kosten noch Mühe gescheut hat, um großartige Erhabenheit zu versinnbildlichen. Nirgends gibt es Anzeichen von Unvollständigkeit, nirgends eine Spur von übermäßigem Prunk. Jeder Raum ist zu einem bestimmten Zweck geplant und gebaut worden, und Ausführung und Einrichtung halten sich ebenfalls genau daran. In diesem größten Tempel der gegenwärtigen Evangeliumszeit dient nichts der bloßen Schaustellung; es gibt keine Verschwendung von Material, keine überladene Ausschmückung. Der Tempel ist so geplant und gebaut worden, wie man es für das beste gehalten hat für

das Haus des Herrn.

9. KAPITEL

Die Bauten auf dem Tempelplatz

Die Leistung des Volkes beim Bau des großen Tempels ist bewundernswert, besonders wenn man die ungünstigen Umstände berücksichtigt, unter denen das Werk begonnen worden ist. Das Werk tritt aber noch viel bedeutender in Erscheinung, wenn man bedenkt, daß zur gleichen Zeit auch noch andere große Bauarbeiten ausgeführt worden sind. Während der Bauzeit des Salt-Lake-Tempels sind nicht nur drei weitere Tempel begonnen und fertiggestellt worden, sondern man hat auch in den einzelnen Gemeinden und Pfählen Versammlungshäuser errichtet und für Generalversammlungen der Kirche andere Gebäude mit beträchtlichem Fassungsraum gebaut. Die Bauwerke auf dem Tempelplatz in Salt Lake City stellen schon für sich allein große Vorhaben dar, wenn man sie im Licht der damaligen Zustände betrachtet. Unter diesen Bauten befinden sich das jetzige Tabernakel, ferner das seither abgerissene und heute so genannte Alte Tabernakel sowie die Versammlungshalle.

Für die ersten öffentlichen Versammlungen im jetzigen Stadtgebiet von Salt Lake City baute man zunächst Schutzdächer oder Lauben (*Bowerys*) die an den Seiten offen waren; die sogenannte Old Bowery ist heute noch immer ein Begriff. Am 31. Juli 1847 – nur eine Woche nach der Ankunft der Pioniere im Tal des Großen Salzsees – baute eine Abteilung des Mormonenbataillons[1], die

---

[1]Das Mormonenbataillon bestand aus 500 Männern; die Bundesregierung hatte von den Auswanderern verlangt, diese Abteilung als Hilfstruppe für den Krieg zwischen den Vereinigten Staaten und Mexiko zu stellen. Das Bataillon wurde im Juli 1846 in Dienst gestellt und gehörte zu den Streitkräften unter dem Befehl des Generals Stephen F. Kearney. Der Hauptteil des Bataillons marschierte von Fort Leavenworth nach Santa Fe und kam im Januar 1847 in Südkalifornien an. Eine Gruppe, hauptsächlich Männer, die während des Marsches krank geworden waren, überwinterte in Pueblo. Es war diese Gruppe, die im Juli 1847 nur wenige Tage nach den Pionieren im Tal des Großen Salzsees eintraf.

gerade in der auch damals schon City genannten Siedlung angekommen war, eine Laube aus Stangen und Buschwerk zur Unterbringung der Heiligen bei Gottesdiensten. Später ersetzte man sie durch ein gleichartiges, aber größeres Bauwerk, 100 Fuß lang und 60 Fuß breit, das nachher in der Heimatgeschichte als Old Bowery bezeichnet wurde. Es war aus Pfosten gebaut, die auf einem rechteckigen Grundriß in passenden Abständen aufgestellt wurden. An der Spitze waren diese Pfosten durch Balken verbunden, die mit hölzernen Nägeln oder Streifen von ungegerbtem Leder befestigt waren. Auf dieses Dachgerippe türmte man Weidenzweige, Äste von immergrünen Bäumen, Beifußsträucher und anderes Gebüsch. Das gab zwar ein ziemlich gutes Dach gegen die Sonnenstrahlen, war aber ein recht armseliger Schutz gegen Regen und Wind.

Das Alte Tabernakel

Im Anfang war das nachstehend beschriebene Gebäude als Tabernakel bekannt; seit der Errichtung des jetzigen Hauses gleichen Namens bezeichnet man das frühere Bauwerk als Altes Tabernakel. Es war 126 Fuß lang, 64 Fuß breit und nahm den Platz der heutigen Versammlungshalle an der Südwestecke des Tempelplatzes ein. Für die damalige Zeit war dies ein großes und pompöses Gebäude. Was seinen Fassungsraum betraf, so lesen wir, daß bei der Einweihung während der Aprilkonferenz im Jahre 1852 in einer Session 2500 Personen anwesend waren. Die Decke war gewölbt und nicht durch Säulen gestützt. Viele Pfosten und Balken der Old Bowery fanden beim Bau des Alten Tabernakels Verwendung[2].

Das Tabernakel

Das Gebäude, das wir jetzt unter diesem Namen kennen, wurde zur Zeit seiner Errichtung als Neues Tabernakel bezeichnet. Man begann damit im Juli 1864 und konnte schon im Oktober 1867 die Generalkonferenz unter seinem Dach abhalten.

---

[2] Beschreibungen des Alten Tabernakels und Berichte über die Weihungsfeierlichkeiten sind in den „Deseret News" vom April 1852 zu finden. Auszugsweise Nachdrucke sind im „Latter-day Saints' Millennial Star" erschienen, 14. Jg., Nr. 22 und 23 vom 24. und 31. Juli 1852. Diese Berichte enthalten auch eine Zusammenfassung des Verlaufs der Generalkonferenz jenes Jahres und den Wortlaut des Weihungsgebetes.

Dieser bemerkenswerte Bau wurde nach den Weisungen des Präsidenten Brigham Young konstruiert und ausgeführt. Das Gebäude erhebt keinen Anspruch auf architektonische Schönheit: im großen und ganzen wirkt es wie eine riesige umgedrehte Schüssel auf Pfeilern. In Wirklichkeit ist es eine ungeheure elliptische Kuppel, die auf massiven Sandsteinmauern und -stützpfeilern aufliegt. Die Stützpfeiler sind 9 Fuß breit und 3 Fuß dick. Dazwischen befinden sich Türen, Fenster und Mauerwerk. Die Türen gehen nach außen auf, wie es der Notwendigkeit im Fall einer schnellen Räumung entspricht. Das Gebäude ist 250 Fuß lang und 150 Fuß breit, beides in der Mitte gemessen. Der Plafond erhebt sich in der Mitte 70 Fuß über dem Boden, und zwischen der Decke und dem Dach ist 10 Fuß Abstand. Eine geräumige Galerie, 30 Fuß breit, zieht sich an der inneren Mauer entlang und ist nur an der Westseite unterbrochen, wo sie der riesigen Orgel und den Sitzen für den großen Chor Platz macht. Im Gegensatz zur üblichen Baumethode berührt diese gewaltige Galerie nicht überall die Mauer. In Abständen von 12 bis 15 Fuß verbinden zwar große Balken die Galerie mit den Stützpfeilern, aber dazwischen ist sie 2 Fuß 6 Zoll von der Innenseite der Mauer abgesetzt, und der Zwischenraum ist durch ein hohes Geländer gesichert. Man nimmt an, daß die erstaunlichen akustischen Eigenschaften des Gebäudes nicht zuletzt auf diese Konstruktion zurückzuführen sind; die große Kuppel ist eigentlich eine kolossale Flüstergalerie, was die Hunderttausende von Besuchern, die das Gebäude besichtigt haben, bestätigen können. Wenn sich nur wenige Menschen darinnen befinden, so kann jemand, der in einem der Brennpunkte des elliptischen Grundrisses steht, genau hören, wie eine Nadel im anderen Brennpunkt zu Boden fällt. Normalerweise bietet das Tabernakel einschließlich der Galerie beinah 9000 Personen Platz; aber bei großem Andrang hat man schon eine viel größere Besucherzahl unterbringen können.

An der Westseite befindet sich das Podium mit den Rednerpulten. Es sind dies eigentlich drei Plattformen, die sich hinter- und übereinander erheben; sie dienen der Unterbringung der Kirchenbeamten entsprechend den verschiedenen Autoritätsebenen. Zu beiden Seiten der Plattformen erstrecken sich Podien für sonstige Priestertumsgremien. Hinter den Tribünen und Podien ist der Platz vor der Orgel und bis zur Galerie hinauf für den Chor vorgesehen. Etwa 300 Sänger können hier sitzen, und auf der Galerie beinah noch einmal soviel.

Ebenfalls auf der Westseite des Gebäudes steht die große Orgel, die als eines der besten Instrumente dieser Klasse auf der ganzen Welt anerkannt wird. Zur Zeit ihrer Herstellung war sie die größte Orgel in Amerika und die zweit- oder drittgrößte der Welt. Von den vielen Überraschungen, die das Instrument bietet, ist eine in der Tatsache zu suchen, daß sie ganz von ortsansässigen Handwerkern gebaut worden ist; das gesamte Holz einschließlich der Pfeifen und der mechanischen Ausrüstung ist gänzlich einheimischen Ursprungs.

Die Orgel bedeckt eine Grundfläche von 33 mal 30 Fuß und hat eine Eigenhöhe von 40 Fuß, während die Ziertürme vorn 48 Fuß aufragen. Sie hat 110 Register und mehr als 3600 Pfeifen von ½ Zoll bis 32 Fuß Klanglänge. Es gibt vier vollständige Manuale und ein Pedalsystem, so daß man eigentlich insgesamt fünf einzelne Orgeln hat. An Größe und Proportion entspricht die Orgel ganz dem außergewöhnlichen Gebäude, worin sie untergebracht ist. An Tonqualität und mechanischer Ausrüstung steht sie der Vortrefflichkeit der übrigen Teile dieses großartigen Auditoriums in keiner Weise nach.

Das Kuppeldach hat man nach dem Prinzip der Fachwerkträger gebaut, es ist ganz und gar freitragend: zwischen der Decke und dem Boden gibt es keine einzige Säule. Die Dachkonstruktion besteht aus Holz, und zur Zeit des Baues wurden die Balken und Träger durch hölzerne Nägel und breite Riemen aus rohen Häuten miteinander verbunden. Man verwendete dieses Material anstelle von Eisennägeln hauptsächlich deshalb, weil nichts anderes zur Verfügung stand. Nägel konnte man nur durch Präriewagentransport herbeischaffen, und die Kosten der langen Beförderung schlossen die Verwendung von Nägeln von vornherein aus. Freilich gibt es heute viele freitragende Dächer von noch größeren Ausmaßen in einigen Bauwerken des Landes; aber die meisten jüngeren Gebäude sind aus Stahl, und es ist fraglich, ob es jemals eine stabilere Konstruktion in reiner Holzbauweise gegeben hat.

Die Versammlungshalle

In der Südwestecke des Tempelplatzes steht die Versammlungshalle, ein stattlicher Bau für Zusammenkünfte kleineren

Ausmaßes als diejenigen, die das große Auditorium im Tabernakel brauchen. Im Sommer 1877 wurde das Alte Tabernakel, an dem so viele angenehme Erinnerungen hingen, niedergerissen, um dem neuen Bau Platz zu machen. Die Versammlungshalle wurde in dem genannten Jahr begonnen, und man hielt in dem noch nicht fertiggestellten Bau Versammlungen ab, aber er war erst 1882 für die Einweihung bereit. Er ist 120 Fuß lang und 68 Fuß breit, die äußeren Ausbuchtungen miteingeschlossen. Die Mauern sind aus Granit von den Steinbrüchen im Cottonwood Canyon.

Die Hauptversorgungsanlage

Alle Gebäude, die jetzt zum Tempelblock gehören, werden ebenso wie viele andere in der Nachbarschaft von einer unabhängigen Versorgungsanlage mit Dampf, Heißwasser und elektrischem Strom versorgt. Diese Anlage befindet sich in der Mitte des Straßengevierts unmittelbar westlich des Tempelplatzes. Von hier aus führen große unterirdische Tunnel zu den einzelnen angeschlossenen Gebäuden. Der Haupttunnel ist 6 Fuß 6 Zoll hoch und 5 Fuß 6 Zoll breit; durch ihn laufen alle Dampf- und Wasserrohre, Ammoniakrohre für Kühlzwecke sowie sämtliche notwendigen elektrischen Leitungen. Die abzweigenden Tunnel sind gleich hoch, aber 1 Fuß 6 Zoll schmaler. Von der Anlage aus werden folgende Gebäude mit elektrischem Licht und Kraftstrom sowie Dampf und Heißwasser versorgt:

1. alle Gebäude auf dem Tempelplatz – der große Tempel und seine Nebengebäude, nämlich der Anbau, der Wintergarten, das Pförtnerhaus, das Tabernakel, die Versammlungshalle und das Informationsbüro

2. alle Gebäude, die zur Latter-day Saints' University (Universität der Heiligen der Letzten Tage) gehören, nämlich die Handelsakademie, die Barratt Hall, das Brigham-Young-Gedächtnishaus und das Lion-Haus

3. das Bischofsgebäude und das alte Zehntenamt oder Vorratshaus des Bischofs, jetzt von der Latter-day Saints' University benutzt

4. die Deseret-Sporthalle

5. die Büros der Ersten Präsidentschaft der Kirche zusammen mit der offiziellen Residenz des Präsidenten im Beehive-Haus;

diese Gebäude sind von der Versorgungsanlage zweieinhalb Straßengevierte entfernt
6. das berühmte Großhotel, das „Hotel Utah"
7. das Deseret-News-Gebäude und der dazugehörige Anbau
8. das Vermont-Gebäude
9. das Sharon-Gebäude und mehrere andere kleine Häuser

Die Gesamtlänge des Tunnelsystems beträgt mehr als 1400 Fuß, und die Tunnel bestehen aus Eisenbeton von 6 Zoll Wanddicke. Aus dieser kurzen und unvollständigen Beschreibung kann man aber doch erkennen, daß die Gebäude auf dem Tempelplatz und unmittelbar daneben zweckentsprechend und ausreichend versorgt und eingerichtet sind.

10. KAPITEL

Die anderen Tempel in Utah

Von den Heiligtümern, die die Heiligen der Letzten Tage erbaut haben, war der große Tempel in Salt Lake City der erste, der auf diesen Seiten eine ausführliche Beschreibung erfahren hat – dies deswegen, weil er unter den neuzeitlichen Tempeln der größte, aufwendigste und weitaus bekannteste ist. Wie schon erwähnt, ist er außerdem von den vier Tempeln, die es bisher[*] in Utah gibt, als erster begonnen und als letzter fertiggestellt worden. Während seiner Bauzeit wurden drei weitere Tempel vorgeschlagen, geplant, erbaut, geweiht und für die heiligen Handlungen geöffnet. Es sind dies die Tempel in St. George, in Logan und in Manti. In dieser Reihenfolge sind sie vollendet und eröffnet worden; es ist angebracht, bei der weiteren Beschreibung die gleiche Ordnung beizubehalten.

Jeder von den drei Tempeln ist nach dem gleichen allgemeinen Plan gebaut worden und dient dem gleichen bestimmten Zweck. Sie unterscheiden sich voneinander in der Ausstattung, und jeder ist kleiner und weniger kunstvoll als der große Tempel in Salt Lake City; aber im wesentlichen haben sie dieselbe Bestimmung und Einrichtung. Wir wollen hier die innere Anordnung und Ausstattung nicht beschreiben, da dies mehr oder weniger nur eine Wiederholung des bereits Gesagten wäre.

Der Tempel in St. George

St. George ist die Hauptstadt des Kreises Washington in Utah und liegt in der Südwestecke des Staates, in der Luftlinie unge-

---
[*] Zur Zeit der Drucklegung des amerikanischen Originals.

fähr 270 Meilen, entlang der Straße aber 330 Meilen von Salt Lake City entfernt. Noch ehe die Mauern des Tempels in Salt Lake City bis über das Untergeschoß hinaus gediehen waren, hatte man beschlossen, im südlichen Teil des Territoriums Utah einen Tempel zu errichten. Als Präsident Brigham Young das Grundstück für einen Tempel in St. George auswählte, lag es noch im damaligen Randgebiet der Stadt. Es umfaßt ein ganzes Straßengeviert von beinah zweieinhalb Hektar.

Am Donnerstag, den 9. November 1871 weihte Präsident Brigham Young das Grundstück. Beim ersten Spatenstich zur Vorbereitung der Grundsteinlegung standen ihm sein Erster Ratgeber, George A. Smith, der damalige Präsident der Southern Mission, Erastus Snow, und der damalige Präsident des St. George-Pfahles, Joseph W. Young, sowie eine stattliche Anzahl sonstiger Priestertumsträger zur Seite. Nach dem Gebet, das von Elder George A. Smith gesprochen wurde, wandte sich Brigham Young an das Volk. Die folgenden Auszüge stammen aus dieser Rede, und sie zeigen deutlich, mit welchem Ernst das Gebot, Tempel zu bauen, betrachtet wurde; sie lassen aber auch erkennen, in welch praktischer Weise die Menschen damals ihre Pflicht als Mitglied der Kirche aufgefaßt haben. Der Präsident forderte die konzentrierte Anstrengung der Gemeinde bei dieser Arbeit und fuhr dann fort:

„Nun mag man vielleicht einwenden, in diesem Land sei es schwierig, seinen Lebensunterhalt zu bestreiten. Ich bin aber sehr dankbar für dieses Land, so wie es ist. Ich bin froh, daß es gerade so ist. Dies ist eine herrliche Gegend, um darin Heilige großzuziehen. Neben unseren sonstigen Pflichten müssen wir hier auch einen Tempel bauen. Ich empfehle, daß der Bischof dieser Stadt, der Bischof von Santa Clara und der Bischof von Washington die Arbeit unter die Mitglieder ihrer Gemeinden aufteilen. Zunächst muß das Fundament ausgehoben werden, später werden viel Steine, Sand, Ton und anderes Material herangeschafft werden müssen. Wenn die Brüder mit vereinter Kraft und einmütig an diese Arbeit gehen, wird der Herr uns über alle Maßen segnen und uns ein gedeihliches Leben in Wohlfahrt schenken. Wenn nun die Anwesenden die Erste Präsidentschaft in dieser Arbeit unterstützen wollen und sich mit ihr für die Errichtung dieses Tempels im Glauben, im Gebet und in guten Werken vereinigen, Brüder und Schwestern, dann sollen alle dies zeigen und die Hand heben."

Alle Anwesenden hoben einmütig die Hand. Der offizielle Bericht fährt fort:

„Präsident Young nahm eine Schaufel in die Hand, deutete auf den Pfahl, der schon früher in der Südostecke des Bauplatzes eingeschlagen worden war, und sagte: ‚Genau unter diesem Pfahl wird im Fundament ein Stein mit heiligen Berichten verlegt werden und genau über diesem Pfahl – wenn das Gebäude einmal fertig ist – ein weiterer Stein mit Urkunden über den Tempel.' Dann verkündete er, wobei er den Worten die Handlung folgen ließ: ‚Mit dieser Schaufel voll Erde beginne ich die Arbeit im Namen des Gottes Israels.' Und alle Leute sagten: ‚Amen'."

Elder Erastus Snow hielt dann eine Ansprache und erinnerte an die Verheißungen von vor zehn Jahren, worin den Bewohnern des südlichen Gebietes Wohlstand versprochen worden war; er zeigte ferner auf, daß schon viele Prophezeiungen in Erfüllung gegangen waren. Darauf folgte der feierliche Hosannaruf.

Man begann sofort, die Baugrube auszuheben; bereits am Nachmittag des Weihetages traten Pflüge und Schrapper in Tätigkeit. Wie schon zur Zeit der Weihung des Grundstücks bekanntgegeben worden war, hatte man sich für folgende Einzelheiten des Ausmaßes und der Konstruktion entschieden:

„Die Außenmaße betragen 142 Fuß Länge und 96 Fuß Breite einschließlich der Stützpfeiler und 80 Fuß Höhe bis zum oberen Rand der Dachbrüstung. Der Tempel wird aus Stein gebaut und außen und innen verputzt. Mitten in der Ostseite ragt ein Turm auf, und zu beiden Seiten des Turmes gibt es an den äußersten Ecken zwei zylindrische Treppenhäuser; die Stufen ruhen auf der einen Seite in der Rundmauer, auf der anderen in der Spindel mitten im Zylinder. Das Dach ist flach und in ähnlicher Weise gedeckt wie das auf dem Neuen Tabernakel in Salt Lake City. Das Gebäude besteht aus zwei Stockwerken und einem Kellergeschoß. Die beiden Haupträume oder Säle, einer über dem anderen, messen jeder 100 mal 80 Fuß. Die Decke von beiden ist gewölbt, ruht auf Säulen und ist so kunstruiert, daß 16 Räume für Beratungszwecke und sonstige Verwendung in jedem dieser zwei Hauptgeschosse möglich sind. Die Hauptdecke ist in der Mitte 27 Fuß hoch, die Höhe der übrigen Decken beträgt 9 Fuß. Das Kellergeschoß nimmt das Taufbecken auf und wird für zeremonielle Zwecke benutzt[1]."

---

[1] Siehe „Dedication of St. George Temple Site" von James G. Bleak, dem Geschichtsschreiber der Southern Mission, veröffentlicht im „Latter-day Saints' Millennial Star", Liverpool, 36. Jg., Nr. 16 vom 21. April 1874. Siehe auch einen früheren Artikel in „Star", 33. Jg., Nr. 51 vom 19. Dezember 1871.

Am 31. März 1873 verlegte man in der Südostecke des Gebäudes einen Urkundenstein mit einem Metallbehälter, worin sich die heiligen Schriften und andere Veröffentlichungen der Kirche sowie eine Silberplatte mit folgender Inschrift befinden:

HEILIG DEM HERRN

Die Kirche Jesu Christi der Heiligen der Letzten Tage wurde entsprechend den Gesetzen unseres Landes und nach dem Willen und den Geboten Gottes am 6. April 1830 ordnungsgemäß gegründet. Diese Gebote wurden Joseph Smith jun. gegeben, der von Gott berufen war und zu einem Apostel Jesu Christi ordiniert wurde, der erste Älteste in der Kirche zu sein.

Präsident Joseph Smith jun. und sein Bruder Hyrum, der Patriarch der gesamten Kirche, erlitten am 27. Juni 1844 in Carthage, Illinois, den Märtyrertod; die Gläubigen aber wurden 1846 in die Wildnis hinausgetrieben.

Dann folgen die Namen aller damaligen Generalautoritäten der Kirche[2].

Zu den obenerwähnten Einzelheiten braucht man nur noch das folgende hinzufügen, um die Beschreibung fast vollständig zu machen. Der Turm mißt 31 Fuß im Geviert; die Wetterfahne des Turmes ist 175 Fuß über dem Boden. Das Fundament des gesamten Kellergeschosses besteht aus schwarzem Basalt; denn dieses Gestein kommt in dem Gebiet reichlich vor und eignet sich für diesen Zweck sehr gut. Die Erde ist dort sandig und sehr stark mit alkalischen Mineralsalzen durchsetzt: daher ist für ein Fundament in diesem Boden kein Gestein geeignet, das sich leicht zersetzt, sei es durch Abrieb oder infolge der verwendeten Bindemittel. Das Fundament des Gebäudes reicht 10 Fuß in den Boden. Etwa zwei Drittel der Ostseite und ein Teil der Nordseite ruhen auf gewachsenem Felsen. Das ganze übrige Fundament besteht aus einer dicken Lage gebrochenen Eruptivgesteins, das von einer 800 Pfund schweren Ramme festgestampft worden ist. Ein großer Wasserabzugkanal umgibt das Gebäude und mündet in einen noch größeren Kanal 50 Fuß östlich des viereckigen Turms. Das Fundament ist unten 12 Fuß dick, und die Mauern verjüngen sich nach oben, so daß sie in Höhe der Kellerfenster noch eine Stärke von 3 Fuß 8 Zoll aufweisen. Über dem Keller-

---

[2] Siehe „Deseret News", 23. Jg., S. 152. Siehe auch einen interessanten Artikel in derselben Zeitung. 25. Jg., S. 193, der auf Informationen beruht, die von George Kirkham jun. stammen.

geschoß besteht das Gebäude aus dem einheimischen schönen roten Sandstein. Dieser kommt aus Steinbrüchen, die eigens für diesen Bau aufgefunden und freigelegt worden sind. Das Bauholz mußte mit Ochsenfuhrwerken aus Entfernungen von 70 bis 90 Meilen herangeschafft werden.

Der Tempel steht in der freien Ebene, jedoch auf einer kleinen Erhöhung. Man kann aber kaum von einer beherrschenden Höhenlage sprechen. Der Boden rings um das Gebäude, ja das ganze Gebiet in einem Umkreis von vielen Meilen zeigt eine stark dunkelrote Färbung. Dies ist auch die Farbe des Sandsteins, aus dem der Tempel gebaut ist. Natürlich hob sich der Bau kaum vom Hintergrund ab und war selbst aus der Nähe kaum sichtbar. Man stellte also einen Kontrast her, indem man die Wände weiß anstrich. Das Ergebnis ist, daß das Bauwerk zu einem auffälligen Wahrzeichen der Landschaft geworden ist.

Was das Innere betrifft, so genügt es festzustellen, daß sämtliche heiligen Handlungen bei Taufe, Ordinierung, Endowment und Siegelung, wie sie im Tempel von Salt Lake City vollzogen werden, auf ähnliche Weise auch in diesem Tempel vorgenommen werden und daß die entsprechenden Vorkehrungen getroffen sind. Für alle heiligen Handlungen sind die notwendigen Räume und Einrichtungen reichlich vorhanden. Der ganze Keller ist in 14 Räume geteilt, wovon das Baptisterium mit seinen 35 mal 40 Fuß einer der größten und wichtigsten ist. Wie üblich, ist der Taufraum unter das Niveau der Versammlungsräume gesetzt. Wie in den anderen Tempeln ruht das Taufbecken auf zwölf Rindern aus Gußeisen, die in einer Vertiefung im Fußboden stehen. Taufbecken, Rinder, eiserne Treppen und alles Zubehör im Gesamtgewicht von mehr als 8 Tonnen wurden in Salt Lake City gegossen und von dort mit Ochsengespann nach St. George gebracht. Die ganze Ausstattung des Baptisteriums war ein persönliches Geschenk von Präsident Brigham Young.

Über dem Keller erheben sich zwei Stockwerke. In jedem davon gibt es einen Hauptsaal, 99 mal 78 Fuß lichte Weite, mit einem gewölbten, elliptischen Plafond, in der Mitte 27 Fuß hoch über dem Fußboden. Auf beiden Seiten des Hauptsaales gibt es eine Anzahl kleinerer Zimmer für heilige Handlungen und für Versammlungen der Priestertumsräte. Der große Saal im mittleren Stockwerk hat dieselbe Verwendung wie der prachtvolle Celestiale Saal im schon beschriebenen Tempel in Salt Lake

City. Auf gleiche Weise entspricht auch der Hauptsaal im obersten Geschoß dem Versammlungssaal im vierten Stockwerk des Salt-Lake-Tempels; auch er ist an beiden Enden mit Tribünen versehen, und die im Osten dient dem höheren oder Melchisedekischen Priestertum, während die im Westen den Beamten des geringeren oder Aaronischen Priestertums vorbehalten ist.

Anschließend an das Hauptgebäude steht der sogenannte Anbau; dieser ist 74 Fuß lang und 24 Fuß breit, nicht eingerechnet ein Schuppen auf der Ostseite, der 43 mal 9 Fuß mißt. Der Anbau wurde 1882 errichtet. Er enthält einen Kessel- und Maschinenraum, Zimmer für die Wache, einen Speisesaal für die Tempelarbeiter, Büroräume usw.

Der Tempel in St. George wurde mit freiwilligen Opfern und Zuwendungen aus den Zehntengeldern des Volkes erbaut. Das Gebäude war mit dem Jahresende 1876 praktisch fertig. Einige Teile wurden am 1. Januar 1877 geweiht, so daß mit bestimmten Riten begonnen werden konnte. Die Weihe des gesamten Gebäudes fand am darauffolgenden 6. April statt. Bei dem vorläufigen Weihegottesdienst am 1. Januar 1877 waren 1230 Personen anwesend. Der Chor sang Lieder, von denen einige eigens für diesen Anlaß komponiert worden waren. Die Weihegebete wurden von Mitgliedern des Rates der Zwölf in folgender Reihenfolge gesprochen: Wilford Woodruff für das Kellergeschoß, Erastus Snow für den Hauptsaal des unmittelbar darüberliegenden Geschosses und Brigham Young jun. für den Siegelungsraum. Ansprachen wurden von Elder Erastus Snow und Elder Wilford Woodruff sowie Präsident Brigham Young gehalten.

Die erste Taufe für die Toten wurde im Tempel von St. George am 9. Januar 1877 vollzogen. Mit dem Endowment für die Toten begann man zwei Tage später, und das war – wie Wilford Woodruff ausdrücklich feststellte – „das erste Mal, daß in dieser Evangeliumszeit in einem Tempel Endowments für die Toten vollzogen worden sind."

Die eigentliche Weihe des Tempels als Ganzes begann am 4. April 1877 und endete am 6. April. Die letzten Versammlungen fielen auf den gleichen Tag wie die Generalkonferenz der Kirche, und man hielt diese aus Anlaß der Weihe eigens in St. George ab. Am 4. und 5. April fanden vormittags und nachmittags allgemeine Versammlungen im Tempel statt, wobei jede Session durch besondere Musik und durch inspirierte Ansprachen der Kirchenführer ausgezeichnet wurde. Freitag, den 6. April um 10 Uhr morgens wurde die Generalkonferenz im Tempel eröffnet. Die präsidierenden Beamten der Räte und Kollegien nahmen die ihnen vorbehaltenen Plätze ein. Es gab nicht sehr viele Reden, nachdem man zwei Tage mit Belehrung und Vorbereitung zugebracht hatte. Das Weihegebet wurde von Daniel H. Wells gesprochen, dem Zweiten Ratgeber in der Ersten Präsidentschaft der Kirche[3].

Der Tempel in Logan

Kaum war der Tempel in St. George fertig und seiner heiligen Bestimmung übergeben, als die Heiligen der Letzten Tage auch schon ein weiteres Haus des Herrn begannen: diesmal in Logan im nördlichen Teil des damaligen Territoriums – und heutigen Staates – Utah. Der Tempel in St. George wurde am 6. April 1877 geweiht; mit dem Bau des Heiligtums in Logan begann man am 19. September desselben Jahres.

Logan ist die Hauptstadt des Kreises Cache und das Verteilungszentrum des reichen und schönen Cache-Tales – ein Tal, das sich den ehrenvollen Beinamen „Getreidekammer Utahs" erworben hat. In der Luftlinie ist Logan 66 Meilen von Salt Lake City entfernt, entlang der Bahn sind es 102 Meilen. Der Tempel in St. George ist demnach von dem in Logan 336 Meilen in der Luftlinie entfernt. Logan nimmt im Tal einen hervorragenden Platz ein; es liegt am Delta und der anschließend aufgeschütteten Terrasse des Gebirgsflusses, der sich einst in den prähistorischen Bonneville-See ergossen hat. Von der Stadt hat man einen prächtigen Blick über das ganze Tal mit der majestätischen Gebirgskette im Hintergrund. Der Tempel nimmt einen beherrschenden Platz in der Stadt ein; er liegt auf einer höheren Terrasse, der sogenannten „Bench" (Bank), und ist von allen Stellen des großen Tales aus zu sehen. Das Grundstück umfaßt ein ganzes Straßengeviert von mehr als drei Hektar, und der Tempel steht in der Nordostecke dieses Quadrats.

Das Tempelgrundstück in Logan wurde am 17. Mai 1877 unter der Leitung der Präsidentschaft der Kirche und des Rates der

---

[3]Für die Zusammenstellung vieler Angaben über den Tempel von St. George, die hier verwendet sind, schuldet der Verfasser dem Präsidenten des Tempels, David H. Cannon, und dessen Mitarbeitern Dank.

Zwölf Apostel geweiht. Anwesend waren die ganze Erste Präsidentschaft, nämlich Präsident Brigham Young und seine Ratgeber John W. Young und Daniel H. Wells; ferner John Taylor, der Präsident des Rates der Zwölf; Orson Pratt und weitere Mitglieder des Rates sowie eine sehr große Menge Publikum. Elder Orson Pratt sprach das Weihegebet, worauf Ratgeber John W. Young den ersten Spatenstich vornahm; in dieser symbolischen Handlung folgten ihm dann Ratgeber Daniel H. Wells und Präsident John Taylor. Präsident Brigham Young und Daniel H. Wells und John Taylor hielten kurze Ansprachen. Die Rede Brigham Youngs betonte den Zweck, wozu Tempel gebaut werden, und den selbstlosen Geist, womit die Arbeit verrichtet werden muß; er sagte unter anderem:

„Wir haben hier ein Grundstück geweiht, worauf wir einen Tempel erbauen wollen, um darin die heiligen Handlungen des Hauses Gottes vorzunehmen. Wenn er fertig ist, werden wir hineingehen und uns der Segnungen des Priestertums erfreuen und Salbungen und das Endowment und Siegelungen empfangen. Die Brüder werden an die Brüder gesiegelt, um die Glieder fortzusetzen und die Kette von uns bis zu unserem Stammvater Adam zu vervollständigen. Das ist der Zweck des Tempels, den wir hier an dieser Stelle bauen wollen. Wir fordern von den Brüdern und Schwestern, mit aller Macht daranzugehen und diesen Tempel zu errichten; und vom Architekten bis zu dem Jungen, der das Trinkwasser für die Bauarbeiter holt, soll jeder wissen, daß eine Entlohnung überhaupt nicht in Frage kommt. Dieses Haus des Herrn bauen wir für uns, und wir erwarten, daß die Brüder und Schwestern, Nachbarschaft auf Nachbarschaft, Gemeinde auf Gemeinde die zugewiesene Anzahl von Arbeitskräften stellen und hier ans Werk gehen, wie sie von den zuständigen Autoritäten angewiesen werden.

Wenn man dies auch als irdische Arbeit bezeichnen kann, so richtet sie sich doch auf unsere eigene Errettung und die unserer Freunde, die schon dahingegangen sind, und auch die der künftigen Generationen. Wir können diesen Tempel durch unsere Arbeit voranbringen, ohne daß uns dadurch eine Bürde entsteht, wenn unser Herz bei der Sache ist. Wir werden dafür reich gesegnet werden. In unseren irdischen Angelegenheiten werden wir nach der Fertigstellung des Tempels besser daran sein als zu der Zeit, wo wir ihn begonnen haben, und als wenn wir ihn nicht gebaut hätten. Die Zeit, die uns zur Verfügung steht, gehört dem Herrn; aber es ist uns erlaubt, sie nach unserem Gutdünken zu verwenden. Wenn die Brüder kommen und an diesem Tempel arbeiten, können sie erwarten, daß der Herr sie nach ihrem Glauben segnet . . .

Wir beten ständig, daß ihr gesegnet sein möget. Ich fühle, daß ich euch mit der mir und meinen Brüdern übertragenen Macht und Autorität des Priestertums segnen soll, mit Herz und Hand, und alle Heiligen sagen ‚Amen'. Segnet doch auch einander, tut die Arbeit des Herrn und laßt alle kleinlichen, widerwärtigen, habgierigen Gefühle fahren, die so sehr mit unserer Natur verwoben sind. Scheint es auch schwer, sie loszuwerden, so müssen wir sie doch besiegen und uns in der heiligen Ordnung Gottes vereinigen, damit wir die Heiligen des Allerhöchsten sein können; denn dann kann sich unser Interesse, unser Glaube und unser Bemühen auf die Errettung der menschlichen Familie richten.

Brüder und Schwestern, versucht doch, dies zu erkennen; erwacht und laßt euch dies angelegen sein. Nähert euch dem Herrn, um seinen Willen kennenzulernen, und wenn ihr ihn kennt, dann faßt auch den festen Vorsatz, ihn zu tun! Gott segne euch. Amen."

Am Montag, den 28. Mai 1877 begann man mit der Ausschachtung. Die Arbeiter wurden von den Gemeinden im Distrikt des Logan-Tempels abgeordnet, wozu damals der Cache-, der Box-Elder- und der Bear-Lake-Pfahl gehörten. Neben Zeit und Arbeitskraft – was man als freiwillige Leistung bezeichnen kann – opferte das Volk auch großzügig Geld, Vieh, Handelsware und landwirtschaftliche Erzeugnisse, und diese Spenden wurden durch reichliche Zuwendungen aus den allgemeinen Kirchengeldern ergänzt. Der Architekt war Truman O. Angell jun. Mit dem Fundament wurde am 20. Juli 1877 begonnen – und zwar an dem sogenannten Erweiterungsbau. Dieses Gebäude schließt unmittelbar an die Nordseite des Tempels an und ist 80 Fuß lang, 36 Fuß breit und 23 Fuß hoch. Seit der Fertigstellung des Tempels wird es als Maschinenraum, Büro, Empfangsraum und Versammlungssaal benutzt und entspricht damit dem Anbau des Tempels in Salt Lake City.

Am 19. September 1877 wurden die Ecksteine unter Leitung des Präsidenten des Rates der Zwölf, John Taylor, gelegt. Präsident Taylor legte den Eckstein im Südosten, und Franklin D. Richards sprach des Weihegebet dafür. Der Eckstein im Südwesten wurde von Edward Hunter, dem Präsidierenden Bischof der Kirche, gelegt, und das Gebet dazu wurde von seinem Ratgeber Leonard W. Hardy gesprochen. Der nordwestliche Eckstein wurde von George L. Farrell, dem Präsidenten des Hohepriesterkollegiums des Cache-Pfahles, gelegt, und das Gebet dazu wurde von Moses Thatcher vom Rat der Zwölf gesprochen.

Der Eckstein im Nordosten schließlich wurde von Albert P. Rockwood vom Ersten Rat der Siebzig gelegt, das dazugehörige Gebet sprach Horace S. Eldredge, ebenfalls vom Ersten Rat der Siebzig.

Der fertige Tempel mißt 171 Fuß in der Länge, ist 95 Fuß breit und im Haupttrakt 86 Fuß hoch. An jeder Ecke erhebt sich ein achteckiger Turm von 100 Fuß Höhe, an jeder Schmalseite ein großer viereckiger Turm. Der westliche ist 165 und der östliche 170 Fuß hoch. Darin, daß der Ostturm höher ist als sein Gegenstück im Westen, gleicht der Tempel in Logan dem größeren Bau in Salt Lake City. Massive Stützpfeiler bilden eine Verstärkung, und das Mauerwerk ist von bester Qualität. Architektonisch ist der Tempel dem burgartigen Stil zuzurechnen.

Das für den Bau verwendete Gestein wurde in den nahegelegenen Steinbrüchen gewonnen; es handelt sich dabei um einen sehr harten, kompakten kieselsäurehaltigen Kalkstein von dunkler Färbung, den man dort Tangstein nennt, weil so viele Meerespflanzen als Fossilien darin eingelagert sind. Für die Pfosten und Oberschwellen der Türen und Fenster und für die Bogen verwendete man einen typischeren Kalkstein; denn dieses Material ergibt eine glattere Oberfläche als das quarzhaltige Gestein. Die Wasserabflußleisten, die Simse und die Aufsätze der Zinnen und Türme sind aus leichtem ockerfarbenem Sandstein, der in den Steinbrüchen bei Franklin in Idaho abgebaut wird. Das in den Mauern verwendete Gestein ist verschiedenfarbig, deshalb hat man die gesamte Außenseite ockerfarbig angestrichen.

Das für den Bau notwendige Holz holte man sich aus dem Logan Canyon und bereitete es in der Sägemühle des Tempels zu, die eigens für diesen Zweck eingerichtet wurde. Es wirft ein bezeichnendes Licht auf die Ernsthaftigkeit, womit das Volk sich an die Arbeit am Tempel begeben hat, wenn man erfährt, daß sogar die Sägemühle offiziell geweiht wurde, als man sie zum ersten Mal in Betrieb nahm. Das gesamte Bauholz wurde sorgfältig ausgesucht, so daß es möglichst ohne Fehler und Mängel war. Hauptsächlich war es Fichtenholz für die schweren Balken und Weißtanne für die Inneneinrichtung, wie Tribünen und Altäre. Das Dachgebälk besteht aus bestem Fichtenholz und zeigt eine geniale Konstruktion; es überspannt nämlich nicht weniger als 95 Fuß ohne Stützwerk. Zuerst war das Dach mit

Blech bedeckt; bald aber stellte sich heraus, daß infolge von Temperaturschwankungen Sprünge entstanden und Wasser eindrang. Schließlich ersetzte man es durch die alten, aber bewährten Dachschindeln aus Holz. Die Arbeit ist überall von besonderer Güte; ja man sagt, daß nach fast 30 Jahren sich noch keine Tür gesenkt hat und keine Mauer einen Sprung aufweist.

Das Gebäude hat fünf vollständig ausgebaute Stockwerke. Das Untergeschoß beherbergt den Taufraum und daran anschließend Umkleideräume. Wie es in den Tempeln der Heiligen der Letzten Tage allgemein üblich ist, ruht das Taufbecken auf zwölf gußeisernen Rindern, die in einer Vertiefung im Fußboden stehen. Über dem Kellergeschoß befinden sich im Abstand von wenigen Fuß eine Anzahl Räume, die in der Zeremonie Verwendung finden. So gibt es etwa 8 Fuß über dem Kellerfußboden einen Raum entsprechend dem unteren Vortragssaal, 4 Fuß höher einen entsprechend dem „Garten"-Saal, 5 Fuß höher einen entsprechend dem „Welt"-Saal und weitere 10 Fuß höher ein Gegenstück zu dem oberen Vortragssaal oder Terrestrialen Saal, wie diese Gemächer schon beim Tempel in Salt Lake City beschrieben worden sind. Der verbleibende Raum im ersten und zweiten Geschoß wird von Büros für den Tempelpräsidenten, den Schriftführer und andere Beamte, die Bibliothek usw. eingenommen. Das dritte Stockwerk enthält den sogenannten „C"-Saal, der dem schon geschilderten Celestialen Saal entspricht. Wie in den anderen Tempeln ist dieser auch hier der am prächtigsten ausgestattete von allen größeren Räumen. Anschließend daran gibt es an der Ostseite drei kleinere Gemächer für die Siegelungen.

Das vierte Geschoß wird gänzlich von dem Hauptversammlungssaal mit seinen Vorräumen und Nebenräumen eingenommen. Der Versammlungssaal selbst ist 104 Fuß lang und 95 Fuß breit; die Decke ist 30 Fuß hoch. Im Osten erhebt sich eine große Tribüne mit Rednerpulten, die den Beamten des Melchisedekischen Priestertums vorbehalten ist, und im Westen eine ähnliche für das Aaronische Priestertum. Im Auditorium hat man drehbare Sitze, so daß die Zuhörer jeweils in die richtige Richtung sehen können – je nach der Art des Gottesdienstes, der vom höheren oder geringeren Priestertum geleitet wird. Dieser Saal bietet 1500 Personen bequem Sitzplatz. Getrennte Räume im Ost- und Westturm bilden das fünfte Stockwerk. Über dem Versammlungssaal im vierten Stockwerk gibt es im Haupttrakt keine Gemächer mehr.

Am Tempel in Logan wurde sieben Jahre gearbeitet. Am 17. Mai 1884 wurde das Gebäude dem Dienst des Herrn geweiht und unmittelbar darauf für die heiligen Handlungen freigegeben. Der Weihegottesdienst dauerte drei Tage; das heißt, nach der offiziellen Weihe hielt man an den beiden folgenden Tagen Gottesdienste ab und verlas dabei jedesmal vor dem Publikum das Weihegebet. Die Zeremonien bei der Weihe wurden im großen Versammlungssaal im vierten Stock abgehalten, und das große Auditorium war bei jeder Versammlung zum Bersten voll. Präsident Brigham Young war noch vor der Grundsteinlegung gestorben, und der Bau war zuerst unter dem Rat der Zwölf fortgesetzt worden. Diese Körperschaft wird nämlich, sobald die Erste Präsidentschaft aufgehört hat zu bestehen, automatisch zum präsidierenden Rat der Kirche. Später ging die Arbeit unter der neuen Ersten Präsidentschaft weiter. Am Tag der Weihe wurde das Gebet von Präsident John Taylor gesprochen, und seine Ratgeber George Q. Cannon und Joseph F. Smith hielten danach Reden. Ihnen folgten Wilford Woodruff und Lorenzo Snow vom Rat der Zwölf Apostel mit Ansprachen. Dann ergriff Präsident John Taylor selbst das Wort; seine Ausführungen wurden mit dem begeisternden Hosannaruf beschlossen. Das Schlußgebet sprach John Smith, der Präsidierende Patriarch[4].

Der Tempel in Manti

Noch bevor man die Arbeit am Tempel in Logan aufgenommen hatte, wurden schon Vorbereitungen für den Bau eines weiteren Hauses des Herrn getroffen. Manti, die Hauptstadt des Kreises Sanpete, war als Ort für dieses neue Heiligtum ausersehen. Es liegt etwa 104 Meilen in der Luftlinie südlich von Salt Lake City; entlang der Bahnstrecke beträgt die Entfernung 130 Meilen. Die Erste Präsidentschaft und der Rat der Zwölf legten mit Schreiben vom 25. Oktober 1876 die Grenzen des Einzugsgebietes für den neuen Tempel fest, wie aus folgendem hervorgeht:

---

[4] Für die Mithilfe bei der Zusammenstellung der Angaben über den Tempel von Logan ist der Verfasser dem präsidierenden Tempelbeamten, William Budge, und dessen Mitarbeitern zu Dank verpflichtet.

„Wir fühlen uns veranlaßt, zu den Heiligen der Letzten Tage in diesen Bergen zu sagen: Laßt uns aufstehen und unserem Gott dort Tempel bauen, wo er es bestimmt, wohin wir mit unseren Kindern gehen und die Segnungen empfangen können, die er für uns bereitet hat. Die Bischöfe der Siedlungen in den Kreisen Washington, Kane, Iron, Piute, Beaver, Millard, Sevier, Sanpete und Juab sollen die Mitglieder ihrer Gemeinden zusammenrufen und feststellen, wieviel jeder an Arbeit und Geldmitteln im Monat, im Vierteljahr und im Jahr zur Errichtung eines Tempels in Manti im Kreis Sanpete beizutragen bereit ist."

Man darf nicht vergessen, daß sich das Volk zur gleichen Zeit auf das äußerste bemühte, den Tempel in St. George fertigzustellen, und daß schon die Vorarbeiten für den Bau des Tempels in Logan angelaufen waren. Die ganze Zeit hindurch befand sich aber auch der größte Tempel von allen im Bau, der in Salt Lake City. Ungeachtet dieser gewichtigen Verpflichtungen – und mancher würde davon als Last oder Bürde sprechen – gehorchte man dem Ruf der Autoritäten und begann mit einem weiteren großen Unternehmen dieser Art.

Was die genaue Lage des neuen Tempels anbelangte, so hatten die Autoritäten in einer Beratung in Ephraim am 25. Juni 1875 die Entscheidung gefällt, und der sogenannte Steinbruch von Manti war als voraussichtlicher Bauplatz bestimmt worden. Dieser Ort befindet sich auf der Spitze eines Hügels, der seinerseits ein Ausläufer einer niederen Hügelkette ist. In dieser Kette tritt eine deutlich geschichtete, gleichmäßig eingebettete Ablagerung von Oolith zutage. Dies ist ein körniges Gestein, das aus winzigen Kügelchen von konzentrischen Kalziumkarbonatschichten besteht. Unter starker Vergrößerung sieht der Stein wie Fischrogen aus, daher der Name Oolith, was wörtlich Eier- oder Rogenstein bedeutet. Daß man diese Stelle für den Tempel ausgesucht hatte, das bedeutete: das Haus würde buchstäblich auf einem Felsen gebaut sein – auf gewachsenem Felsen, auf einer ungebrochenen und ungestörten Formation. Der Tempel sollte aus dem dort vorkommenden Gestein gebaut werden, behauen und schön geformt. Das Material ist für diesen Zweck wunderbar geeignet: es läßt sich leicht brechen, mühelos bearbeiten und besitzt eine sehr angenehme Struktur und Färbung. Der Oolith von Manti ist sehr gleichmäßig gekörnt und hat eine helle Cremefarbe. Man hat ihn für einige stattliche Häuser in

Salt Lake City verwendet; er ist außerdem das Baumaterial, woraus der Anbau des Tempels in Salt Lake City und die Fensterblenden und anderen Verzierungen jenes Granitbaues bestehen.

Das Grundstück in Manti wurde am 25. April 1877 geweiht. In Anwesenheit von vielen Generalautoritäten der Kirche und Hunderten anderen Zuschauern nahm Präsident Young an der Südostecke des Tempelgrundstücks den ersten Spatenstich vor und weihte den Bauplatz feierlich, indem er selbst das Gebet sprach[5]. Dann gab er kurze Anweisungen für den weiteren Vorgang und hob besonders hervor, daß der Tempel durch die Arbeitsleistung des Volkes und als eine Opfergabe aus freien Stücken gebaut werden sollte und daß die Arbeit von niemandem als Quelle des Profits angesehen werden dürfe. Seine Ansprache, die so richtig die einzigartige Einstellung der Heiligen der Letzten Tage zu dem großen Auftrag, dem Herrn einen Tempel zu bauen, zeigt, wird im Wortlaut wiedergegeben:

„Wir rufen nun durch die Bischöfe in dieser und den benachbarten Siedlungen das Volk auf, dafür zu sorgen, daß Männer mit Gespannen und Wagen, mit Pflügen und Schrappern, mit Äxten und Schaufeln hierherkommen, um dieses Grundstück für die Bauarbeit vorzubereiten. Mit dieser Arbeit soll sofort begonnen werden; und sobald wie möglich erwarten wir, daß hier an jedem Arbeitstag 50 bis 100 Männer tätig sind, solange es die Jahreszeit erlaubt.

Wir wollen diesen Tempel zu unserem Nutzen bauen, und wir sind durchaus in der Lage, es zu tun. Keiner von denen, die zur Arbeit kommen, darf daher eine Entlohnung für seine Dienste erwarten. Die Nachbarsiedlungen sollen Männer entsenden, und diese können ausgetauscht werden, sooft und sobald es wünschenswert erscheint. Es kann ihnen für ihren Dienst Zehnter als Arbeitsleistung oder auf dem Spendenkonto gutgeschrieben werden; aber wir erwarten, daß sie bis zur Fertigstellung dieses Tempels ohne Lohnforderung arbeiten. Es entspricht nicht dem Wesen der Heiligen, den Bau eines Tempels zu einer kommerziellen Unternehmung zu machen.

Wir wollen diesen Tempel mit reinen Händen und einem reinen Herzen errichten, damit wir mit unseren Kindern hingehen und unsere Waschungen und Salbungen, die Schlüssel und heiligen Handlungen des Priestertums empfangen können und damit wir darin für unsere Väter und Mütter und Vorfahren amtieren können,

---

[5]Dieses Gebet ist im „Latter-day Saints' Millennial Star", 39. Jg., Nr. 24 vom 11. Juni 1877 abgedruckt.

die ohne das Evangelium gelebt haben und gestorben sind, so daß sie zusammen mit uns an den Früchten des Baumes des Lebens teilhaben und im Reich unseres Vaters leben und Freude haben dürfen. Das Evangelium ist frei, seine heiligen Handlungen sind frei, und uns steht es frei, diesen Tempel dem Namen des Herrn zu erbauen, ohne daß wir für unseren Dienst etwas fordern.

Auch die Schwestern rufen wir auf, bei diesem Unternehmen die ihnen mögliche Hilfe zu leisten. Sie können vieles tun, indem sie ihrem Mann und ihren Söhnen Mut zusprechen und indem sie Kleidung aller Art für sie herstellen und auch sonst für sie sorgen, solange die Männer hier arbeiten.

Ihr Bischöfe, wenn nun irgend jemand käme und fragte, was man ihm wohl für die Arbeit an diesem Tempel zahlen würde, dann sollt ihr antworten: ‚Keinen einzigen Heller!' Und wenn der Tempel fertig ist, werden wir in dem heiligen Haus Gottes arbeiten und nicht danach fragen, was wir bekommen oder wer uns bezahlt, sondern wir werden unsere Belohnung im Herrn suchen, und er wird uns nicht vergessen. ‚Seht euch die Vögel des Himmels an', sagt der Erretter, ‚sie säen nicht, sie ernten nicht und sie sammeln keine Vorräte in Scheunen; euer himmlischer Vater ernährt sie. Seid ihr nicht viel mehr wert als sie?'

Mit dem Werk soll unverzüglich begonnen werden. Man kann hier nicht im Winter bauen, wie es in St. George möglich ist. Dieser Tempel muß in der milderen Jahreszeit gebaut werden, wenn kein Frost in der Luft ist.

Gott segne euch, Brüder und Schwestern; wir hoffen und beten, ihr möget inspiriert sein und diese Arbeit so verrichten, daß sie euch Ehre und Gott Ruhm bringt. Dies ist das Werk der Letzten Tage, woran wir arbeiten, und auf diese Weise wird Zion errichtet. Wir wollen mit unseren Anstrengungen daheim fortfahren und werden das Evangelium zu allen Völkern der Erde bringen, zum ganzen Haus Israel, und das gute Werk der Erlösung und Errettung wird weitergehen, bis alles vollendet ist und Jesus dem Vater das Reich übergibt. Amen[6]."

Der Beginn der Ausschachtung war durch ein weiteres zeremonielles Gebet gekennzeichnet. Wir lesen, daß ungefähr 100 Leute am 30. April 1877 um 8 Uhr morgens auf dem Tempelgrundstück versammelt waren; alle knieten zum Gebet nieder. Gleich darauf begaben sich die Männer und die Pferde an die Arbeit, das Fundament des großen Gebäudes vorzubereiten. Die Eigenart des Geländes machte es notwendig, daß man Terrassen oder eine andere Art von abgestuftem Zugang vom Tal

---

[6] „Latter-day Saints' Millennial Star", 39. Jg., Nr. 24 vom 11. Juni 1877, S. 373.

bis zum Tempelhügel errichtete. Im Dezember 1878 waren vier Terrassenmauern im Rohzustand fertig, und im darauffolgenden April war die Ausschachtung für das Fundament vollendet. Die Terrassen wurden nachher durch einen gleichmäßigen Abhang mit einer Stützmauer ersetzt.

Am 14. April 1879 legte man die Ecksteine: Präsident Young, auf dessen Weisung man sämtliche Tempelgrundstücke in Utah ausgewählt und die Arbeit darauf begonnen hatte, war inzwischen gestorben. Eine neue Erste Präsidentschaft war zu dieser Zeit noch nicht in ihr Amt eingeführt. Die präsidierende Autorität hatte der Rat der Zwölf Apostel inne, und John Taylor war dessen Präsident. Am genannten Tag versammelte sich eine große Zuschauermenge in der Nähe des Tempelgrundstücks und bewegte sich in einer Prozession zur Südostecke. Zuerst gab es passende Lieder und ein Gebet, dann sprach Erastus Snow vom Rat der Zwölf. William H. Folsom, der Chefarchitekt, legte den südöstlichen Eckstein, und Elder Lorenzo Snow vom Rat der Zwölf sprach das Gebet. Als Haupteckstein wurde dieser auch zum Urkundenstein bestimmt. In eine vorbereitete Höhlung legte man Kirchenveröffentlichungen und andere Bücher; dann versiegelte man die Öffnung vor der offiziellen Verlegung. Bischof Edward Hunter, der Präsidierende Bischof der Kirche, legte den südwestlichen Eckstein, und sein Ratgeber Leonard W. Hardy sprach dazu das Gebet. Elder F. W. Cox, der Präsident des Hohepriesterkollegiums im Sanpete-Pfahl, legte dann den Stein im Nordwesten, und Elder Canute Peterson, der Pfahlpräsident, sprach dazu das Gebet. Elder Horace S.. Eldredge vom Ersten Rat der Siebzig legte den nordöstlichen Eckstein, und sein Gefährte im gleichen Rat, Elder John Van Cott, sprach das Weihegebet. Dem Gottesdienst wohnten ungefähr 4000 Leute bei.

Von der Grundsteinlegung bis zur Fertigstellung des Gebäudes ging die Arbeit ohne nennenswerte Behinderung vonstatten. In fertigem Zustand mißt das Gebäude 171 Fuß in der Länge und 95 Fuß in der größten Breite. Vom untersten Wasserschlag bis zu den Zinnen ist das Gebäude 79 Fuß hoch, und der Wasserschlag befindet sich drei Fuß über dem Boden. Die Mauern weisen unten eine Dicke von 3 Fuß 6 Zoll auf und sind mit Pfeilern von 4 Fuß Dicke verstärkt; Mauern und Stützpfeiler verjüngen sich aufwärts. Oben sind die Mauern 3 Fuß und die Stützpfeiler 2 Fuß 6 Zoll dick. Die Hauptfront des Gebäudes blickt nach Osten, wie es bei allen bestehenden Tempeln der Fall ist. Dennoch befinden sich die meistbenutzten Eingänge ebenso wie der Zugang vom Anbau her im Westen. Das Fundament stößt mit seinem östlichen Ende gegen den Hügel; und diese Seite des Gebäudes kann man nur betrachten, wenn man auf den Hügel klettert, bis man darauf herunterblicken kann. Der östliche Turm erhebt sich zu einer Höhe von 179 Fuß, der Turm im Westen ist um 10 Fuß niedriger. Jeder Turm mißt unten 30 Fuß im Geviert. Der Boden rund um den Tempel liegt um etwa 60 Fuß höher als die Straße am Fuß des Hügels. Die Zufahrt auf der Ostseite befindet sich in Höhe der kurzen Treppe, die zu den Eingängen des Hauptversammlungssaales im vierten Stockwerk hinaufführt.

Anschließend an das Hauptgebäude sieht man den Anbau, 100 Fuß lang, 40 Fuß breit und nur ein Stockwerk hoch. In diesem Gebäude ist die Heizungsanlage untergebracht; auch gibt es hier Empfangsräume, Büros und einen Versammlungssaal für den vorbereitenden Gottesdienst. Der Tempel bekommt sein Wasser unmittelbar von nie versiegenden Quellen, die ungefähr eine Meile entfernt sind.

Die Räumlichkeiten im Innern sind im wesentlichen Gegenstücke der schon beschriebenen Gemächer in den anderen Tempeln. Der Hauptversammlungssaal im obersten Stockwerk bietet Platz für mehr als 1500 Personen.

Der Weihegottesdienst wurde für den 21. Mai 1888 festgesetzt. Aus zeitgenössischen Veröffentlichungen läßt sich erkennen, daß die Anteilnahme an diesem Ereignis sehr groß war. Wir lesen:

„Schon in den frühen Morgenstunden des 21. Mai begannen sich die Leute am Hügel östlich des Tempels zu versammeln, um auf Einlaß zu warten, und um halb zehn war das ganze Gelände schwarz vor Menschen. Es war ein wunderschöner Tag; die drohenden Regenwolken vom Abend vorher hatten sich verzogen. Schon zwei Tage lang vorher waren alle Straßen nach Manti voll von Wagen, die ihre Fahrgäste zur Weihe heranführten[7]."

Präsident John Taylor, der als präsidierender Beamter des Rates der Zwölf Apostel die Grundsteinlegung beaufsichtigt hatte und später Präsident der Kirche geworden war, hatte 1887

---

[7]Siehe „The Dedication of the Manti Temple" im „Latter-day Saints' Millennial Star", 50. Jg., Nr. 25 vom 18. Juni 1888, S. 386.

das Zeitliche gesegnet. Abermals gab es in der Kirche Jesu Christi der Heiligen der Letzten Tage keine Erste Präsidentschaft aus drei Männern, und bei der Weihe des Tempels in Manti fungierte der Rat der Zwölf als präsidierendes Kollegium[8] der Kirche. Damals war Wilford Woodruff Präsident des Rates der Zwölf.

Der Gottesdienst begann um 11 Uhr morgens, und zu der Zeit war der große Saal bis auf den letzten Platz gefüllt. Das Hauptereignis war natürlich das Weihegebet, das von Elder Lorenzo Snow vom Rat der Zwölf gesprochen wurde. Der Präsidierende Patriarch der Kirche, mehrere Mitglieder des Rates der Zwölf Apostel und andere prominente Brüder im Priestertum hielten Ansprachen. Wegen der großen Anzahl der Leute, die teilnehmen wollten, wurde der Gottesdienst an den beiden folgenden Tagen, nämlich am 22. und 23. Mai, wiederholt. Jedesmal las man das Weihegebet vor; es wurden Lieder gesungen, und etliche Brüder sprachen, die von den präsidierenden Autoritäten dazu bestimmt worden waren. Am ersten Tag dauerte der Gottesdienst ganze fünf Stunden, und mehr als 1700 Leute nahmen daran teil. Viele Heilige bezeugten eine bemerkenswerte Kundgebung göttlicher Macht, die sie bei dieser großartigen Feier erleben durften.

„Am ersten Tag, gerade als Professor Smyth das Zwischenspiel, eine Auswahl von Mendelssohn, beendete, hörten eine Anzahl Heilige im Saal und einige Brüder auf der westlichen Tribüne einen himmlischen Gesang. Es klang ihnen wie Engelsstimmen und schien von hinter und über ihnen herzukommen; viele wendeten den Kopf in diese Richtung, um zu sehen, ob es etwa noch einen Chor in einem anderen Teil des Gebäudes gäbe. Es gab aber keinen anderen Chor.

Einige Heilige sahen den Geist der Präsidenten Young und Taylor, J. M. Grants und anderer im Tempel, und der Kopf einiger Sprecher war während des Gottesdienstes von einem himmlischen Licht umstrahlt. Die Heiligen erlebten während der drei Tage ein geistiges Fest, und viele vergossen Freudentränen, als sie den Zeugnissen und Ermahnungen der Diener Gottes zuhörten. Es kann keinen Zweifel darüber geben, daß Gott den Tempel in Manti aus den Händen

---

[8]Über den Ausdruck Kollegium lesen wir im Duden, Band 5: „Gesamtheit von Personen des gleichen Amtes oder Berufes; Behörde, deren Mitglieder gleiches Stimmrecht haben . . .", und im Großen Deutschen Wörterbuch von Wahrig: „Körperschaft, Ausschuß oder Gemeinschaft von Personen gleichen Amtes oder Berufs". In der Mormonenkirche versteht man unter Kollegium speziell einen Rat oder eine Körperschaft des Priestertums, wie Ältestenkollegium, Kollegium der Ersten Präsidentschaft.

seiner Heiligen angenommen hat und alle diejenigen segnen wird, die in irgendeiner Weise zum Bau beigetragen haben oder, sofern sie die Mittel dazu nicht hatten, in ihrem Herzen gesagt haben: ‚Wenn ich hätte helfen können, so hätte ich es getan[9].' "

Die Arbeit am Grundstück selbst wurde noch längere Zeit fortgesetzt, was wesentlich zur Verschönerung beitrug. Man konstruierte eine großartige Treppe von der Straße bis hinauf zur Schwelle des Tempels. Diese Treppe ist 20 Fuß breit und hat zu beiden Seiten Stützmauern, die an jedem Absatz in großen viereckigen Pfeilern enden. Die Stufen haben einen Auftritt von 12 Zoll und sind 6 Zoll hoch; insgesamt sind es 125 Stufen, zwischen denen man neun Absätze mit je 6 Fuß Breite angelegt hat. Der Kopf der Treppe mündet direkt auf den Fahrweg rund um den Tempel. Treppe, Mauern und Pfeiler sind alle aus Beton, und Betongehsteige führen rings um das Gebäude[10]. Auf dem Rasen, der den ganzen Abhang auf der Westseite bedeckt, stehen schöne Bäume und Büsche; für einen jeden davon mußte man ein Loch in den Felsengrund sprengen. Die Erde für die Büsche, das Gras und die Blumen mußte eigens herbeigeschafft werden.

Am 28. Mai 1888 wurde der Tempel in Manti für die heiligen Handlungen freigegeben, und von damals bis heute ist diese Arbeit ohne Unterbrechung weitergegangen, ausgenommen nur die regelmäßigen Pausen in jedem Jahr[11].

---

[9] „Latter-day Saints' Millennial Star", 50. Jg., Nr. 26 vom 25. Juni 1888, S. 405.
[10] Siehe die illustrierte Beschreibung der Treppe und der übrigen Zugänge zum Tempel von Manti in den „Deseret Evening News" vom 28. Dezember 1907 unter der Überschrift: „Größte Betontreppe des Landes in Manti." Lewis Anderson, der Präsident des Tempels in Manti, verbürgt sich in einem Schreiben an den Verfasser für die Richtigkeit der aufgeführten Angaben.
[11] Für die Mithilfe bei der Zusammenstellung der Angaben über den Tempel von Manti ist der Verfasser dem präsidierenden Tempelbeamten, Lewis Anderson, und dessen Mitarbeitern zu Dank verpflichtet.

11. KAPITEL

Schluß

Wie wir auf den vorangegangenen Seiten ausgeführt haben, verkündet die Kirche Jesu Christi der Heiligen der Letzten Tage die Notwendigkeit von Tempeln in der heutigen Zeit – Tempel, die dem Dienst des Allerhöchsten erbaut und geweiht sind. Sie stellt fest, daß der Kirche der Auftrag zuteil geworden ist, Heiligtümer zu bauen und instand zu halten und darin die errettenden und erhöhenden Handlungen des Evangeliums für Lebende und Tote zu vollziehen.

Diese Arbeit hat schon jetzt einen eindrucksvollen und überraschenden Umfang angenommen. Die heiligen Handlungen der Taufe und Konfirmation, der Ordinierung im Priestertum und des Siegelns von Mann und Frau und von Eltern und Kindern – wie man sie in den Tempeln der gegenwärtigen Evangeliumszeit vollzieht – zählen schon nach vielen Millionen; das Werk wird aber ständig mit ungemindertem Eifer und gleichbleibender Hingabe fortgesetzt.

Das Evangelium Jesu Christi ist zur Errettung der Menschheit gegeben worden; seine Bedingungen gelten gleichermaßen für die Lebenden, welche die frohe Botschaft während des irdischen Lebens hören dürfen, und für die Toten, welche die Wahrheit in der Geisterwelt annehmen können. Das Evangelium ist von unbegrenzter Nächstenliebe durchdrungen: seine errettende Kraft erstreckt sich über die Pforten des Todes hinaus. Da aber das stellvertretende Werk für die Toten nur in eigens dafür geweihten Heiligtümern getan werden kann, wird es immer Tempel geben müssen, solange es Seelen gibt, die auf diesen Dienst warten.

Das gegenwärtige Zeitalter ist das wichtigste in der gesamten Geschichte; denn in ihm verkörpern sich zugleich die Früchte der Vergangenheit und der lebendige Same für eine noch größere Zukunft. Jetzt erleben wir die Evangeliumszeit der Erfüllung, wofür die Evangeliumszeiten der vergangenen Jahrhunderte nur eine Vorbereitung gewesen sind. Das Werk der Errettung und Heiligung, wie es in den Tempeln der Neuzeit verrichtet wird, geht über die Arbeit in den Tempeln der früheren Epochen ebenso hinaus, wie das Licht des hellen Tages das Zwielicht der Dämmerung überstrahlt.

Die Arbeit im Tempel des Salomo, des Serubbabel und des Herodes geschah unter der Vollmacht des geringeren oder Aaronischen Priestertums. Das höhere oder Melchisedekische Priestertum, auch heiliges Priestertum nach der Ordnung des Sohnes Gottes genannt, war von Israel zugleich mit Mose hinweggenommen worden. Die Tempel der Gegenwart stehen aber unter dieser größeren Vollmacht. Der bedeutende Unterschied zwischen diesen zwei Ordnungen des Priestertums läßt an dieser Stelle eine Erläuterung angebracht erscheinen. Daß die beiden dem Wesen nach getrennt und unterschieden sind, geht klar aus der Epistel hervor, die Paulus an die Hebräer geschrieben hat:

„Wäre nun die Vollendung durch das levitische Priestertum gekommen – das Volk hat ja darüber gesetzliche Bestimmungen erhalten –, warum mußte dann noch ein anderer Priester nach der Ordnung Melchisedeks eingesetzt werden, und warum wurde er nicht nach der Ordnung Aarons benannt?

Denn sobald das Priestertum geändert wird, ändert sich notwendigerweise auch das Gesetz[1]."

Der Apostel betont die Überlegenheit des nach Melchisedek benannten Priestertums, indem er zeigt, daß Jesus Christus ein Hoher Priester dieser hohen Ordnung war[2]. Die Patriarchen von Adam bis Mose hatten dieses Priestertum inne und übten es aus. Aaron war zum Amt des Priesters ordiniert, ebenso seine Söhne; daß Mose aber eine höhere Vollmacht getragen hat, ist an vielen Stellen belegt[3]. Nach dem Tod Aarons übte sein Sohn Eleasar

---

[1] Hebr 7:11, 12.
[2] Siehe Hebr 5:6, 10; 6:20; vgl. Psalm 110:4; siehe auch Gen 14:19.
[3] Man beachte die Zurechtweisung Aarons und Mirjams durch den Herrn, Num 12:1-8.

die Vollmacht des Hohen Priesters im geringeren Priestertum aus, und selbst Josua mußte ihn um Rat und Weisung bitten[4].

Von Mose bis Christus war lediglich das geringere Priestertum auf Erden wirksam, ausgenommen nur die Einzelfälle von besonders übertragener Vollmacht der höheren Ordnung, wie sie im Wirken einiger erwählter Propheten – Jesaja, Jeremia, Ezechiel und andere – zu erkennen ist. Es ist offensichtlich, daß diese Seher, Propheten und Offenbarer einzeln und eigens beauftragt worden sind; anscheinend besaßen sie aber nicht die Vollmacht, Nachfolger zu berufen und zu ordinieren. Denn zu ihrer Zeit gab es auf Erden keine Organisation des höheren Priestertums mit Kollegien und Beamten. Anders war es beim Aaronischen oder Levitischen Priestertum: dessen Ordnungen oder Kollegien bestanden bis in die Zeit Christi weiter. Der letzte, der die Vollmacht des Aaronischen Priestertums nach der alten oder Mosaischen Evangeliumszeit innehatte und ausübte, war Johannes der Täufer; aber dieser war besonders beauftragt. Davon ist in einer neuzeitlichen Offenbarung die Rede:

„Mose nun belehrte die Kinder Israel in der Wildnis darüber in klarer Weise und trachtete eifrig danach, sein Volk zu heiligen, damit es das Angesicht Gottes sehen könne;

aber sie verhärteten ihr Herz und konnten seine Gegenwart nicht ertragen, darum schwor der Herr in seinem Grimm – denn sein Zorn war gegen sie entflammt –, sie sollten, solange sie in der Wildnis seien, nicht in seine Ruhe eingehen, und diese Ruhe ist die Fülle seiner Herrlichkeit.

Darum nahm er Mose aus ihrer Mitte, ebenso auch das Heilige Priestertum;

und das Geringere Priestertum bestand fort, und dieses Priestertum hat den Schlüssel des Dienstes von Engeln und des vorbereitenden Evangeliums inne;

und dieses Evangelium ist das Evangelium der Umkehr und der Taufe und der Sündenvergebung und des Gesetzes der fleischlichen Gebote, das der Herr in seinem Grimm unter den Kindern Israel im Haus Aaron fortbestehen ließ bis Johannes, den Gott erweckte und der von Mutterleib an vom Heiligen Geist erfüllt war.

Denn er wurde getauft, als er noch ein Kind war, und wurde, als er acht Tage alt war, vom Engel Gottes zu dieser Macht ordiniert, nämlich das Reich der Juden zu stürzen und den Weg des Herrn vor dem Angesicht seines Volkes geradezumachen, um sie auf das

---

[4]Siehe Num 27:18-23.

Kommen des Herrn vorzubereiten, in dessen Hand alle Macht gegeben ist[5]."

Das höhere oder Melchisedekische Priestertum wurde durch das persönliche Wirken Jesu Christi wiederhergestellt und verblieb bei seinen Aposteln und der Kirche unter ihrer Führung, bis es wieder durch die immer stärker werdende Abkehr vom Glauben verlorenging.

Das heilige Priestertum in seiner Fülle ist im gegenwärtigen Zeitalter wiederhergestellt worden – nicht nur die geringeren Funktionen des Diakons, des Lehrers und des Priesters, die zusammen die spezifischen Ämter des Aaronischen Priestertums ausmachen, worin das Levitische eingeschlossen ist, sondern auch die höhere Vollmacht, nämlich das Amt des Ältesten, des Siebzigers, des Hohen Priesters, des Patriarchen und des Apostels[6].

Die heutigen Tempel werden mit der Vollmacht des höheren oder Melchisedekischen Priestertums geführt und verwaltet; ebenso werden die heiligen Handlungen mit derselben Autorität vollzogen. Diese ist nämlich die umfassendste und höchste Vollmacht, die den Menschen jemals übertragen worden ist. Die göttliche Prophezeiung aus dem Munde Maleachis erfüllt sich

---

[5] LuB 84:23-28; man lese auch die Verse davor, 14-22.

[6] *Das Aaronische Priestertum* ist nach Aaron benannt, der dem Propheten Mose als Wortführer beigegeben war, um nach dessen Weisung die Ausführung der Pläne Gottes für das Volk Israel bewirken zu helfen (Exodus 4:14-16). Deswegen wird es zuweilen auch das geringere Priestertum genannt; aber wenn es auch geringer ist als das andere, so ist es doch weder klein noch unbedeutend. Während Israel in der Wüste war, wurden Aaron und seine Söhne durch Offenbarung berufen und in ihre Pflichten im Priestertum eingesetzt (Exodus 28:1).

Später erwählte der Herr den Stamm Levi, der Aaron in seiner priesterlichen Tätigkeit unterstützen sollte. Die besondere Pflicht der Leviten war, das heilige Gerät aufzubewahren und den Dienst im Offenbarungszelt zu versehen. Die Leviten sollten die Stelle des Erstgeborenen unter allen Stämmen einnehmen; diese hatte der Herr für seinen Dienst beansprucht von der Zeit der letzten furchtbaren Plage in Ägypten an, als der Erstgeborene in jedem ägyptischen Hause erschlagen, in jedem israelitischen Hause aber geheiligt und verschont wurde (Numeri 3:12, 13, 39, 44, 45, 50, 51). Der den Leviten erteilte Auftrag wird manchmal auch das *Levitische Priestertum* genannt (Hebräer 7:11); es ist aber als Zugabe zum Priestertum Aarons zu betrachten, welche die höchste priesterliche Macht nicht in sich schließt. Das Aaronische Priestertum, wie es in unserer Evangeliumszeit wieder auf Erden hergestellt worden ist, schließt die levitische Ordnung in sich (Lehre und Bündnisse 107:1). Dieses Priestertum besitzt die Schlüssel des Dienstes von Engeln und die Vollmacht, in den äußeren Hand-

gegenwärtig auf schnelle Weise. Der Prophet Elija ist auf die Erde gesandt worden und hat der Kirche dieselbe Kraft und Autorität übertragen, durch die der stellvertretende Dienst zugunsten der Toten begonnen worden ist. Durch das Wirken des Propheten Elija wendet sich nun das Herz der Väter den Kindern zu, und das Herz der Kinder wendet sich den Vätern zu – dies alles zur Vorbereitung der nahen Ankunft unseres Herrn, des Christus[7].

---

lungen, gleichsam dem Buchstaben des Evangeliums, zu amtieren. (Siehe Lehre und Bündnisse 107:20). Es umfaßt die Ämter des Diakons, des Lehrers und des Priesters; die Bischofschaft hat die Schlüsselgewalt der Präsidentschaft darüber inne.
Das höhere oder *Melchisedekische Priestertum* ist nach dem König von Salem, einem großen Hohen Priester, benannt worden. (Siehe Genesis 14:18; Hebräer 7:1-17.) ‚Vor seinen Tagen hieß es das heilige Priestertum nach der Ordnung des Sohnes Gottes. Aber aus Achtung und Ehrfurcht vor dem Namen des höchsten Wesens und um die allzu häufige Wiederholung seines Namens zu vermeiden, nannten sie, nämlich die Kirche, in alter Zeit dieses Priestertum nach Melchisedek' (LuB 107:2-4). Dieses Priestertum hat das Recht auf die Präsidentschaft hinsichtlich aller Ämter in der Kirche; seine besondere Aufgabe ist es, in geistigen Belangen zu amtieren; denn es trägt die Schlüssel aller geistigen Segnungen der Kirche, das Recht, ‚daß sich ihnen die Himmel auftun, daß sie mit der Allgemeinen Versammlung und Kirche des Erstgeborenen in Verbindung stehen und sich der Gemeinschaft mit Gott dem Vater und mit Jesus Christus, dem Mittler des Neuen Bundes, und deren Gegenwart erfreuen.' (Siehe LuB 107:8, 18, 19.) Die besonderen Ämter des Melchisedekischen Priestertums sind: Apostel, Patriarch oder Evangelist, Hoher Priester, Siebziger, Ältester." („Die Glaubensartikel", Kapitel 11, 13-15.)
[7]Siehe Mal 3:23, 24.

ANHANG I

Der große Tempel in Salt Lake City – das Innere*

Der Tempelanbau

Es gibt zwar vier unmittelbare Eingänge in den Tempel; dennoch betritt man ihn gewöhnlich durch den sogenannten Anbau. Wer den Tempel betreten möchte, tut dies unter normalen Umständen durch den Anbau, obwohl es gelegentlich bei besonderen Sitzungen des Priestertums vorgekommen ist, daß viele durch die äußeren Portale eintreten konnten.

In den Anbau kann man von drei Stellen aus gelangen: einmal von der North Temple Street, dann durch einen Gang vom Eingang an der Main Street und schließlich vom unterirdischen Parkplatz der Kirche aus. Das Vestibül des Anbaus, wohin man zuerst gelangt, ist einfach, aber reizvoll ausgestattet. Grünpflanzen und Blumen verstärken den Eindruck von Frieden und Gelöstheit, den man sofort nach Betreten dieses Hauses fühlt. Im Anbau gibt es ein inneres Foyer; dazu gehört ein Pult, an dem jeder, der den Tempel betreten will, vorbeigehen und seinen Empfehlungsschein vorweisen muß. Ferner gibt es dort gutausgestattete Büros für die Tempelpräsidentschaft, die Frau des Tempelpräsidenten und den Schriftführer sowie Arbeits-

---

*Seit James E. Talmage den ursprünglichen Text des Buches *The House of the Lord* schrieb, wurde der Tempel in Salt Lake City innen umgestaltet und renoviert, um den jetzigen Anforderungen gerecht zu werden. Das Material in diesem Anhang – von W. James Mortimer verfaßt und dem 8. Kapitel des von Dr. Talmage geschriebenen Buches nachgestaltet – schildert den Tempel im Jahre 1968.

räume für die Angestellten, die mit dem sehr umfangreichen Registrieren und Berichtführen beschäftigt sind.

Der wichtigste Teil des Anbaus ist jedoch die Kapelle. Sie nimmt das ganze Südende des Erdgeschosses ein und bietet Platz für 400 Personen. An der Südseite der Kapelle sieht man ein großes Wandgemälde, 34 Fuß hoch, worauf Jerusalem und der Ölberg dargestellt sind. Die Nordseite ist mit einer erhobenen Plattform ausgestattet, die ein geschmackvolles Rednerpult, eine große elektronische Orgel und Sitzbänke für 30 Personen trägt. Die Tempelbesucher nehmen vor ihrer Registrierung für die Session in der Kapelle Platz. Diese dient auch für bestimmte Tempelversammlungen und besondere Zusammenkünfte.

An der Nordwand der Kapelle ist noch ein weiteres Wandgemälde, voll im Blick derer, die auf den Bänken sitzen. Beide Gemälde sind Arbeiten des Künstlers Harris Wiberg aus Salt Lake City. Das an der Nordwand stellt den auferstandenen Herrn dar, wie er vor der Himmelfahrt seine Jünger unterweist. Man spürt in dem Bild, wie der Herr selbst die Worte spricht: „Darum geht zu allen Völkern, und macht alle Menschen zu meinen Jüngern; tauft sie auf den Namen des Vaters und des Sohnes und des Heiligen Geistes[1]."

Aus der Kapelle begibt sich der Tempelbesucher über die Treppe oder mit dem Aufzug an der Ostseite hinunter, um seine Registrierung fortzusetzen. Diese halb unterirdischen Räume im unteren Teil des Anbaus liegen unmittelbar an der Nordmauer des Tempels und bilden den Zugang zum Haupttrakt.

Hier gibt es auch Zimmer und Büros für Schreibmaschinenarbeiten, die Aufbewahrung von Koffern, einen Kleinkinderhort, die Küche und den Eßraum für die Tempelarbeiter und -besucher, getrennte Umkleideräume für die männlichen und weiblichen Tempelarbeiter und -besucher, Belehrungszimmer für die Paare, die die Ehe schließen wollen, Kammern für Tempelkleidung und Wäsche, Lesezimmer für Tempelarbeiter, eine Wäscherei, Räume zum Vollzug heiliger Handlungen und die Kontrollzentrale für das Wartungspersonal.

---

[1] Mt 28:19.

Das Baptisterium

Das mittlere Drittel des Untergeschosses auf der Nordseite des Tempels wird durch das Baptisterium eingenommen; dort steht das große Taufbecken. Der Fußboden ist mit weißem Marmor ausgelegt. Eine spannenhohe Sockeltäfelung aus gleichem Material bildet den Fuß der Wände; darüber ist eine gemaserte Holztäfelung. Die Wände sind eigentlich eine Reihe von Doppeltüren, deren untere Hälfte immer aus Holztafeln, die obere aus gekiestem Glas besteht. Jede Türöffnung trägt oben einen Bogen mit einem halbkreisförmigen Oberlicht, worin sich eine kreisrunde Öffnung befindet, die mit einem offenen Metallgitter bedeckt ist. Von diesen Türen sind fünf an der Nordseite, sechs an der Südseite und zwei an der Ostseite. An den Wänden gibt es zwölf gekehlte Pfeiler, die vom Fußboden bis zur Decke reichen.

Das Auffälligste in diesem Saal ist natürlich das Taufbecken. Es ist in einer 3 Fuß tiefen, mit Marmorfliesen ausgelegten kreisrunden Vertiefung aufgestellt, die von einer niederen Marmormauer umgeben ist. In der Vertiefung stehen zwölf lebensgroße Rinder aus Gußeisen; die Leiber und Hörner sind mit Bronze überzogen. Die Rinder stehen in Gruppen zu je drei mit dem Kopf nach auswärts und tragen das schwere Becken[2]. Das gußeiserne Becken ist mit einem dauerhaften, schönen Einsatzstück aus Glasfaser in Gold und Blau versehen; es hat elliptische Form und ist 10 Fuß lang, 6 Fuß breit und 4 Fuß tief. Es faßt beinah 2 Kubikmeter Wasser. An jedem Ende führt von außen eine Treppe aus sieben Stufen mit einem Geländer zum Rand hinauf; fünf weitere Stufen führen beiderseits in das Becken hinab. Es ist vorgesorgt, daß heißes und kaltes Wasser schnell erneuert werden können. Allen hygienischen Anforderungen ist bestens entsprochen worden, und für eine ausreichende Lüftung ist gesorgt.

Die Treppe auf der Westseite erweitert sich oben in zwei kleine Plattformen, eine zu jeder Seite; diese sind ebenfalls von einer Balustrade umgeben. Auf der südlichen Plattform gibt es einen kleinen Tisch für den Berichtsführer, auf der nördlichen sind Sitzgelegenheiten für die Zeugen, die bei jeder Taufe für die Toten anwesend sein müssen[3].

[2] Vgl. das gegossene „Meer" im Salomonischen Tempel, 1Kön 7:23-26; 2Chr 4:3-5.
[3] Siehe LuB Abschnitt 128.

Daß man das Baptisterium in das Untergeschoß verlegt hat, ist nicht nur aus Gründen der Annehmlichkeit geschehen. Die Taufen im Tempel werden zugunsten der Toten vollzogen, und daß das Becken gerade an dieser Stelle steht, hat symbolische Bedeutung, wie aus der folgenden Schriftstelle hervorgeht:

„Infolgedessen wurde das Taufbecken als Sinnbild des Grabes eingerichtet, und es muß, dem Gebot gemäß, unterhalb des Ortes sein, wo sich die Lebenden gewöhnlich versammeln; so werden die Lebenden und die Toten dargestellt[4]."

Nördlich des Baptisteriums gibt es geräumige, zweckmäßige Umkleideräume für die Brüder, und auf der Südseite sind ebensolche Umkleideräume für die Schwestern. Es sind auch Räumlichkeiten vorhanden, wo bestimmte Salbungen durchgeführt werden. Solche heilige Handlungen an Frauen werden nur von Frauen, an Männern nur von Männern vollzogen.

Der „Schöpfung"-Saal

Vom unteren Korridor nach Osten gibt es zwei Versammlungssäle. Der erste davon ist etwa 40 mal 45 Fuß groß und sehr einfach ausgestattet. Die Wandgemälde ringsum sind in gedeckten Farben gehalten und stellen Szenen aus der Schöpfung der Erde dar. Die Sitze sind bequem gepolstert, wie dies auch in den übrigen Vortragssälen des Tempels der Fall ist. Es ist Platz für 301 Personen vorhanden. Dieser Saal wird für vorbereitende Belehrungen benutzt; der Einfachheit halber bezeichnet man ihn als den „Schöpfung"-Saal.

Der „Garten"-Saal

Der Saal im südlichen Teil steht dazu in einem auffälligen Gegensatz. Man betritt ihn durch eine mit Portieren verhangene Tür aus dem „Schöpfung"-Saal. Er ist ungefähr gleich groß wie dieser, bietet auch derselben Anzahl von Personen Platz, ist aber in allen Einzelheiten kunstvoller ausgearbeitet. Decke und Wände sind mit Ölmalerei verziert – der Plafond mit Wolken und Himmel, mit Sonne, Mond und Sternen; die Wände mit Landschaftsszenen von seltener Schönheit. Da gibt es waldige Grotten und moosige Täler, stille Tümpel und muntere Bäche, Wasserfälle und Flüßchen, Bäume und Blumen, Kletterpflanzen,

---

[4]LuB 128:13.

Käfer, Vögel und andere Tiere – kurzum die schöne Erde, wie sie vor dem Fall Adams war. Der Hinweis im Namen, nämlich auf den Garten von Eden, ist sehr treffend, denn alles darin läßt an Frieden und selige Ruhe denken. Nichts erinnert an Aufregung, Feindschaft oder Haß; die Tiere auf dem Lande halten Frieden, und die Vögel leben in Freundschaft. In der Mitte der Südwand gibt es ein Podium mit einem Gebetsaltar, zu dem drei Stufen hinaufführen. Der Altar ist mit Samt gepolstert, und eine Bibel liegt darauf.

Die große Treppe

Sie beginnt am Südende des unteren Korridors auf der Ostseite des Tempels und ist mit einem stattlichen Endpfosten und einem schweren Geländer versehen, beides aus massivem Kirschbaum und in den Farben Weiß und Gold gehalten. Die Treppe besteht aus 35 Stufen mit drei Absätzen und führt zum oberen Korridor, der sich 40 Fuß in Nord-Süd-Richtung erstreckt. Am Südende des Korridors sieht man ein gemaltes Fenster in leuchtenden Farben; es ist oval, etwa 10 Fuß hoch und stellt die Vertreibung aus dem Garten von Eden dar. Hier, auf dem Weg vom „Garten"-Saal zu dem symbolischen Raum, der als nächster beschrieben wird, ist es von besonderer Bedeutung.

Der „Welt"-Saal

Vom letzten Absatz der großen Treppe kommt man nach Westen in einen Seitengang, 9 Fuß breit und 15 Fuß lang. Er schließt an jedem Ende mit einem Gewölbebogen ab. Der Saal, zu dem er führt, ist ebenso groß wie der darunter, nämlich 40 mal 45 Fuß. Der Boden ist mit einem schönen Teppich bedeckt, die Sesselreihen zeigen die übliche Anordnung. Am westlichen Ende steht ein gepolsterter Gebetsaltar, auf dem die heiligen Schriften verwendungsbereit liegen. Neben dem Altar führt eine Treppe zu einem kleinen Warteraum in der Nähe der Aufzugtür.

Die Wände sind ganz mit szenischen Gemälden bedeckt. Die Decke zeigt wiederum Himmel und Wolken. Aber die Bilder vom irdischen Dasein stehen in starkem Gegensatz zu denen im „Garten"-Saal unten. Hier ragen wildzerklüftete Felsen auf, und es entsteht der Eindruck von aufgetürmten Bergen und Erdbeben. Tiere sind in einen Kampf auf Leben und Tod verwickelt, schleichen ihre Beute an oder zerreißen sie schon. Die furchtsameren Geschöpfe fliehen vor ihren blutgierigen Feinden und verstecken sich in dunklen Schlupfwinkeln. Da kämpfen Löwen, stolz steht ein Tiger über seiner Beute, Wölfe und Füchse jagen nach Nahrung. Raubvögel töten oder werden getötet. Auf der Spitze eines schroffen Felsens sieht man einen Adlerhorst; die Adlermutter mit ihrer Brut beobachtet den Anflug des männlichen Vogels, der in den Fängen ein Lamm trägt. Alles Getier des Waldes und der Berge bangt unter ständiger Todesdrohung, lebt aber selbst vom Töten. Die Bäume sind knorrig und mißgestaltet und kahlgeblasen; Sträucher klammern sich verzweifelt in einer Felsenritze fest; Dornen und Disteln, Kakteen und Unkraut finden sich in reicher Zahl, und in einer Ecke tobt ein verheerender Sturm.

Diese Szenen sind typisch für den Zustand der Welt nach Gottes Fluch. Und trotzdem üben die Bilder und das, was sie darstellen, einen bemerkenswerten Reiz aus. Sie erzählen von Kampf und Streit, von Sieg und Triumph oder Niederlage und Tod. Der Mensch ist aus dem Garten von Eden vertrieben und sieht sich jetzt dem großen Ringen gegenüber: er muß die Schwierigkeiten überwinden und mühselig und im Schweiße seines Angesichts sein Leben fristen. Dieser Raum wird als Saal der gefallenen Welt bezeichnet oder, kürzer ausgedrückt, als „Welt"-Saal.

Der Terrestriale Saal

In der Nordwestecke des eben beschriebenen Raums führt eine breite Tür in den nächsten, einen hohen, geräumigen, schönen Saal. Im Gesamteindruck mischen sich Reichtum und Einfachheit. Nach der kunstvollen Ausschmückung des „Welt"-Saals ist dieser mit seinen weichen Farben und seiner ausgeglichenen Atmosphäre eine Beruhigung. Der Fußboden ist mit einem blaßblauen Teppich bedeckt. Die Wände sind lichtblau, die Decke und die Täfelung weiß mit vergoldeten Kanten. An der Westseite ist ein großer Spiegel mit einem Rahmen in Weiß und Gold. Die Sessel bieten 300 Personen Platz und sind so gepolstert, daß sie mit dem Teppich harmonisieren. Von der Decke hängen zwei schwere Kristallkronleuchter.

Ein gepolsterter Altar steht am Ostende des Saals, und darauf liegen ebenfalls wieder die heiligen Schriften. In diesem Raum empfängt man Belehrung über das Endowment und über die praktischen Pflichten eines religiösen Lebens. Der Einfachheit wegen nennt man ihn den Terrestrialen Saal. An seinem Ostende ist der Fußboden gehoben und bildet zwei Absätze, zu denen je zwei Stufen hinaufführen. Darüber spannt sich ein Gewölbebogen mit einer lichten Weite von 30 Fuß. Der Bogen wird von fünf Säulen getragen, zwischen denen eine seidene Portiere in 24 Teilen hängt. Dies ist der Vorhang des Tempels.

Der Celestiale Saal

Aus dem eben beschriebenen Saal gelangt man durch den Vorhang in den nächsten. Dieser Saal ist groß und hoch, ungefähr 60 Fuß lang, 45 Fuß breit und 34 Fuß hoch. Er nimmt den ganzen nordöstlichen Teil dieses Stockwerks ein. In Ausstattung und Einrichtung ist er von allen großen Räumen im Tempel am erlesensten. Ist der zuletzt beschriebene Saal als Sinnbild für den irdischen Zustand zu verstehen, so läßt dieser nun an einen noch höheren Stand denken; mit Recht kann man ihn daher den Celestialen Saal nennen. Die Westseite wird ganz durch den Vorhang und eine Spiegelwand eingenommen. An der östlichen Wand befinden sich fünf große Spiegel und eine mit einem Spiegel verkleidete Tür, 13 Fuß hoch; der jeweilig mittlere Teil ist 3 Fuß 8 Zoll breit, die Seitenteile sind je 3 Fuß breit. An den Wänden sieht man 22 Säulen, paarweise angeordnet, mit korinthischem Kapitell. Diese tragen ein Hauptgesims, woraus zehn Gewölbebogen entspringen: vier an jeder Seite und einer an jedem Ende. Der Plafond besteht aus einer Kombination von Gewölbe und Täfelung in kunstreicher Ausführung. Die massiven Kranzleisten und Balken, welche die einzelnen Felder der Decke trennen, sind mit reicher Schnitzerei verziert – Gruppen von Früchten und Blumen. Die Wände sind in weichem Braun gehalten, das durch das warme Ockergelb der gekehlten Säulen und die reichlichen Goldverzierungen gedämpft wird. Acht Deckenlampen mit prächtigen Glasschirmen hängen vom Plafond herab, und jede der 22 Säulen trägt ein Paar Leuchten gleicher Art. Am Ostende steht ein Postament, das ein stilisiertes Blumenbukett aus farbigem Glas trägt, kunstvoll in Bronze gefaßt. Der Fußboden ist mit einem schweren Teppich bedeckt; die bewegliche Einrichtung ist durch und durch kostbar, aber unaufdringlich in der Ausführung. An der Ostseite führt eine kurze Treppe zu einem Siegelungszimmer.

Die vier Fensternischen in der Nordwand sind mit Seidenvorhängen ausgestattet, die in Material und Ausführung dem Tempelvorhang entsprechen. Ebenfalls auf der Nordseite führt ein Portal mit Rundbogen zu den Siegelungszimmern, die später noch beschrieben werden. An der Südseite gibt es vier Doppeltüren, die in Anordnung und Größe genau die Fenster gegenüber wiedergeben. Das Portal im Südwesten ermöglicht den Zugang zum oberen Korridor am Kopf der schon erwähnten großen Treppe. Jedes der drei anderen Portale ist mit Schiebetüren versehen und gestattet den Zutritt in je einen separaten Raum, ein wenig höher gelegen als der Fußboden des großen Saales und für besondere Zeremonien vorgesehen, die in den folgenden Absätzen genauer beschrieben werden.

Die Siegelungszimmer

Das erste der drei kleinen Zimmer südlich des Celestialen Saals mißt ungefähr 10 mal 13 Fuß und hat einen halbkreisförmigen Alkoven von 5 Fuß Tiefe an der Südseite. Es liegt zwei Stufen höher als der übrige Fußboden. In der Wand des Alkovens sieht man ein gemaltes Fenster in Felderausführung, das den auferstandenen Propheten Moroni zeigt, wie er dem jungen Seher Joseph Smith die Platten des Buches Mormon übergibt. Es ist dies ein sehr passendes Sinnbild von der tatsächlichen Verbindung zwischen den Toten und den Lebenden. Dieser Raum dient ja den Handlungen, die mit dieser Verbindung zu tun haben: er ist eines der Siegelungszimmer des Tempels. Ein großer Spiegel nimmt die Westwand ein. In der Mitte steht ein reich gepolsterter Altar in Weiß und Gold. Er mißt an der Basis 6 Fuß mal 3 Fuß 6 Zoll und ist 2 Fuß 6 Zoll hoch. Hier knien demütig die lebenden Stellvertreter der verstorbenen Ehemänner und Ehefrauen, Eltern und Kinder. Die einzige sonstige Einrichtung besteht aus Stühlen für den amtierenden Ältesten, die Zeugen und diejenigen, die auf die heilige Handlung am Altar warten.

Das östliche Zimmer von den dreien ist in Größe und Form ein Gegenstück zum letztbeschriebenen. Seine Ausstattung ist jedoch in lichteren Farben gehalten; der Altar und die Sessel sind geschmackvoll gepolstert, und die Wände haben einen hellen Anstrich. An der Ost- und Westseite reichen Spiegel vom Boden bis zur Decke. Dieses Siegelungszimmer ist typisch für die Räume, die im Tempel für die Siegelungen Lebender benutzt werden. Hier wird die heilige Handlung der Eheschließung zwischen Brautleuten vollzogen, die gekommen sind, um einander eheliche Treue für Zeit und Ewigkeit zu geloben und auf ihren Bund das Siegel des ewigen Priestertums zu empfangen. Hier werden auch lebende Kinder durch Siegelung (oder Adoption) mit ihren Eltern verbunden, sofern eine solche Verbindung nicht schon durch die celestiale Ehe ohnehin gegeben ist. An der Südseite dieses Zimmers gibt es eine Tür mit Oberlicht und Seitenpaneelen aus farbigem Glas in Blumenmuster, und diese führt in einen Empfangsraum, der als Wartezimmer für die Siegelungen dient. Dieses wiederum ist auf seiner Westseite durch einen kurzen Gang mit dem Siegelungsbüro verbunden, und dieses hat einen Ausgang auf den oberen Korridor am Kopf der großen Treppe.

Der Siegelungsanbau

Wegen der großen Anzahl von Tempelbesuchern, die sich hier selbst oder für die Toten siegeln lassen wollen, hat man eigens eine Reihe von Räumen nördlich des Celestialen Saales geschaffen. Diese sind in der gleichen Weise wie die schon beschriebenen Siegelungszimmer eingerichtet. Sie werden ebenso für die Siegelung Verstorbener und Lebender benutzt wie die übrigen Gemächer im Tempel, die diesem Zweck dienen. Insgesamt gibt es im Tempel 14 Siegelungszimmer.

Das Allerheiligste

Das mittlere von den drei kleinen Zimmern auf der Südseite des Celestialen Saales ist von allen kleinen Räumen des Tempels weitaus am schönsten. Es zeichnet sich aber nicht so sehr durch überladene Pracht als vielmehr durch großartige Einfachheit aus. Es liegt höher als die beiden anderen Zimmer und ist durch zusätzliche sechs Stufen zwischen den Schiebetüren zu erreichen. Die kurze Treppe ist von handgeschnitzten Balustraden eingefaßt, die in zwei Endpfosten mit Bronzestandbildern auslaufen – Allegorien der unschuldigen Kindheit. Diese Statuetten tragen Blumensträuße, worin jede Blüte eine elektrische Lampe ist. Oben an der Treppe ist ein Podest und wiederum ein gewölbter Türbogen mit Schiebetür. Die Tür schließt den innersten Raum oder das Allerheiligste des Tempels ab und entspricht dem inneren Vorhang, der einstmals das heiligste Gemach der „Wohnstätte" und des Tempels in den früheren Evangeliumszeiten den Blicken der Öffentlichkeit entzogen hat.

Der Fußboden besteht aus zollgroßen Würfeln von edlem Hartholz. Der Raum ist kreisförmig, 18 Fuß im Durchmesser, und hat eine getäfelte Wand. Die Paneele sind durch geschnitzte Pfeiler getrennt, die in Gewölbebogen auslaufen. Die vorherrschenden Farben sind Blau und Gold. Der Eingang und die Paneele sind in roten Samt gefaßt; die Außenkanten sind vergoldet. Vier Wandnischen, mit Scharlach und Gold gesäumt, haben einen tiefblauen Hintergrund, und darin stehen große Vasen mit Blumen. Die Decke ist eine Kuppel, in die kreisförmige und halbkreisförmige Buntglasfenster eingesetzt sind; an deren Außenseite, also oberhalb der Decke, sind elektrische Birnen angebracht, deren Licht mit vielerlei Farbschattierungen und abgestufter Helligkeit in den Raum dringt.

An der Südseite dieses Zimmers, dem Eingang gegenüber und diesem an Größe gleich, ist ein Fenster mit einer Darstellung in Buntglas: der ewige Vater und sein Sohn Jesus Christus erscheinen dem jungen Joseph Smith. Das hier abgebildete Ereignis stellt den Beginn der Evangeliumszeit der Erfüllung dar. Den Hintergrund bildet ein Wald; die himmlischen Gestalten sind weiß gekleidet. Das Bild zeigt sie, wie sie gerade den jungen Propheten unterweisen, der mit erhobenem Gesicht und ausgestreckten Armen kniet. Darunter steht eine Schriftstelle, nämlich die, wodurch Joseph veranlaßt worden ist, nach göttlicher Unterweisung zu streben:

„Fehlt es aber einem von euch an Weisheit, so erbitte er sie von Gott, der allen gerne gibt und keine Vorwürfe macht; dann wird sie ihm gegeben werden."

Und darunter:

„Dies ist mein geliebter Sohn! Ihn höre!"

Dieser Raum ist höheren Verordnungen im Priestertum vorbehalten, die sich auf die Erhöhung der Lebenden und der Toten beziehen.

Der Kuppelsaal

Nicht weit von dem Absatz, der die granitene Treppe im Südostturm in Höhe des vierten Geschosses unterbricht, ist der Eingang zum großen Kuppelsaal, der 39 mal 44 Fuß mißt. An der Südseite hat er drei ovale Fenster. In der Mitte des Saales erhebt sich eine große Kuppel mit 51 Fuß Umfang und einer Höhe von 7 Fuß. Sie ist mit 17 Buntglasfenstern besetzt und läßt sich leicht als Decke des Allerheiligsten erkennen, das schon unter den bemerkenswerten Räumlichkeiten des dritten Stockwerks beschrieben worden ist. Jedes Fenster ist mit elektrischen Glühlampen versehen, und diese bilden für den darunterliegenden Raum die wunderbare farbige Deckenbeleuchtung. An den Wänden des Kuppelsaals hängen Porträts der Kirchenautoritäten. Hier werden keine bestimmten heiligen Handlungen vollzogen. In der Nordwestecke öffnet sich dieser Raum in einen Korridor von 75 Fuß Länge, wovon das erste Fünftel 8 und der Rest 10 Fuß breit ist. Von diesem Korridor aus gelangt man beiderseits in weitere Zimmer.

Das Gebetszimmer

Dieses ist der erste Raum auf der Südseite des Korridors westlich des Kuppelsaals. Es mißt 31 mal 13 Fuß und wird durch ein ovales Fenster erhellt. Die Einrichtung besteht aus einem Altar zum Beten, aus Stühlen und einem Tisch.

Das Beratungszimmer der Zwölf Apostel

Dieses Zimmer liegt westlich davon auf der Südseite des Korridors. Es mißt 28 mal 29 Fuß und hat im Süden zwei ovale Fenster. Es ist mit zwölf Polstersesseln, weiteren Stühlen für Berichtsführer oder Sekretäre, einem Schreibtisch, einem Tisch und einer Orgel ausgestattet. An den Wänden sieht man die Porträts der lebenden Apostel, der Ersten Präsidentschaft und des Patriarchen. Zu diesem Raum gibt es ein Vorzimmer von 14 mal 21 Fuß.

Das Beratungszimmer der Siebzig

Der Eingang zu diesem Raum ist fast am westlichen Ende des Korridors. Das Zimmer mißt 28 mal 14 Fuß und hat im Süden ein ovales Fenster. Es ist der Benutzung durch die ersten sieben Präsidenten der Siebzig vorbehalten, genauer gesagt, durch den Ersten Rat der Siebzig. Seinem Zweck entsprechend ist es mit sieben gleichen Sesseln, einem weiteren Stuhl für den Berichtsführer oder Sekretär und einem Tisch eingerichtet.

Das Beratungszimmer der Ersten Präsidentschaft und der Zwölf Apostel

Dieses Zimmer liegt an der Nordseite des Korridors und nimmt mit seinem Vorraum den größten Teil auf dieser Seite ein. Der Hauptraum mißt 40 mal 28 Fuß. In der Mitte steht ein Gebetsaltar aus weißem Holz, mit blauem Samt gepolstert. Zwölf große Polstersessel stehen im Halbkreis vor dem Altar, und die restliche Kreishälfte ist von einem Tisch besetzt, hinter dem drei gleiche Sessel für die Erste Präsidentschaft der Kirche und ein weiterer Sessel für den Patriarchen der Kirche stehen. Diese Möbelstücke bilden zusammen mit Schreibtisch, Tisch und Stuhl für den Berichtsführer und einem kleinen elektrischen Harmonium die wesentliche Einrichtung; alles übrige dient nur der Dekoration. An den Wänden hängen mehrere schöne Gemälde, darunter Originale von Landschaften, die in der Geschichte der wiederhergestellten Kirche ein Rolle gespielt haben.

Der Vorraum dazu mißt 16 mal 14 Fuß. An der Nordseite sieht man ein Gedenkfenster aus buntem Glas, das in seiner Mittelscheibe ein prächtiges Bild des vollendeten Tempels zeigt und darüber die Inschrift „Heilig dem Herrn". Zu beiden Seiten davon erkennt man je einen Schild mit Schriftrolle und Inschrift.

Der große Versammlungssaal

Mit seinen Nebenräumen und Korridoren nimmt dieser Raum das ganze fünfte Geschoß ein; er ist 120 Fuß lang, 80 Fuß breit und 36 Fuß hoch. Rundum zieht sich eine geräumige Galerie, in der nur der Raum für die Podien an den beiden Enden ausgespart ist. An jeder Schmalseite dieses großen Auditoriums befindet sich nämlich eine breite Tribüne – eine abgestufte Plattform – mit mehreren Rednerpulten hinter- und übereinander. Beide ähneln einander in Ausführung und Einrichtung; es genügt, eine davon zu beschreiben.

Die Tribüne hat vier Stufen; die unterste davon ist 1 Fuß über dem Boden, jede weitere um 2 Fuß höher als die vorhergehende. Auf den drei unteren Stufen steht je ein Sitzmöbel von 18 Fuß Länge. Die oberste Stufe ist mit drei Polstersesseln ausgestattet, worauf der Präsident und seine zwei Ratgeber Platz nehmen können. Auf jeder Stufe steht außerdem in der Mitte ein Vortragspult, beiderseits davon je ein kleines Pult ähnlichen Aussehens. Sämtliche Holzarbeiten auf diesen Tribünen sind handgeschnitzt und in Weiß und Gold gehalten.

Die oberste Stufe an jedem Ende des Saales ist mit einem Baldachin überdacht, der auf Säulen ruht und vorn die Bezeichnung der Ordnung des Priestertums trägt, für die die Tribüne vorgesehen ist. So lautet die Inschrift am westlichen Ende „Aaronisches Priestertum", am östlichen „Melchisedekisches Priestertum". Von der Beschreibung des Tempeläußeren her wird man sich erinnern, daß die Türme im Osten höher sind als die im Westen. Man sieht nun, daß dieser Unterschied der abgestuften Ordnung des Priestertums entspricht, wie sie sich auch im Innern darstellt: das höhere Priestertum im Osten und das geringere im Westen.

Zu beiden Seiten der offiziellen Tribüne befinden sich an jeder Schmalseite dieses Auditoriums Sitze für Priestertumsbeamte, die an dem Tag keine dienstliche Obliegenheit haben. Die Galerie und diese Seitenflügel sind mit fest angebrachten Stuhlreihen eingerichtet. Die Sitze im Auditorium können so gestellt werden, daß sich das Publikum jeweils derjenigen Tribüne zuwendet, wo das eben amtierende Priestertum sitzt.

In diesem großen Saal herrschen die Farben Weiß und Gold vor. Hinter jeder Tribüne gibt es einen ausgedehnten Vorraum mit einem Eingang auf jeder Seite. An den vier Ecken dieses imposanten Versammlungssaales führt je eine Wendeltreppe zur Galerie hinauf, reich mit handgeschnitzten Verzierungen versehen.

Der Oberstock

Über dem großen Auditorium mit seinen Nebenräumen gibt es keine weiteren Räumlichkeiten. Die nächsten Stockwerke bestehen im Westen aus einem Podest für den Aufzug und einem Quergang zur Verbindung der beiden Ecktürme, auf der Ostseite nur aus dem Quergang. Der nächste Absatz ist gleich hoch wie das Dach des Tempels, und darüber gibt es nur noch die Türme und die Kreuzblumen.

Die vier Granittreppen

In jedem Eckturm führt eine gewundene Treppe vom Keller bis zum Dach; jede Stufe besteht aus massivem Granit. Die Treppe windet sich um eine granitene Mittelsäule von 4 Fuß

Durchmesser, und die Stufen sind so eingebaut und verankert, daß sie bei gewöhnlichem Gebrauch alle Zeiten überdauern. Jede Ecktreppe hat 177 Stufen, es sind also insgesamt 708. Jede Stufe ist 6 Fuß lang und hat an beiden Enden je ein Einsatzstück von 3 Zoll; am schmalen Ende ist sie 5 Zoll breit, am andern 10 Zoll. Der Auftritt ragt drei Fingerbreit vor. Jede einzelne Stufe wiegt mehr als 1500 Pfund, die vier Treppen miteinander haben also ein Gewicht von mehr als 530 Tonnen. In jedem Stockwerk gibt es einen Nord-Süd-Quergang von 10 Fuß Breite zur Verbindung der Ecktreppen. Auf der Westseite des Gebäudes sind in separaten Granitschächten vom Keller bis zum Dach zwei Aufzüge untergebracht. Zuerst hat man hydraulische Aufzüge benutzt, diese sind aber später durch automatische Elektrolifte ersetzt worden.

Man muß sich vor Augen halten, daß der Tempel nicht nur für die Gegenwart gebaut worden ist. Die Konstruktion ist sehr fest und stellt das Beste dar, was Können und Hingabe zu schaffen vermochten. Die innere Ausführung entspricht in allem der Stabilität der Mauern und fügt sich harmonisch in das imposante Gesamtbild. Nirgends läßt sich die geringste Spur von übereilter Planung oder nachlässiger Ausführung erkennen. Sogar die nur selten benutzten Mansarden und Archive sind gut und vollständig eingerichtet.

Die kunstvolle Ausschmückung ist aber nicht an allen Stellen im Tempel gleich. Man hat für Zierat keinerlei unnütze Ausgaben gemacht. Alles ist in erster Linie auf Zweckmäßigkeit abgestimmt. Es gibt viele Räume von einfachem Entwurf, die auch in einem einfachen Stil eingerichtet sind; andere wieder lassen erkennen, daß man weder Kosten noch Mühe gescheut hat, um großartige Erhabenheit zu versinnbildlichen. Nirgends gibt es Anzeichen von Unvollständigkeit; nirgends eine Spur von übermäßigem Prunk. Jeder Raum ist zu einem bestimmten Zweck geplant und gebaut worden, und Ausführung und Einrichtung halten sich ebenfalls genau daran. In diesem größten Tempel der gegenwärtigen Evangeliumszeit dient nichts der bloßen Schaustellung; es gibt keine Verschwendung von Material, keine überladene Ausschmückung. Der Tempel ist so geplant und gebaut worden, wie man es für das beste gehalten hat für

das Haus des Herrn.

ANHANG II

Die Bauten auf dem Tempelplatz*

Die Leistung des Volkes beim Bau des großen Tempels ist bewundernswert, besonders wenn man die ungünstigen Umstände berücksichtigt, unter denen das Werk begonnen worden ist. Das Werk tritt aber noch viel bedeutender in Erscheinung, wenn man bedenkt, daß zur gleichen Zeit auch noch andere große Bauarbeiten ausgeführt worden sind. Während der Bauzeit des Salt-Lake-Tempels sind nicht nur drei weitere Tempel begonnen und fertiggestellt worden, sondern man hat auch in den einzelnen Gemeinden und Pfählen Versammlungshäuser errichtet und für Generalversammlungen der Kirche andere Gebäude mit beträchtlichem Fassungsraum gebaut. Die Bauwerke auf dem Tempelplatz in Salt Lake City stellen schon für sich allein große Vorhaben dar, wenn man sie im Licht der damaligen Zustände betrachtet. Unter diesen Bauten befinden sich das jetzige Tabernakel, ferner das seither abgerissene und heute so genannte Alte Tabernakel sowie die Versammlungshalle.

Für die ersten öffentlichen Versammlungen im jetzigen Stadtgebiet von Salt Lake City baute man zunächst Schutzdächer oder Lauben (*Bowerys*), die an den Seiten offen waren; die sogenannte Old Bowery ist heute noch immer ein Begriff. Am 31. Juli 1847 – nur eine Woche nach der Ankunft der Pioniere im Tal des Großen

---

*Der Tempelplatz in Salt Lake City wurde renoviert und verschönert, seit das ursprüngliche Material im 9. Kapitel dieses Buches von Dr. Talmage geschrieben wurde. Dieser Anhang – von W. James Mortimer verfaßt und dem Originaltext Talmages nachgestaltet – schildert den Tempelplatz im Jahre 1968.

Salzsees – baute eine Abteilung des Mormonenbataillons[1], die gerade in der auch damals schon City genannten Siedlung angekommen war, eine Laube aus Stangen und Buschwerk zur Unterbringung der Heiligen bei Gottesdiensten. Später ersetzte man sie durch ein gleichartiges, aber größeres Bauwerk, 100 Fuß lang und 60 Fuß breit, das nachher in der Heimatgeschichte als Old Bowery bezeichnet wurde. Es war aus Pfosten gebaut, die auf einem rechteckigen Grundriß in passenden Abständen aufgestellt wurden. An der Spitze waren diese Pfosten durch Balken verbunden, die mit hölzernen Nägeln oder Streifen von ungegerbtem Leder befestigt waren. Auf dieses Dachgerippe türmte man Weidenzweige, Äste von immergrünen Bäumen, Beifußsträucher und anderes Gebüsch. Das gab zwar ein ziemlich gutes Dach gegen die Sonnenstrahlen, war aber ein recht armseliger Schutz gegen Regen und Wind.

Das Alte Tabernakel

Im Anfang war das nachstehend beschriebene Gebäude als Tabernakel bekannt; seit der Errichtung des jetzigen Hauses gleichen Namens bezeichnet man das frühere Bauwerk als Altes Tabernakel. Es war 126 Fuß lang, 64 Fuß breit und nahm den Platz der heutigen Versammlungshalle an der Südwestecke des Tempelplatzes ein. Für die damalige Zeit war dies ein großes und pompöses Gebäude. Was seinen Fassungsraum betraf, so lesen wir, daß bei der Einweihung während der Aprilkonferenz im Jahre 1852 in einer Session 2500 Personen anwesend waren. Die Decke war gewölbt und nicht durch Säulen gestützt. Viele

---

[1] Das Mormonenbataillon bestand aus 500 Männern; die Bundesregierung hatte von den Auswanderern verlangt, diese Abteilung als Hilfstruppe für den Krieg zwischen den Vereinigten Staaten und Mexiko zu stellen. Das Bataillon wurde im Juli 1846 in Dienst gestellt und gehörte zu den Streitkräften unter dem Befehl des Generals Stephen F. Kearney. Der Hauptteil des Bataillons marschierte von Fort Leavenworth nach Santa Fe und kam im Januar 1847 in Südkalifornien an. Eine Gruppe, hauptsächlich Männer, die während des Marsches krank geworden waren, überwinterte in Pueblo. Es war diese Gruppe, die im Juli 1847 nur wenige Tage nach den Pionieren im Tal des Großen Salzsees eintraf.
[2] Beschreibungen des Alten Tabernakels und Berichte über die Weihungsfeierlichkeiten sind in den „Deseret News" vom April 1852 zu finden. Auszugsweise Nachdrucke sind im „Latter-day Saints' Millennial Star" erschienen, 14. Jg., Nr. 22 und 23 vom 24. und 31. Juli 1852. Diese Berichte enthalten auch eine Zusammenfassung des Verlaufs der Generalkonferenz jenes Jahres und den Wortlaut des Weihungsgebetes.

Pfosten und Balken der Old Bowery fanden beim Bau des Alten Tabernakels Verwendung .

Das Tabernakel

Das Gebäude, das wir jetzt unter diesem Namen kennen, wurde zur Zeit seiner Erbauung als Neues Tabernakel bezeichnet. Man begann damit im Juli 1864 und konnte schon im Oktober 1867 die Generalkonferenz unter seinem Dach abhalten. Dieser bemerkenswerte Bau wurde nach den Weisungen des Präsidenten Brigham Young konstruiert und ausgeführt. Das Gebäude erhebt keinen Anspruch auf architektonische Schönheit: im großen und ganzen wirkt es wie eine riesige umgedrehte Schüssel auf Pfeilern. In Wirklichkeit ist es eine ungeheure elliptische Kuppel, die auf massiven Sandsteinmauern und -stützpfeilern aufliegt. Die Stützpfeiler sind 9 Fuß breit und 3 Fuß dick. Dazwischen befinden sich Türen, Fenster und Mauerwerk. Die Türen gehen nach außen auf, wie es der Notwendigkeit im Fall einer schnellen Räumung entspricht. Das Gebäude ist 250 Fuß lang und 150 Fuß breit, beides in der Mitte gemessen. Der Plafond erhebt sich in der Mitte 70 Fuß über dem Boden, und zwischen der Decke und dem Dach ist 10 Fuß Abstand. Eine geräumige Galerie, 30 Fuß breit, zieht sich an der inneren Mauer entlang und ist nur an der Westseite unterbrochen, wo sie der riesigen Orgel und den Sitzen für den großen Chor Platz macht. Im Gegensatz zur üblichen Baumethode berührt diese gewaltige Galerie nicht überall die Mauer. In Abständen von 12 bis 15 Fuß verbinden zwar große Balken die Galerie mit den Stützpfeilern, aber dazwischen ist sie 2 Fuß 6 Zoll von der Innenseite der Mauer abgesetzt, und der Zwischenraum ist durch ein hohes Geländer gesichert. Man nimmt an, daß die erstaunlichen akustischen Eigenschaften des Gebäudes nicht zuletzt auf diese Konstruktion zurückzuführen sind; die große Kuppel ist eigentlich eine kolossale Flüstergalerie, was die Hunderttausende von Besuchern, die das Gebäude besichtigt haben, bestätigen können. Wenn sich nur wenige Menschen darinnen befinden, so kann jemand, der in einem der Brennpunkte des elliptischen Grundrisses steht, genau hören, wie eine Nadel im anderen Brennpunkt zu Boden fällt. Normalerweise bietet das Tabernakel einschließlich der Galerie beinah 9000 Personen Platz; aber bei großem

Andrang hat man schon eine viel größere Besucherzahl unterbringen können.

An der Westseite befindet sich die Tribüne mit dem Rednerpult. Es sind dies eigentlich drei Plattformen, die sich hinter- und übereinander erheben; sie dienen der Unterbringung der Kirchenbeamten entsprechend den verschiedenen Autoritätsebenen. Zu beiden Seiten der Tribüne erstrecken sich Podien für sonstige Priestertumsgremien oder besondere Besucher. Die Tribüne ist so gebaut, daß sie entfernt und durch eine einzige große Plattform ersetzt werden kann; darauf werden dann Sinfoniekonzerte, Festaufführungen, Schauspiele und andere öffentliche Veranstaltungen abgehalten, soweit sie mit der allgemeinen geistigen Atmosphäre dieses Gebäudes vereinbar sind. Hinter der Tribüne ist der Platz vor der großen Orgel und bis zur Galerie hinauf für den Chor vorgesehen; auf den Sitzen können etwa 375 Sänger untergebracht werden.

Die große Orgel wird allgemein als eines der besten Instrumente dieser Klasse auf der ganzen Welt anerkannt. Zur Zeit ihrer Herstellung war sie die größte Orgel in Amerika und die zweit- oder drittgrößte der Welt. Von den vielen Überraschungen, die das Instrument bietet, ist eine in der Tatsache zu suchen, daß sie ganz von ortsansässigen Handwerkern gebaut worden ist. Sämtliche Holzteile einschließlich der Pfeifen und der mechanischen Ausrüstung waren ursprünglich einheimischen Ursprungs. Die Orgel nimmt eine Fläche von mehr als 20 mal 9 Meter ein, und die Ziertürme an der Vorderseite ragen 15 Meter hoch auf. Größere Umbauten an der Orgel hat es in den Jahren 1885, 1901, 1915, 1926, 1940 und 1948 gegeben, bis es heute schließlich 189 Sätze mit 10 814 einzelnen Pfeifen sind. Viele der ursprünglichen Pfeifen und ein großer Teil der ersten Verschalung sind noch immer vorhanden. Man hat sich bemüht, die hochgeschätzten Eigenschaften des Instruments zu erhalten, und dazu hat man den dynamischen Tonumfang und die Anzahl der Klangfarben stark vermehrt, wodurch der Vortrag an Wärme und musikalischer Qualität sehr gewinnt. Zehn von den ursprünglichen Pfeifen Joseph Ridges', der die Orgel in der Pionierwildnis von Utah im Jahre 1867 gebaut hat, sind noch immer in Verwendung, und zwar einige der großen, sichtbaren Holzpfeifen an der Vorderseite.

An Größe und Proportion entspricht die Orgel ganz dem

außergewöhnlichen Gebäude, worin sie untergebracht ist. An Tonqualität und mechanischer Ausrüstung steht sie der Vortrefflichkeit der übrigen Teile dieses großartigen Auditoriums in keiner Weise nach.

Das Kuppeldach ist nach dem Prinzip der Fachwerkträger gebaut und ist ganz und gar freitragend: zwischen der Decke und dem Boden gibt es keine einzige Säule. Die Dachkonstruktion besteht aus Holz, und zur Zeit des Baues wurden die Balken und Träger durch hölzerne Nägel und breite Riemen aus rohen Häuten miteinander verbunden. Man verwendete dieses Material anstelle von Eisennägeln hauptsächlich deshalb, weil nichts anderes zur Verfügung stand. Nägel konnte man nur durch Präriewagentransport herbeischaffen, und die Kosten der langen Beförderung schlossen die Verwendung von Nägeln von vornherein aus. Freilich gibt es heute viele freitragende Dächer von noch größeren Ausmaßen in einigen Bauwerken des Landes; aber die meisten jüngeren Gebäude sind aus Stahl, und es ist fraglich, ob es jemals eine stabilere Konstruktion in reiner Holzbauweise gegeben hat.

Die Versammlungshalle

In der Südwestecke des Tempelplatzes steht die Versammlungshalle, ein stattlicher Bau für Zusammenkünfte kleineren Ausmaßes als diejenigen, die das große Auditorium im Tabernakel brauchen. Im Sommer 1877 wurde das Alte Tabernakel, an dem so viele angenehme Erinnerungen hingen, niedergerissen, um dem neuen Bau Platz zu machen. Die Versammlungshalle wurde in dem genannten Jahr begonnen, und man hielt in dem noch nicht fertiggestellten Bau Versammlungen ab, aber er war erst 1882 für die Einweihung bereit. Er ist 120 Fuß lang und 68 Fuß breit, die äußeren Ausbuchtungen miteingeschlossen. Die Mauern sind aus Granit von den Steinbrüchen im Cottonwood Canyon.

Informationszentrum und Museum

Für viele Besucher des Tempelplatzes ist das Museum und Informationszentrum im südöstlichen Teil des Gevierts von Interesse. Der Bau wurde am 4. August 1902 eröffnet und war als „Büro für Information und Kirchenliteratur" bekannt. Das Gebäude kennzeichnet den Beginn von Touristenführungen auf dem Tempelplatz, und diese sind für die Missionsarbeit der Kirche eine große Hilfe gewesen. 1904 wurde es umgebaut und vergrößert, und seither sind zum Nutzen und zur Bequemlichkeit der Besucher einige Anbauten errichtet worden. Hier werden viele bedeutende Andenken und Geräte aus der Frühzeit der Kirche und des Lebens im Salzseetal, also aus der Pionierzeit, aufbewahrt. Auch einige wichtige Gemälde und Wandgemälde sind darin untergebracht.

Das Besucherzentrum
Ein Neubau auf dem Tempelplatz ist das einladende Besucherzentrum, das in verhältnismäßig kurzer Zeit eine der bekanntesten Sehenswürdigkeiten der Stadt und eine wertvolle Missionierungshilfe geworden ist. Dieses dreistöckige Gebäude aus Granit steht in der Nordwestecke des Tempelplatzes und enthält reichlich Raum für Sonderausstellungen und Filmvorführungen.

Die Besucher werden auf dem Tempelplatz von Führern geleitet, die ihre Zeit freiwillig opfern. Es werden verschiedene Phasen des wiederhergestellten Evangeliums besprochen, und der Besucher kann die Botschaft der Wahrheit sehen und hören, wie sie von der Kirche Jesu Christi der Heiligen der Letzten Tage verkündet wird.

Das untere Geschoß des Gebäudes enthält Spezialräume, wo die Besucher nach Belieben Dioramen ansehen, Bild- und Tonvorführungen miterleben, sich an eindrucksvollen Wandgemälden erfreuen und Besichtigungsgeräte verschiedener Art selbst bedienen können. All dies dient dazu, die Evangeliumsbotschaft und die Arbeit der Kirche zu veranschaulichen.

Alles in allem ist diese Einrichtung eine wertvolle Unterstützung der Missionsarbeit der Kirche, nicht nur im umliegenden Gebiet, sondern auch bei den vielen Menschen, die als Touristen oder Besucher auf den Tempelplatz kommen.

Die Hauptversorgungsanlage
Es mag interessieren, daß die Gebäude auf dem Tempelplatz von einer unabhängigen Versorgungsanlage mit Dampf und elektrischem Strom versorgt werden. Diese Anlage befindet sich in der Mitte des Straßengeviers unmittelbar westlich des Tempelplatzes. Von hier aus führen große unterirdische Tunnel zu

den einzelnen angeschlossen Gebäuden. Der Haupttunnel ist 6 Fuß 6 Zoll hoch und 5 Fuß 6 Zoll breit; durch ihn laufen alle Rohre für Dampf, Wasser und Kühlzwecke sowie sämtliche notwendigen elektrischen Leitungen. Die abzweigenden Tunnel sind gleich hoch, aber 1 Fuß 6 Zoll schmaler. Die Gesamtlänge des Tunnelsystems beträgt mehr als 1400 Fuß, und die Tunnel bestehen aus Eisenbeton von 6 Zoll Wanddicke.

Vor 1911 wurde der Tempel von seinen eigenen Kesseln und Dynamos, die im Anbau untergebracht waren, mit Wärme und Licht versorgt. Später aber übernahm die Versorgungsanlage diese Aufgabe. Anfangs war sie Eigentum der Kirche und wurde auch von ihr betrieben; heute ist sie aber in privater Hand.

ANHANG III

*Die anderen Tempel der Kirche**

Von William James Mortimer

Die sehr ausführliche Beschreibung des großen Tempels in Salt Lake City und die etwas begrenztere Schilderung der übrigen Tempel in Utah sind durchaus geeignet, den allgemeinen Zweck und Plan der Tempel und der Tempelarbeit in diesen Letzten Tagen zu veranschaulichen. In dem Maß, wie die Mitgliederzahl der Kirche wächst und die immer umfangreichere Arbeit für die Toten neue Tempel erfordert, wird die Kirche fortfahren, diese wichtigen Gebäude zu errichten.

Es folgt eine kurze Darstellung der bisher gebauten oder in Angriff genommenen Tempel.

Der Tempel in Hawaii

Der erste Tempel, der von der Kirche außerhalb des amerikanischen Festlands gebaut wurde, war derjenige in Laie auf der Hawaii-Insel Oahu. Inmitten der tropischen Schönheit dieses Inselparadieses war es besonders angebracht, ein Haus des Herrn zu errichten.

Joseph F. Smith, der sechste Präsident der Kirche, wurde schon im Alter von 15 Jahren als Missionar nach den Hawaii-Inseln gesandt. Aus dieser Zeit stammte seine lebenslange Liebe zu den Menschen auf den Inseln; und 1915 kehrte er als Präsident der Kirche zurück, um ein Grundstück für einen Tempel zu

---

*Diese Tempel sind von der Kirche gebaut worden, seit James E. Talmage den ursprünglichen Text geschrieben hat.

weihen und zu widmen, damit die Bewohner der Südsee an den heiligen Handlungen teilnehmen konnten, die in diesen Gebäuden vollzogen werden.

Am 27. November 1919, dem nationalen Dankfest, versammelten sich die Mitglieder der Kirche, sie kamen von den Inseln des Stillen Ozeans; auch aus den Vereinigten Staaten – von dem Gros der Kirche – trafen viele ein. Sie kamen zum fertigen Tempel, um ihn dem Herrn zu weihen. Präsident Heber J. Grant, der Nachfolger Präsident Smiths, sprach das Weihegebet.

Der Tempel in Kanada

Im Jahre 1887 ließen sich Mitglieder der Kirche in der Provinz Alberta im westlichen Kanada nieder. Die Stadt Cardston wurde nach Charles Ora Card, dem Führer der Pioniergruppe, benannt. Dieser schenkte der Kirche später ein Grundstück von 3 Hektar.

Am 27. Juli 1913 weihte Präsident Joseph F. Smith dieses Grundstück als Bauplatz für einen Tempel, und am darauffolgenden 9. November erfolgte dort der erste Spatenstich – für ein weiteres Haus des Herrn.

Als der Erste Weltkrieg zwischen 1914 und 1918 in Europa tobte, verzögerte sich die Arbeit sehr. Kanada war nämlich als Teil des Britischen Empires heftig in die Auseinandersetzung verwickelt.

Der Tempel war im Jahre 1921 größtenteils fertiggestellt; er wurde aber erst am 26. August 1923 geweiht, wobei Präsident Heber J. Grant das Weihegebet sprach.

Der Tempel in Arizona

Zu den ersten Siedlern in Arizona gehörten auch Heilige der Letzten Tage, und sie errichteten viele Pionierkolonien in dem Gebiet. Präsident Heber J. Grant weihte am 28. November 1921 ein Grundstück für einen Tempel, der den Heiligen in Arizona sowie sämtlichen indianischen und spanisch sprechenden Mitgliedern dienen sollte.

Das betreffende Grundstück in Mesa liegt nur wenige Meilen von Phoenix entfernt und ist 8 Hektar groß. Der erste Spatenstich erfolgte am 25. April 1923. Ähnlich wie die Tempel in Hawaii und Kanada hat auch dieses Gebäude keinerlei Turm. Im allgemeinen hat es mehr das Aussehen eines Terrassenbaues. Es besteht aus Stahlbeton und ist mit einem sehr schönen hellfarbenen Material verkleidet.

Prachtvolle Blumen und stattliche Bäume, die das warme Klima von Arizona so recht genießen, machen den Tempel und seine Umgebung zu einem Anziehungspunkt für viele Reisende aus aller Welt. Der Tempel wurde am 23. Oktober 1927 von Präsident Heber J. Grant geweiht*.

Der Tempel in Idaho Falls

Der Tempel in Idaho Falls steht auf einem schönen Grundstück am Snake River. Der Spatenstich erfolgte am 19. Dezember 1939, und der Eckstein wurde am 19. Oktober 1940 von Präsident David O. McKay gelegt, der damals Ratgeber des Präsidenten Heber J. Grant war.

Das Gebäude besteht aus Eisenbeton. Die Außenmauern sind mit weißem Kunststein verkleidet und bilden einen angenehmen Kontrast zum Grün des Rasens und der Sträucher. Viele Innenwände sind mit Marmor verkleidet, den man hauptsächlich aus Europa eingeführt hat.

Das Gebäude wurde am 23. September 1946 von George Albert Smith, dem achten Präsidenten der Kirche, geweiht.

Der Tempel in Los Angeles

Die Fertigstellung des Tempels in Los Angeles kennzeichnet ein bedeutendes Kapitel in der Geschichte der Kirche. An Größe und Ausstattung nur dem Tempel in Salt Lake City vergleichbar, ist dieses Gebäude ein heiliges Denkmal des Glaubens der Heiligen der Letzten Tage.

Viele Jahre lang hatten sich die Heiligen in Südkalifornien auf die Zeit gefreut, wo sie im eigenen Land einen Tempel haben würden. Am 6. März 1937 erhielt diese Hoffnung neue Nahrung, als Präsident Heber J. Grant bekanntgab, die Kirche habe 10 Hektar Grund für einen Tempel am Santa-Monica-Boulevard gekauft.

Der Bau des Tempels verzögerte sich durch den Zweiten Weltkrieg; aber nach dem Krieg nahm Präsident David O. McKay im

---

*Am 15. und 16. April 1975 geschah es in der Geschichte der Kirche zum erstenmal, daß ein Tempel wiedergeweiht wurde. Nach umfangreicher Renovierung wurde der Tempel in Arizona neuerlich geweiht; dabei gab es sieben Gottesdienste.

September 1951 den Spatenstich vor. Der Eckstein wurde am 11. Dezember 1953 in einer eindrucksvollen Feier von Präsident Stephen L. Richards von der Ersten Präsidentschaft gelegt. Die Weihe wurde am 11. März 1956 von Präsident David O. McKay vorgenommen.

Das Gebäude ist aus Eisenbeton hergestellt und hat eine Verkleidung aus hellfarbenem Kunststein. Auf der Turmspitze steht eine Statue; sie stellt den Engel Moroni mit Posaune dar, der der Welt die frohe Botschaft der Wiederherstellung des Evangeliums verkündet.

Der Tempel in der Schweiz

Der erste Tempel in Europa brachte die Erfüllung eines Wunsches, den die treuen Mitglieder in diesem Erdteil lange gehegt hatten. Präsident David O. McKay gab im Juli 1952 bekannt, man werde in der Nähe von Bern, der eidgenössischen Hauptstadt, einen Tempel bauen. Damals hatte Präsident McKay gerade seine erste Reise durch die europäischen Missionen beendet. Er nahm dann im August 1953 auch den feierlichen Spatenstich vor, und im Oktober desselben Jahres begannen die eigentlichen Bauarbeiten. Der Eckstein wurde am 13. November 1954 von Präsident Stephen L. Richards von der Ersten Präsidentschaft gelegt.

Die Weihe des Tempels begann am Sonntag, dem 11. September 1955, wobei Präsident David O. McKay den Vorsitz führte. Der berühmte Mormonen-Tabernakel-Chor hatte vorher eine ausgedehnte Konzertreise durch Europa unternommen und nahm an der Weihefeier teil, die bis zum 15. September dauerte.

Jeden Tag hielt man zwei Gottesdienste ab, um die große Anzahl von Heiligen teilnehmen zu lassen, die von allen Ländern Europas und aus Amerika zur Feier gekommen waren. Präsident McKay wiederholte das Weihegebet in jeder Session und nahm dann zusammen mit seiner Frau und den anwesenden Generalautoritäten am Freitag, dem 16. September 1955, an den ersten heiligen Handlungen im Tempel persönlich teil.

Der Tempel in Neuseeland

Das Jahr 1958 bedeutete für das Tempelbauen einen großen Schritt vorwärts, als innerhalb eines Jahres zwei neue Tempel an einander entgegengesetzten Orten der Welt fertiggestellt und von Präsident David O. McKay geweiht wurden.

Der eine davon ist der Tempel in Neuseeland, der in der Nähe von Hamilton gelegen ist; er wurde am 20. April 1958 geweiht. Der andere ist der Tempel von London in Großbritannien; seine Beschreibung folgt später.

Die Missionsarbeit unter den Südseeinsulanern hatte im Jahre 1851 begonnen, und viele von ihnen hatten die weite Reise zum Tempel in Hawaii auf sich genommen, seit er 1919 geweiht worden war. Immer schwerer wurde es aber diesen meist minderbemittelten Menschen, die weite Fahrt nach Hawaii zu bezahlen, und so gab die Erste Präsidentschaft 1954 den Bitten statt und verkündete, daß irgendwo in der Südsee ein weiterer Tempel errichtet werden würde.

Die Auswahl eines Ortes für den Bau war eine schwierige Entscheidung, aber Präsident McKay reiste im Januar und Februar 1955 selbst durch die Südsee und besuchte viele Gebiete; er brachte vielen Mitgliedern der Kirche, die ihren Propheten noch nie gesehen hatten, Hoffnung und Inspiration.

Nach seiner Rückkehr empfahl er dem Rat der Zwölf, den Tempel bei Hamilton auf Neuseeland zu bauen; denn dort war bereits ein College der Kirche im Bau, und die geistige Situation schien besonders günstig. Man begann unverzüglich mit der Arbeit, und viele treue Heilige opferten in reichem Maß Zeit und Mittel für die Fertigstellung des Gebäudes. Die Weihe nahm Präsident David O. McKay am 20. April 1958 vor. Drei Tage lang wurden täglich zwei Weihesessionen abgehalten. Nach dieser eindrucksvollen Feierlichkeit weihte Präsident McKay auch das nahegelegene College der Kirche.

Der Tempel bei London

Der andere Tempel, den Präsident David O. McKay im Jahre 1958 weihte, ist das imposante Bauwerk in der englischen Stadt Lingfield, etwa 26 Meilen südlich von London. Dies war der vierte Tempel, der von David O. McKay während seiner Amtszeit als Präsident der Kirche eröffnet wurde.

Die Verhandlungen um das Tempelgrundstück hatten schon in den fünfziger Jahren begonnen, und Präsident McKay besichtigte den vorgesehenen Platz auf seiner Reise durch die Missionen im Jahre 1952. Das Grundstück, die sogenannte Newchapel

Farm im Ausmaß von 12 Hektar, wurde 1953 gekauft und am 10. August 1953 von Präsident McKay als Tempelgrundstück geweiht. Als er anläßlich der Weihe des Tempels in der Schweiz wieder in Europa war, besuchte er abermals England und nahm den ersten Spatenstich in einer Feier am 27. August 1955 vor. Der Eckstein wurde am 11. Mai 1957 von Elder Richard L. Evans vom Rat der Zwölf gelegt. Fertiggestellt wurde der Bau in der Mitte des Jahres 1958, und es war vorgesehen, das Gebäude ab 16. August zur Besichtigung freizugeben. Man hatte angenommen, daß etwa 50 000 Besucher kommen würden; aber als es mehr als 80 000 wurden, mußte man den Zeitraum für die Besichtigung vom 30. August bis zum 3. September verlängern. Die erste Weihesession fand am Sonntag, den 7. September 1958 statt, und es folgten täglich zwei weitere, bis insgesamt mehr als 12 000 Personen daran teilgenommen hatten.

Der Tempel in Oakland

In seinem 92. Lebensjahr führte Präsident David O. McKay auch den Vorsitz bei der Weihe des Tempels in Oakland, Kalifornien. Er ließ dabei eine Kraft erkennen, die weit stärker war, als nach seinem Alter erwartet werden durfte.

Präsident McKays Anteilnahme am Tempel in Oakland reichte bis 1934 zurück, als er in seiner Eigenschaft als Generalautorität das Grundstück besichtigte. Er empfahl den Ankauf des Tempelbauplatzes im Jahre 1942 und unternahm dann am Montag, den 23. Januar 1961 eine aufsehenerregende Reise im Flugzeug zu einer Sonderversammlung von Pfahlpräsidenten, um den Bau des neuen Tempels anzukündigen.

Die Weihe des Grundstücks und der erste Spatenstich fanden am Samstag, den 26. Mai 1962 statt; und wiederum war Präsident McKay anwesend. Der Eckstein wurde am 25. Mai 1963 von Präsident Joseph Fielding Smith vom Rat der Zwölf gelegt, und dabei brachte der Tabernakelchor besondere Darbietungen zu Gehör.

Präsident David O. McKay weihte diesen Tempel in einer feierlichen Zeremonie am 17., 18. und 19. November 1964.

Die Tempel in Ogden, Provo und Washington

Wie bekanntgegeben wurde, werden in diesen Tagen zwei weitere Tempel in Betrieb genommen, und zwar im Staat Utah:

einer in Ogden, Kreis Weber, der andere in Provo, Kreis Utah. Diese zwei neuen Tempel werden den treuen Heiligen im Nord- und Mittelteil Utahs dienen und das äußerst gedrängte Arbeitsprogramm in den Tempeln von Salt Lake City und Logan etwas lockern können. Die beiden neuen Gebäude sind einander in der Konstruktion sehr ähnlich.

Auch für die amerikanische Bundeshauptstadt Washington ist ein Tempel vorgesehen, der den Heiligen in den Oststaaten dienen soll. Die Errichtung wurde im November 1968 angekündigt, nachdem man ein mehr als 20 Hektar großes Grundstück auf einem Hügel in Silver Spring bei Washington erworben hatte. Der Bau, der die Grundzüge des großen Tempels in Salt Lake City in zeitloser Form aufweist – drei Türme an den beiden Enden des hochragenden Schiffs, die Außenseite des gesamten Gebäudes mit weißem Marmor verkleidet –, ist 1974 fertiggestellt worden.

Der Tempel in Sao Paulo

Während einer Gebiets-Generalkonferenz im Februar und März 1975 in Südamerika, kündigte Präsident Spencer W. Kimball die Errichtung eines Tempels in Brasilien, nämlich auf einem von der Kirche erworbenen Grundstück von 6000 m² in Sao Paulo an. Die Kirche hatte, wie er bemerkte, in Südamerika ständig zugenommen; im Jahre 1975 gab es dort an die 140 000 Mitglieder, davon 40 000 in Brasilien. In den vorangegangenen zehn Jahren hatte sich die Zahl beinahe verfünffacht. Die Weihe dieses Tempels erfolgte vom 30. Oktober bis 2. November 1978 unter der Leitung von Präsident Spencer W. Kimball.

Der Tempel in Tokio

Am 9. August 1975, während einer Gebiets-Generalkonferenz in Tokio, kündigte Präsident Spencer W. Kimball die Errichtung eines Tempels zum Nutzen der mehr als 65 000 Mitglieder in Fernost an. Er wurde auf dem 2000 m² großen Grundstück gebaut, wo sich vorher das Missionsbüro befunden hatte – im Stadtteil Minato-ku der japanischen Hauptstadt. Präsident Spencer W. Kimball leitete den Weihegottesdienst am 27. Oktober 1980.

Der Tempel in Seattle

Gegen Ende 1975 wurde bekanntgegeben, daß in Seattle, der wohl bedeutendsten Stadt des Staates Washington im Nordwesten der Vereinigten Staaten ein Tempel gebaut werden würde: er sollte den 170 000 Mitgliedern in Washington, Oregon, Idaho-Nord, Alaska und Britisch-Columbia dienen. Der Bau begann im Mai 1978, die Weihe erfolgte am 17. bis 21. November 1980 unter der Leitung von Präsident Spencer W. Kimball.

Der Tempel in Mexiko

Am 3. April 1976 wurden Pläne für einen Tempel in Mexiko, der Hauptstadt des gleichnamigen Staates, bekanntgegeben. Mit dem Bau, der im Stil der Maya-Architektur folgt, wurde gegen Ende 1979 begonnen.

Der Jordan-River-Tempel

Die Errichtung eines weiteren Tempels im Salzseetal in Utah wurde am 3. Februar 1978 angekündigt. Der Weihegottesdienst fand in der Woche vom 16. bis 20. November 1981 unter der Leitung von Präsident Spencer W. Kimball statt.

Weitere Tempel angekündigt

Am 2. April 1980 gab die Erste Präsidentschaft die geplante Errichtung von sieben weiteren Tempeln bekannt: Buenos Aires, Santiago de Chile, Papeete auf Tahiti, Nukualofa auf Tonga, Apia in Westsamoa, Sydney und Atlanta in Georgia.

Am 1. April 1981 wurden weitere neun Tempel von der Ersten Präsidentschaft angekündigt: Chikago, Dallas, Guatemala City, Lima, Frankfurt, Stockholm, Seoul, Manila und Johannesburg.